Denkskizzen

1 2 3 4 5 6

Zu den Predigttexten
der sechs Perikopenreihen

Herausgegeben
von Annette Kurschus

RADIUS

ISBN 978-3-87173-885-2

Umschlag: André Baumeister
Auf holz- und säurefreiem Werkdruckpapier gedruckt
Gesamtherstellung: CPI – Clausen & Bosse, Leck
Printed in Germany

VORWORT

Annette Kurschus

»Reisen in die Ukraine und nach Russland«[1]: Dieser Titel blinkte mir kürzlich aus dem Bücherregal entgegen. Ein Griff, und ich hatte es in der Hand, das schmale Bändchen mit Joseph Roths phantastischen Reisereportagen. Sie entstanden in den Jahren zwischen dem Ersten und dem Zweiten Weltkrieg, auf Roths Expeditionen nach Kiew und Moskau, nach Lemberg und Leningrad. Man muss das Büchlein heute lesen, hundert Jahre später, in Zeiten des Krieges zwischen den beiden Ländern, die er beschreibt. Und wie er sie beschreibt! Mit unüberbietbarer sprachlicher Raffinesse, mit messerscharfer Ironie und vor allem mit allergrößter Liebe zu den Menschen.

Zum Geleit des fünften Bandes der DENKSKIZZEN lege ich Ihnen, liebe Leserinnen und Leser, die fröhlich frechen Gedanken dieses genialen Schriftstellers ans Herz, mit denen er die sowjetisch-rationalistische Religionsfeindlichkeit bedenkt, die sich so stolz vor ihm brüstet. Die Angst dieser Glaubensverächter vor Gott sei genauso groß wie die Angst des Frommen vor dem Teufel – und die Angst vor dem Metaphysischen genauso groß wie die Angst der Bürger vor der Kapitalenteignung, stellt Roth belustigt fest.

Es ist dies eine ähnliche Angst, wie sie den Predigenden heute in Gestalt einer sich »wissenschaftlich« und »humanistisch« nennenden aggressiven Bibel- und Predigtverspottung entgegenschlägt. Roth kommentiert im Jahr

[1] Joseph Roth: Reisen in die Ukraine und nach Russland. Herausgegeben von Jan Bürger im C. H. Beck-Verlag 2015. (Besonders das Kapitel »Die Kirche, der Atheismus, die Religionspolitik«, S. 96-104).

1926: »Wenn man uns heute sagt, daß etwas ›nur ein Märchen‹ sei, so ist das für uns noch lange kein Grund, ihm nicht zu glauben. [...] Wir haben den Weg schon zurückgelegt, auf dem man erfreut feststellt, dass die ›Wunder‹ ›erklärbar‹ sind. Wir wandern schon auf dem Weg, auf dem man erfährt, daß auch das ›Erklärliche‹ ein Wunder ist.«

Auf diesem Weg wandern auch die Autorinnen und Autoren der DENKSKIZZEN. Aus ganz unterschiedlichen Richtungen nähern sie sich den Predigttexten der fünften Perikopenreihe. Längst nicht alle sind Theologin oder Theologe, das ist der ausdrückliche Vorsatz unserer Reihe. Wer hier schreibt, ist beheimatet in Kultur oder Wirtschaft, in Kirche oder Politik – und allesamt sind sie Personen mit erfahrungsgesättigter Leidenschaft, mit Lust zu denken und neugierig auf die Wahrheit. Diesen Gottsucherinnen und Gottsuchern danke ich sehr, dass sie uns mitnehmen auf die Spur ihrer Denkbewegungen.

Noch einmal zu Joseph Roth. Er seufzte über die banale Areligiösität, die ihm so zu schaffen machte: Sie habe den Geruch von sehr selbstbewusstem, engem, unduldsam aufgeklärtem Geist; es sei der Geruch des Lexikons, wo »alles schon drin steht«.

Die Beiträge dieses Bandes atmen einen anderen Geist: den Geist, der weiß, dass man bei biblischen Texten nie damit fertig wird zu entdecken, was da drin steht.

Die DENKSKIZZEN leben vom Charme des Unfertigen. Ihr Name ist Programm: Er lässt erkennen, dass das Unvollendete Methode hat. »Skizze« leitet sich her vom italienischen »schizzo«, was in seiner Grundbedeutung »Spritzer/Spritzen« heißt. In sengender Sommerhitze sind ein paar Spritzer kühlen Wassers Labsal und können wahre Wunder wirken. So mögen diese Denkspritzer dem heiß gelaufenen Hirn derer, die über der Predigt für den nächsten Sonntag brüten, jene Frische bringen, die im Erklärlichen das Wunder zu entdecken vermag und im

Unwirklichen die Wahrheit. Und denen, die »einfach nur so« in diesen Skizzen lesen, mögen sie ein paar Spritzer geistlicher und geistiger Erquickung bescheren.

Die gezielte Unvollkommenheit unseres Vorhabens hat sich in diesem Jahr auch darin gezeigt, dass durch ein redaktionelles Versehen zum Text des 4. Sonntags der Passionszeit gleich zwei Autoren (Diedrich Steen und Enrico Triebel) um Beiträge gebeten wurden. Wir nehmen freudig beide Texte als Bereicherung dieses Bandes auf.

Wolfgang Erk und seine Mitarbeitenden vom Radius-Verlag haben wieder mit großartiger Geduld, mit viel Zeit und Herzblut dafür gesorgt, dass wir nunmehr den fünften Band der DENKSKIZZEN vorlegen können. Darüber sind wir froh und sagen ihnen: Herzlichen Dank für Ihren Einsatz.

Annette Kurschus

1. SONNTAG IM ADVENT
OFFENBARUNG 3,14-22

Alexander Deeg

Und dem Engel der Gemeinde in Laodizea schreibe: Das sagt, der Amen heißt, der treue und wahrhaftige Zeuge, der Anfang der Schöpfung Gottes: Ich kenne deine Werke, dass du weder kalt noch warm bist. Ach dass du kalt oder warm wärest! Weil du aber lau bist und weder warm noch kalt, werde ich dich ausspeien aus meinem Munde. Du sprichst: Ich bin reich und habe mehr als genug und brauche nichts!, und weißt nicht, dass du elend und jämmerlich bist, arm, blind und bloß. Ich rate dir, dass du Gold von mir kaufst, das im Feuer geläutert ist, damit du reich werdest, und weiße Kleider, damit du sie anziehst und die Schande deiner Blöße nicht offenbar werde, und Augensalbe, deine Augen zu salben, damit du sehen mögest. Welche ich lieb habe, die weise ich zurecht und züchtige ich. So sei nun eifrig und tue Buße! Siehe, ich stehe vor der Tür und klopfe an. Wenn jemand meine Stimme hören wird und die Tür auftun, zu dem werde ich hineingehen und das Abendmahl mit ihm halten und er mit mir.

Wer überwindet, dem will ich geben, mit mir auf meinem Thron zu sitzen, wie auch ich überwunden habe und mich gesetzt habe mit meinem Vater auf seinen Thron. Wer Ohren hat, der höre, was der Geist den Gemeinden sagt!

DER ANDERE ADVENT

Es ist zweifellos ein *anderer Advent*, der im Sendschreiben an die Gemeinde in Laodizea begegnet – einem Bibelwort, das viele Jahre lang dem Buß- und Bettag zugeordnet war und erst seit 2018 im Textraum des Ersten Advents steht.[1] Die erste Kerze brennt – und er steht vor der Tür und klopft an (Offb 3,20).

Hat er eine Chance, gehört zu werden? Der wahrhaftige Zeuge, der »Amen« heißt – wie Gott selbst (Jes 65, 16) –, steht draußen, klopft an, und immer wieder bleibt die Tür verschlossen. Und die Welt bleibt, wie sie ist. Aber mit eigentümlicher Beharrlichkeit versucht er es immer wieder – nun also am 27. November 2022.

Einst klopfte er in Laodizea an. Östlich von Ephesus gelegen, war die Stadt wirtschaftlicher Mittelpunkt Phrygiens und ein Bankenzentrum der antiken Welt. Ganz in der Nähe gab es eine Ärzteschule, die wegen der Qualität ihrer Wissenschaft und ihrer praktischen Erfolge weit über die Region hinaus bekannt war. Auch die Textilmanufaktur blühte, vor allem wegen dem Färberkrapp, der in der Gegend wuchs und mit dem sich Stoffe strahlend purpur färben ließen. Laodizea – das war Paris, Oxford und London des ersten Jahrhunderts: Mode, Wissenschaft, Banken! Warmes Wasser hatte man übrigens auch in Laodizea, gespeist von den Thermalquellen in unmittelbarer Nachbarschaft.

An die Christenmenschen ausgerechnet dieser Stadt ist ein Brief adressiert, in dem der wahrhaftige Zeuge nichts, aber auch gar nichts lobt. »Ich kenne deine Werke…«, so unterbricht er die augenscheinlich ruhige Selbstgewissheit der Christenmenschen in Laodizea. Statt fortschrittlicher Medizin mit Heilwassern und Salben gibt es nun die bittere Medizin eingeforderter schmerzhafter Selbsterkenntnis. »Lau« seid ihr, sagt der Zeuge (V. 16). In einer gepflegten antiken Stadt trank man gerne kühl oder auch heiß – aber ganz bestimmt nicht lauwarm. Und wer nur ein wenig Ahnung von Medizin hatte, wusste: »Lauwarmes […] gehört zu den Purgatoria, die das Erbrechen erleichtern.«[2] Wenn kalt und warm Lebenskräfte waren, so stand lau für das Gegenteil. Und sollte jemand das Bild nicht verstehen, wird der Zeuge deutlicher: Elend bist du, jämmerlich, arm, blind (V. 17).

Der andere Advent steht vor der Tür. Wer Ohren hat, das Klopfen zu hören, dem und der werden die Augen geöffnet – wie damals, ganz am Anfang, als Adam und Eva erkannten, dass sie nackt waren (Gen 3,7). Die Selbstverständlichkeit ist weg, der sicher scheinende Boden unter den Füßen verschwindet. Eva Zeller schreibt in ihrem Gedicht »Was ich bin«: »Weder kalt / noch warm / Es sollte mich / nicht wundernehmen / ausgespien zu werden // Finsternis / die das Licht / nicht begriffen hat / Es ist meiner Aufmerksamkeit / entgangen // Ich bin / der Blutpropf / in meinen eigenen Adern / geronnen / in Herznähe«.[3]

Hört ihr ihn, wie er vor der Tür steht und klopft? Hört ihr die Predigt des wahrhaftigen Zeugen, die ernst macht mit der Tatsache, dass der Advent noch nicht die weihnachtliche Freudenzeit ist, sondern die Bußzeit vor dem Fest? Freilich: Alles kommt darauf an, dass wir, die Predigenden, als Erste und mit der Gemeinde hören! Sonst wird es unerträglich, zynisch und anmaßend – wie es kirchliche Bußpredigten mit einem gegen die Gemeinde erhobenen Zeigefinger leider immer wieder waren (und sind?). Nur Gott selbst kann so zurechtweisen, dass es heilsam wird und nicht übergriffig, lächerlich oder gefährlich (Offb 3,19; vgl. Spr 3,11f.).

Wenn es gut geht, dann werde ich durch den Brief aus den Selbsttäuschungen und Lügen gerissen, die ich mir irgendwann selbst glaube. Die vergangenen Jahre haben meine Laodizea-Gemütlichkeit bereits herausgefordert: März 2020, der Einbruch der Corona-Pandemie; Februar 2022, der Beginn des russischen Angriffskriegs in Europa. Axel Hacke fragt in einer seiner Kolumnen: »Könnte es sein, dass […] wir in unserer weltabgewandten mitteleuropäischen Gemütlichkeitslage vergessen haben, was für ein scheußlicher Ort die Welt nicht nur in fernen Ländern sein kann, sondern auch in unserer Nähe? Bei uns?«[4]

Ja, das könnte sein. Corona zeigte das Beste und das Übelste der Menschen; und erstaunlich ist es schon, wie auch ich mich immer wieder nach der Vor-Corona-›Normalität‹ sehne, anstatt selbstkritisch zu fragen, wie mein und unser Leben anders werden könnte – mit mehr Rücksicht, Solidarität und Verantwortung füreinander. Angesichts des Krieges in der Ukraine wuchsen Menschen über sich hinaus, nahmen Flüchtlinge auf, spendeten in kurzer Zeit Millionen. Und gleichzeitig starrte ich auf die steigenden Benzinpreise und fragte mich, ob »Frieren für den Frieden« wirklich sein muss oder nicht doch zu weit geht.

Hört ihr ihn? Wie er dasteht und klopft? Vielleicht müsste er lauter klopfen. Oder wir müssten einfach einmal still sein – und auch das wäre ein anderer Advent, und ganz bestimmt ein heilsamer. Denn es bleibt ja nicht bei der Anklage. Nicht einmal im Sendschreiben nach Laodizea. Christus, der Zeuge, öffnet der Gemeinde nicht nur die Augen zur Selbsterkenntnis, sondern sagt auch, was unbedingt auf dem adventlichen Einkaufszettel stehen sollte: Gold – im Feuer geläutert (statt der vermeintlichen Sicherheit von Banken und Versicherungen), weiße Kleider (statt der schicken Purpurmode), Augensalbe, durch die die Blindheit endlich geheilt wird.

»Er kommt auch noch heute / und lehret die Leute, / wie sie sich von Sünden / zur Buß sollen wenden, / von Irrtum und Torheit / treten zu der Wahrheit.« (EG 5,2; Böhmische Brüder)

Er steht vor der Tür im dritten Jahr der Pandemie, ziemlich genau neun Monate nach dem Angriff von Putins

Armee auf die Ukraine. Der Wahrhaftige kommt zu uns, zu den Verwirrten und Erschöpften in den Zeiten der Lüge. Er, der »Amen« heißt und der das »Amen« ist und durch den alles wahr wird, was die Propheten sagten: Kein Gedröhn der Stiefel mehr und kein Soldatenmantel voller Blut (Jes 9,4), überhaupt keine Waffen und niemand mehr, der noch lernen würde, Krieg zu führen (Micha 4,3)! Er sitzt auf dem Thron (Offb 3,21), das Lamm, das sie durchbohrt haben, herrscht und wischt alle Tränen ab (Offb 21,4).

»O Herr von großer Huld und Treue, / o komme du auch jetzt aufs neue / zu uns, die wir sind schwer verstört. / Not ist es, dass du selbst hienieden / kommst zu erneuen deinen Frieden, / dagegen sich die Welt empört.« (EG 14,5; Friedrich Rückert)

Und dann sind die Bilder keine Gerichtsbilder mehr. Dann klopft er an, und wir lassen ihn ein und sitzen mit ihm zu Tisch.

»Ach komm, ach komm, o Sonne, / und hol uns allzumal / zum ewgen Licht und Wonne / in deinen Freudensaal.« (EG 11,10; Paul Gerhardt)

[1] Die Verbindung von Offb 3,14-22 mit dem Advent begegnet freilich in der Geschichte der Kirche immer wieder – am bekanntesten wohl in Johann Sebastian Bachs Kirchenkantate »Nun komm, der Heiden Heiland« (BWV 61,3).

[2] Martin Karrer, Johannesoffenbarung, Teilband 1: Offb 1,1–5,14, EKK XXIV/1, Mannheim/Göttingen 2017, 364.

[3] Eva Zeller, Was ich bin, in: dies., Sage und schreibe. Gedichte, Stuttgart 1971, 64.

[4] Axel Hacke, Das Beste aus aller Welt, SZ-Magazin 13, 1.4.2022, 38.

2. SONNTAG IM ADVENT
HOHELIED 2,8-13

Volker Sommer

Da ist die Stimme meines Freundes! Siehe, er kommt und hüpft über die Berge und springt über die Hügel. Mein Freund gleicht einer Gazelle oder einem jungen Hirsch. Siehe, er steht hinter unsrer Wand und sieht durchs Fenster und blickt durchs Gitter. Mein Freund antwortet und spricht zu mir:

Steh auf, meine Freundin, meine Schöne, und komm her! Denn siehe, der Winter ist vergangen, der Regen ist vorbei und dahin. Die Blumen sind hervorgekommen im Lande, der Lenz ist herbeigekommen, und die Turteltaube lässt sich hören in unserm Lande. Der Feigenbaum lässt Früchte reifen, und die Weinstöcke blühen und duften. Steh auf, meine Freundin, und komm, meine Schöne, komm her!

Dass eine Frau ihre Gedanken über Dutzende von Versen, ja, durch ein ganzes Kapitel hindurch, ununterbrochen ausbreitet – das ist eine Seltenheit in der von patriarchalen Strukturen geprägten Bibel. Überdies passt die Frauenrede thematisch nicht in die Heilige Schrift – malt sie doch in üppigen Bildern die Liebe zwischen einer Frau und einem Mann aus: »In das Weinhaus hat er mich geführt. / Sein Zeichen über mir heißt Liebe. / Stärkt mich mit Traubenkuchen, / erquickt mich mit Äpfeln; / denn ich bin krank vor Liebe« (Hld 2,4-5).

Obwohl ein striktes Narrativ fehlt, sind die Szenen durch verwandte Motive verbunden: Umschreibung körperlicher Schönheit, Leidenschaft, Erinnerung an vergangene Begegnungen, Sehnsucht nach Vereinigung. Derlei in den alttestamentlichen Kanon aufzunehmen, war darum umstritten.

Einige Rabbiner hielten den Text für wenig mehr als ein Trinklied, während der Mystiker Rabbi Akiba dekretierte: »Alle Schriften sind heilig, aber das Hohelied ist das Allerheiligste.« Da nun einmal als »Lied der Lieder« Teil des Alten Testaments, mussten sich besonders auch die frühen und mittelalterlichen Christen ihre Köpfe darüber zerbrechen. Origenes († um 254) verfasste einen zehnbändigen Kommentar, während Bernhard von Clairvaux († 1153) ihm 86 Predigten widmete – ohne je über Kapitel 2 hinauszukommen.

»Seine Linke liegt unter meinem Kopf, / seine Rechte umfängt mich« (Hld 2,6) oder »Süß ist deine Stimme, / lieblich dein Gesicht« (Hld 2, 14) – wie lässt sich solch irdische Eindeutigkeit in metaphysische Zweideutigkeit hinüberretten? Theologischer Dreh: Traditionell begriff sowohl jüdische wie christliche Auslegung die im Hohenlied thematisierte menschliche Zuneigung als Allegorie der gegenseitigen Liebe zwischen Gott und Israel bzw. Christus und der Kirche. Etwas weit hergeholt, aber das Problem eindeutiger Erotik ließ sich dadurch elegant entschärfen.

Manche modernen Interpreten machen es sich einfacher und sehen in dem Lied schlicht eine Feier der Sexualität. Für kirchlichen Mainstream bleibt die Schrift gleichwohl verdaulich, weil sie einen Kontrapunkt setzt zur Durchflutung des heutigen Alltags mit einer Bildwelt von Promiskuität – und stattdessen eine Liebe präsentiert, die von Gegenseitigkeit und Treue geprägt ist. Hierher passt besonders Hld 2,7: »Stört die Liebe nicht auf, / weckt sie nicht, / bis es ihr selbst gefällt.« Moral: Der starke Wunsch nach körperlicher Hingabe sollte gesunder Zurückhaltung unterworfen werden, um sich erst in der Ehe zu erfüllen.

Jenseits von Tiefschürfen, Seichtheit und erhobenem Zeigefinger können wir allerdings, ganz säkular, schlicht Gefallen finden am literarischen und symbolischen Reichtum der Dichtung.

Die Perikope beschränkt sich auf die Verse 8-13 des 2. Kapitels. In dem Abschnitt denkt die junge Frau – entweder im Traum oder im Tagtraum – an ihren Angebeteten und was sie teilten und teilen werden.

Das Mädchen stellt sich vor (Hld 2,8), wie der Geliebte ihrer Wohnstatt antilopengleich entgegenspringt – voll Energie und animalischer Virilität. Er gelangt zur Mauer, alsdann in den Hof, und späht schließlich durch die Fenster in ihr Gemach (Hld 2,9) – ein Voyeurismus, durch den sich das Subjekt seines Verlangens durchaus nicht objektiviert fühlt. Er fordert sie auf, gemeinsam die Herrlichkeiten des Frühlings zu genießen (Hld 2,10-13). In Palästina finden sich in den Monaten die Turteltauben als gurrende Frühjahrsgäste ein und die Feigenbäume tragen erste Früchte. Einander umgurren und vernaschen – in den Herzen jung Verliebter ist immer Frühling.

In diesem Abschnitt des 2. Kapitels gehört der Dialog allein der Frau – und sie ist weder schüchtern noch unterwürfig. Feministische Interpretationen kontrastieren darum den anschließenden Vers »Der Geliebte ist mein / und ich bin sein« (Hld 2,16; 6,3) mit der Bestrafung Evas in der Genesis, hieß es doch »Du sollst deinen Mann begehren, und er soll über dich herrschen« (Gen 3,16). Das Hohelied macht diesen Fluch von Eden rückgängig, einschließlich der Asymmetrie der Beziehung zwischen den Geschlechtern, und ersetzt sie durch Begegnung auf Augenhöhe: Er will von ihr, was sie von ihm will.

Die Liebe der beiden wird zudem dadurch veredelt, dass die junge Frau keine Miss World ist. Die übliche deutsche Übersetzung – »Ich bin eine Blume [oder: Rose] auf den Wiesen des Scharon, / eine Lilie der Täler« (Hld

2,1) ist nämlich irreführend, weil Rose und Lilie für uns außergewöhnliche Schönheit repräsentieren. Im Urtext jedoch vergleicht sich das Mädchen, quasi ironisch, mit schlichten, kommunen Wildblumen. Welche Zweifel sie aber an ihrer Wohlgestalt haben mag – ihrem Liebsten ist sie etwas Besonderes: »Eine Lilie unter Disteln / ist meine Freundin unter den Mädchen« (Hld 2,2).

Das Mädchen hingegen muss sich den Geliebten nicht »schöndenken« oder »schönlieben«. Er ist ein Prachtexemplar: »Ein Apfelbaum unter Waldbäumen / ist mein Geliebter unter den Burschen« (Hld 2,3). Indirekt wertet das die bescheidene Wildpflanze wiederum auf – wie hätte sie sonst, angesichts ästhetisch bescheidener Dimensionen, dieses Glanzstück monopolisieren können? Einen edlen Baum, dekorativ wie fruchtbar, groß, gesund, lebensspendend – selbst wenn dieser »Apfelbaum«, den wir noch am letzten Tage pflanzen würden, außerhalb lutherdeutscher Botanik die Zitrone oder die Orange wäre...

Wichtiger aber: »In seinem Schatten begehre ich zu sitzen« (Hld 2,3). Unter der schützenden Hülle ihres Geliebten findet die junge Frau Sicherheit und Frieden. Mithin fühlt sie sich nicht der wankelmütigen Gnade eines Mannes ausgeliefert, der bei der geringsten Laune eine andere wählen würde. Weshalb, gerade weil sie sich nicht hochmütig ein- und überschätzt, diese Liebe in Vertrauen gründet.

Reziproke Komplimente mögen beglückend sein: »Ich bin eine einfache Wildblume.« – »Nein, du bist eine Wildblume inmitten von Dornen.« – »Du bist wie ein schöner Apfelbaum.« Doch blieben diese Kosewörter ewiges Vorspiel, wären sie Illusionen. Insofern: Ein wenig Tat und Tätlichkeit kann und soll und muss schon sein.

Die wird exekutiert als: »Er weidet in den Lilien« (Hld 2,16). Solche Blumen umschreiben Lippen (Hld 5,13). Mithin träumt das Mädchen, mit Küssen überschüttet zu werden, »wenn der Tag verweht« (Hld 2,17). Nächstens also wird er sich an ihren Lippen erfreuen, wie Schafe an saftigen Gräsern weiden. O.K., solch hirtenhafte Qualitäten von Stärke und Sanftmut auf einen Herrn Jesus zu beziehen, war vielleicht doch nicht so weit hergeholt.

Die Perikope beschränkt sich, sicherlich bewusst, auf die erotisch-pastoralen Szenen von Hld 2,8-13, denen kein Konflikt innewohnt. Doch wie im richtigen Leben lauert, nur zwei Sätze weiter, Gefahr – in Gestalt der »kleinen Füchse«. Denn »sie verwüsteten die Weinberge, / unsre blühenden Reben« (Hld 2,15). Die Geliebte weiß also, dass ihre frühlingsfrische Beziehung bedroht ist, und, noch bevor es ans Pflücken geht, wie verletzlich und schutzbedürftig gerade die ersten zarten Trauben sein werden.

Es ist nicht schwer, sich vorzustellen, welche »kleinen Füchse« eine Beziehung untergraben können – Misstrauen und Eifersucht ebenso wie Egoismus und Stolz oder eine unversöhnliche Haltung. Die Feinde mögen klein sein, aber das angerichtete Unheil ist groß. Und wie zahlreich sind die kleinen Füchse!

Zwar suggeriert der Vers, dass die flinken Ver-Wüstlinge bereits Schaden angerichtet haben. Doch vielleicht erschien dem Mädchen nur ein warnendes Traumgesicht, oder es besteht die Chance, aus Schaden klug zu werden – warum sonst die Aufforderung »Fangt uns die Füchse, / die kleinen Füchse!« (Hld 2,15)?

Diese Rettungsaktion erfordert allerdings Teamwork samt Hilfe wohlmeinender Außenstehender. Hoffen wir mal, dass die nicht eifersüchtig sind auf das ideale Paar; und dass die Füchse in Fallen einkassiert werden, aus denen sie schadlos in eine unbedenkliche Wildnis freigelassen werden können – ein Aspekt von Ökologie und Tierwohl, der sicher weder Origenes noch Bernhard von Clairvaux geplagt hat…

3. SONNTAG IM ADVENT
JESAJA 40,1-11

Klaus Kießling

Tröstet, tröstet mein Volk!, spricht euer Gott. Redet mit Jerusalem freundlich und predigt ihr, dass ihre Knechtschaft ein Ende hat, dass ihre Schuld vergeben ist; denn sie hat die volle Strafe empfangen von der Hand des HERRN für alle ihre Sünden.

Es ruft eine Stimme: In der Wüste bereitet dem HERRN den Weg, macht in der Steppe eine ebene Bahn unserm Gott! Alle Täler sollen erhöht werden, und alle Berge und Hügel sollen erniedrigt werden, und was uneben ist, soll gerade, und was hügelig ist, soll eben werden; denn die Herrlichkeit des HERRN soll offenbart werden, und alles Fleisch miteinander wird es sehen; denn des HERRN Mund hat's geredet.

Es spricht eine Stimme: Predige!, und ich sprach: Was soll ich predigen? Alles Fleisch ist Gras, und alle seine Güte ist wie eine Blume auf dem Felde. Das Gras verdorrt, die Blume verwelkt; denn des HERRN Odem bläst darein. Ja, Gras ist das Volk! Das Gras verdorrt, die Blume verwelkt, aber das Wort unseres Gottes bleibt ewiglich.

Zion, du Freudenbotin, steig auf einen hohen Berg; Jerusalem, du Freudenbotin, erhebe deine Stimme mit Macht; erhebe sie und fürchte dich nicht! Sage den Städten Judas: Siehe, da ist euer Gott; siehe, da ist Gott der HERR! Er kommt gewaltig, und sein Arm wird herrschen. Siehe, was er gewann, ist bei ihm, und was er sich erwarb, geht vor ihm her. Er wird seine Herde weiden wie ein Hirte. Er wird die Lämmer in seinen Arm sammeln und im Bausch seines Gewandes tragen und die Mutterschafe führen.

Der Trost kann ein schwacher sein, sogar ein billiger, und ein Trösterchen lässt eher an ein Stück Schokolade denken als an eine nachhaltige Ermutigung. Mit dem Trostpflaster verhält es sich kaum anders, und auch ein Trostpreis wird über die eingefahrene Niederlage nicht hinwegtäuschen. Freude kommt da nicht auf, auch nicht, wenn der dritte Adventssonntag, der mit Jes 40,1-11 aufwartet, angesichts des bevorstehenden Weihnachtsfestes unter dem lateinischen Namen *Gaudete* bekannt ist: Freut euch! Wozu aber mag der berühmte Aufruf »Tröstet, tröstet mein Volk!« dann gut sein?

Die Entstehungsgeschichte des Buches Jesaja hat sich über vier Jahrhunderte erstreckt (etwa 700–300 v. Chr.). In seiner überlieferten Gestalt bezeugt es ein Drama, in welchem Jerusalem von einem Ort des Gerichts zum Ort des Heils und der Rettung der Frommen auf dem Zion wird. Jesaja heißt übersetzt »Der Herr rettet«, sein Name ist Programm.

Mit dem Trostaufruf (Jes 40,1) setzt eine neue Ära ein: Die angekündigte Strafe ist vollzogen, das Königreich Juda zerschlagen, Jerusalem ein trostloser Trümmerhaufen, ein Großteil der Bevölkerung seit mehreren Jahrzehnten im babylonischen Exil. Der Prophet Jesaja tritt nun nicht mehr als Einzelgestalt auf, nicht mehr als Person im biblischen Buch. Wer aber spricht hier dann zu wem? Auch die Grenze zwischen Gotteswort und auslegendem Prophetenwort scheint mitunter zu verschwimmen. Doch kein Engel, kein zweiter Jesaja, kein anonymer Nachfolger wird hier in Szene gesetzt, vielmehr wird aus dem Propheten *im* Buch (Jes 1–39) der Prophet *des* Buches (Jes 40–66). Sein Aufruf richtet sich nun an jene Gruppen, die sich trostreich an Jerusalem wenden und »ihr« predigen sollen: Jerusalem erscheint gegenüber Gott offenbar wie eine Frau. Und die Stimmen, die sich dann erheben (Jes 40,3.6), bezeugen das Gespräch, das das Prophetenwort unter den Angesprochenen auslöst.

Das geschundene Volk befindet sich in der Wüste. Verzweiflung, Trostlosigkeit, Ausweglosigkeit, Mutlosigkeit, Hoffnungslosigkeit und weitere Losigkeiten machen sich breit, so sehr, dass nicht recht bei Trost zu sein scheint, wer da fremde Stimmen hört. Sie aber sagen an, dass nichts bleibt, wie es ist. Vielmehr werden die Täler des Todes zu neuem Leben erhoben, und die Hügel, die zwischen Menschengruppen aufgehäuft sind, fallen in sich zusammen. Mit der Ankunft Gottes wird alles neu. Aber was, so heißt es weiter, soll ich in der Steppe predigen, wo alles verdorrt und verwelkt? Wer kann da Trost finden, gar zum Propheten in der Wüste werden? Jesaja zufolge diejenigen, die unter all diesen Stimmen dem ewiglichen Wort Gehör schenken, sich nicht fürchten, diesen Zuspruch von Mut annehmen und sich zumuten lassen, die eigene Stimme zu erheben. So wird Jerusalem zu einer Freudenbotin, die nicht vertröstet: Sie kündigt den Städten Judas Gottes Ankunft an, der seine Herde weiden werde wie ein Hirte. Diese Inszenierung Gottes als Hirte, der die Seinen nach Hause führt, ist bei Jesaja singulär, und sie entfaltet ihre poetische Kraft im Horizont der Rückkehrbewegungen nach Jerusalem vor etwa 2500 Jahren.

Dafür, dass der Trost nichts Harmloses ist, sondern rettend, heilsam, heilvoll wirkt, stehen über Jesaja hinaus auch andere biblische Zeugnisse: Dem Evangelisten Lukas zufolge wird der »Trost Israels« (Lk 2,25) mit der Ankunft Jesu im Stall von Bethlehem für alle Menschen wahr, und nicht umsonst heißt der Heilige Geist biblisch auch der Paraklet, übersetzt *der Tröster* (Joh 14,16). Wer ihn erfahren hat, kann selbst zur Freudenbotin werden – *Gaudete!* – und Untröstlichen aufhelfen in ihrer Trauer und ihrem Leid, ihrem seelischen und ihrem körperlichen

Schmerz, ihrer Verzweiflung und ihrer Haltlosigkeit. Da braucht es kein Trösterchen, aber buchstäblichen Trost, der mit dem englischen *trust* verwandt ist, mit Vertrauen. Uns tröstet, was und wer uns in aller Trauer Vertrauen ins Leben schenkt. Trost kommt zur Trauer hinzu, Trost nimmt Trauer nicht weg, bettet sie aber ein, macht sie tragbar, macht unendliche Trauer endlich tragbar. In seiner indogermanischen Wurzel steht der Trost für Festigkeit, für seelischen Halt, für Treue: für Treue durch die Zeit und für Nähe im Raum – durch Worte, Gesten und Berührung, wie sie der Hirte zeigt, der die Lämmer in seinen Arm sammelt und im Bausch seines Gewandes trägt. Echter Trost verpflastert und betäubt den Schmerz nicht, sondern räumt ihn ein, nimmt ihn auf, ermutigt im Leid, schenkt Zuversicht, wirkt als Zuspruch, der aufrichtet und in Bewegung setzt wie damals nach Jerusalem.

»Überhaupt nenne ich ›Tröstung‹ alle Zunahme an Hoffnung, Glaube und Liebe und alle innere Freudigkeit, die zu den himmlischen Dingen ruft und hinzieht und zum eigenen Heil seiner Seele, indem sie ihr Ruhe und Frieden in ihrem Schöpfer und Herrn gibt«, so heißt es in den Geistlichen Übungen des Ignatius von Loyola (Nr. 316). Und ein echter Trost mag darin liegen, dass gar nicht die Trostbedürftigen in ihrer Wüste den Weg zu unserem Schöpfer und Herrn ebnen und bahnen müssen, sondern dass er selbst trostreich auf uns zukommt – als Fleischgewordener, als Kind in der Krippe, als Mensch, der uns Menschen so berührt, dass es für uns Weihnachten wird. Und wir ganz bei Trost sind.

4. SONNTAG IM ADVENT
PHILIPPER 4,4-7

Theresa Rinecker

Freuet euch in dem Herrn allewege, und abermals sage ich: Freuet euch! Eure Güte lasst kund sein allen Menschen! Der Herr ist nahe! Sorgt euch um nichts, sondern in allen Dingen lasst eure Bitten in Gebet und Flehen mit Danksagung vor Gott kundwerden! Und der Friede Gottes, der höher ist als alle Vernunft, wird eure Herzen und Sinne bewahren in Christus Jesus.

ZUKUNFTSTRÄCHTIG

Aber nun sitzt er doch. Ist festgesetzt wohl in Caesarea oder Ephesus. Manche sagen gar, er sitzt in Rom ein. Jedenfalls kann er nicht los. Kann nicht einfach mit seiner Gegenwart »seine Gemeinde« beruhigen, trösten und überzeugen. Vielmehr muss er sich auf das verlassen, was vor Ort in den Menschen und dem, wie sie christliche Gemeinde leben, grundgelegt ist. Er muss sich auch darauf verlassen, dass seine Briefe etwas bewirken. Dass Worte solcher Art ausreichend Kraft und Klarheit in sich tragen. Wieder einmal muss und will er sich mit seiner ganzen Person in die Waagschale werfen. Und kann es nur verbal. Die Zeit drängt. Verschieben gilt nicht. Vergangenheit und Zukunft verschmelzen. Für Paulus ist das tröstlich. Darin soll auch für die Gemeinde in Philippi Hoffnung liegen. Diese kurze zusammengedrängte Zeit gilt es in Christus-Nähe und Christus-Nachfolge zu leben. Koste es, was es wolle. Der Herr ist nahe.

Ich bin berührt von einer Andacht. Ein Kirchenältester erzählt, dass Christus für ihn das Wichtigste in seinem

Leben ist. Er spricht glaubhaft und glaubwürdig davon. Er führt es gar nicht weiter aus. Das braucht er auch nicht. Christusgegenwart als Lebensgründung. »Und der Friede Gottes, der höher ist als alle Vernunft, wird eure Herzen und Sinne in Christus Jesus bewahren.«

Und da taucht in allem Feststecken etwas von dem auf, was Paulus wohl mit seiner Erinnerung meint: »Und abermals sage ich euch, freuet euch.«

Während ich im März 2022 über diesen Skizzen denke, ist seit mehr als vier Wochen Krieg in der Ukraine. Menschen sterben. Menschen fliehen. Waffengewalt. Stagnierende Verhandlungen. Sprachlosigkeit. Entsetzen. Plakate. Gefaltete Hände. Fragen. Auch die, wie lange pazifistische Grundhaltungen aufrechtzuerhalten sind. Und wie es dazu kommen kann, dass Ziele nicht vor das Visier kommen und dann zerstört werden? Wie kann das gehen, dass ernsthaft Wege aus der Gewalt- und Zerstörungsspirale gesucht und gefunden werden?

»In allen Dingen lasst eure Bitten in Gebet und Flehen … vor Gott kundwerden.«

Hätte so ein Brief wie der von Paulus heutzutage überhaupt eine Chance, gelesen zu werden? Ich stelle mir vor, wir schrieben, trotz der Frage, wer »noch« Briefe liest, trotzdem Briefe. Auch wenn das etwas aus der Zeit gefallen scheint. Wir schrieben an die Orte, an denen Gruppen sich streitend gegenüberstehen. Wir schrieben Briefe an Konfliktparteien, deren Meinung wir nicht teilen. Schrieben, so wie Paulus, koste es, was es wolle. Schrieben als selber ein *Brief Christi Seiende* (2. Kor. 3,2). Würden ganz aufgehen im Schreiben. Und würden jeden Brief mit freundlich segnender Anrede beginnen: »Gnade sei mit euch und Friede von Gott, unserm Vater, und dem Herrn Jesus Christus.« »Gnade euch – adelphoi, Geschwister.«

Was für ein Politikum, sich als Geschwister anzusprechen. Das Verbindende an den Anfang zu stellen. Zuerst an das unserer Existenz zu Grunde liegende und zugleich übergeordnete Aneinander-gewiesen-Sein zu erinnern. Sich so zu- und einzuordnen.

Wir schrieben also, wissend um Konflikte und deren Gefahr. Wir schrieben, bis die Anrede nicht mehr zu überhören ist. Bis sie durchdringt und Wirklichkeit verändert: »Gnade soll mit euch sein. Und Friede.« Ob wir so das andere Jetzt heranlocken könnten? Das, was aussteht? Das Zukunftsträchtige? Ob so die Hoffnungen derer, die schwanger gehen mit Zuversicht, Gestalt gewinnen können? Ob wir mit Briefen Andere erreichen würden? Ob wir im Schreiben frei würden von den eigenen hässlichen Gegnerschaften und in Anschlag gebrachten Argumenten? Ob wir wirklich Briefe Christi würden? Und uns die Briefe Anderer erreichten? Ob wir so auch frei würden für ein Stück Freude?

Ich stelle mir vor, dass am 4. Advent *abermals* Grund zur Freude ist. Wir sind »hoffnungsstur und glaubensheiter«[1] für diese Welt geblieben. Oder wir sind es wieder geworden, immer wieder.

Mitunter scheint das zu wenig, mitunter gerade genug. Stur bleiben im Hoffen und heiter im Glauben. Im Vertrauen und Zutrauen, dass der Friede Gottes menschliche Vernunft übersteigt. Dass andere und wir selbst zur Einsicht kommen. Dass Verhandlungen zur Befriedung beitragen. Dass gemeinsames Gebet stärkt. Dass flehentliches Bitten offene Ohren und Herzen findet. Dass ehrliche Hilfsbereitschaft wärmende Momente schafft. Dass Gottes Friede alles, was wir uns denken und vorstellen können, übersteigt. Dass es ihn gibt, als Ort und Zustand mitten in der Welt – Friede jetzt. Und ganz gewiss in der Nähe des Herrn. »Von Angesicht zu Angesicht«.

[1] Heike Springhart, Hoffnungsstur und glaubensheiter, Klotz Verlagshaus 2022.

CHRISTVESPER
LUKAS 2,1-20

Nikolaus Schneider

Es begab sich aber zu der Zeit, dass ein Gebot von dem Kaiser Augustus ausging, dass alle Welt geschätzt würde. Und diese Schätzung war die allererste und geschah zur Zeit, da Quirinius Statthalter in Syrien war. Und jedermann ging, dass er sich schätzen ließe, ein jeglicher in seine Stadt.

Da machte sich auf auch Josef aus Galiläa, aus der Stadt Nazareth, in das judäische Land zur Stadt Davids, die da heißt Bethlehem, darum dass er von dem Hause und Geschlechte Davids war, auf dass er sich schätzen ließe mit Maria, seinem vertrauten Weibe; die war schwanger. Und als sie daselbst waren, kam die Zeit, dass sie gebären sollte. Und sie gebar ihren ersten Sohn und wickelte ihn in Windeln und legte ihn in eine Krippe; denn sie hatten sonst keinen Raum in der Herberge.

Und es waren Hirten in derselben Gegend auf dem Felde bei den Hürden, die hüteten des Nachts ihre Herde. Und des Herrn Engel trat zu ihnen, und die Klarheit des Herrn leuchtete um sie; und sie fürchteten sich sehr. Und der Engel sprach zu ihnen: Fürchtet euch nicht! Siehe, ich verkündige euch große Freude, die allem Volk widerfahren wird; denn euch ist heute der Heiland geboren, welcher ist Christus, der Herr, in der Stadt Davids. Und das habt zum Zeichen: Ihr werdet finden das Kind in Windeln gewickelt und in einer Krippe liegen. Und alsbald war da bei dem Engel die Menge der himmlischen Heerscharen, die lobten Gott und sprachen: Ehre sei Gott in der Höhe und Friede auf Erden bei den Menschen seines Wohlgefallens.

Und da die Engel von ihnen gen Himmel fuhren, sprachen die Hirten untereinander: Lasst uns nun gehen gen

Bethlehem und die Geschichte sehen, die da geschehen ist, die uns der Herr kundgetan hat. Und sie kamen eilend und fanden beide, Maria und Josef, dazu das Kind in der Krippe liegen. Da sie es aber gesehen hatten, breiteten sie das Wort aus, welches zu ihnen von diesem Kinde gesagt war. Und alle, vor die es kam, wunderten sich über die Rede, die ihnen die Hirten gesagt hatten. Maria aber behielt alle diese Worte und bewegte sie in ihrem Herzen. Und die Hirten kehrten wieder um, priesen und lobten Gott für alles, was sie gehört und gesehen hatten, wie denn zu ihnen gesagt war.

»An Jesus Christus, dem Menschen, entzündet sich der Glaube. Jesus Christus ist Gott nicht in einer göttlichen Natur, sondern Gott allein im Glauben ... Soll Jesus Christus als Gott beschrieben werden, so darf nicht von seiner Allmacht und Allwissenheit geredet werden, sondern von seiner Krippe und seinem Kreuz.« (Christian Gremmels, Wolfgang Huber (Hg.), Dietrich Bonhoeffer Auswahl, Bd. 2, Gütersloh 2006, S. 163) Diese theologische Erkenntnis Dietrich Bonhoeffers begegnet uns in den Weihnachts- und Passionsgeschichten des Lukasevangeliums. Die Gottheit Jesu in seiner Krippe und an seinem Kreuz zu glauben und zu erkennen – das fiel und das fällt Menschen schwer. Gerade in unsicheren und dunklen Zeiten verlangen »die Weisheit der Weisen und der Verstand der Verständigen« (vgl. Jesaja 29,14 und 1. Korinther 1,19) nach Gottesbildern, die von Gottes Unverletzlichkeit, Allmacht und Allwissenheit zeugen. Aber eben diesem Gottesbild verweigerte sich schon der Prophet Jesaja mit seiner Vision von der Geburt des messianischen Kindes. Und eben solche Gottesbilder zerschlägt die Weihnachtsgeschichte im Lukasevangelium. Um es mit Kurt Marti zu sagen:

damals

als gott
im schrei der geburt
die gottesbilder zerschlug

und

zwischen marias schenkeln
runzelig rot
das kind lag

Für das Lukasevangelium und für die christlichen Kirchen hat sich die Vision des Propheten Jesaja in der Geburt Jesu erfüllt. Und doch: Noch immer und immer wieder neu erleben und erleiden Menschen die Finsternis von Unrecht, Gewalt und vermeintlicher Gottesferne.

Auch heute, nach mehr als 2000 Jahren Christentums- und Kirchengeschichte, braucht *alles Volk* und brauchen auch wir Christenmenschen die Lichtpunkte und die Zukunftshoffnungen der prophetischen Botschaft und der lukanischen Weihnachtsgeschichte.

Wir brauchen diese gesegneten Augenblicke, die uns mit einem großen *Dennoch-Vertrauen* zu Gottes Menschennähe und Menschenliebe erfüllen. Diese gesegneten Augenblicke, in denen die Klarheit Gottes uns erfüllt – in aller Dunkelheit und trotz aller Dunkelheiten, die unser Leben weiter beschweren.

So wie es damals, vor mehr als 2000 Jahren, bei den Hirten auf dem Feld bei Bethlehem war. Als für sie der Himmel aufriss, als die Klarheit Gottes sie erleuchtete und als diese große und klare Weihnachtsbotschaft des Engels ihr Herz erfüllte:

»Fürchtet euch nicht! Siehe, ich verkündige euch große Freude, die allem Volk widerfahren wird; denn euch ist

›heute der Heiland geboren, welcher ist Christus, der Herr, in der Stadt Davids!«

Die Hirten damals haben dieser Botschaft getraut. Sie haben sich auf den Weg gemacht, um die Geschichte auch zu sehen. Sie haben die Botschaft dieser Heiligen Nacht weitergetragen, zu Maria und zu allen Menschen, die ihnen in dieser Nacht begegneten: Dieses neugeborene Kind, das da in Windeln in einer Krippe in der Davidstadt Bethlehem liegt, ist Gottes Heiland für alles Volk!

Durch dieses eine Menschenkind würden alle Menschen erfahren, was Jochen Klepper in seinem Adventslied so verdichtet:

Dem alle Engel dienen, wird nun ein Kind und Knecht.
Gott selber ist erschienen zur Sühne für sein Recht.
Wer schuldig ist auf Erden, verhüll nicht mehr sein Haupt.
Er soll errettet werden, wenn er dem Kinde glaubt.

Maria, so erzählt uns der Evangelist Lukas, behielt alle die Worte der Engelbotschaft und bewegte sie in ihrem Herzen. Sie brauchte die Klarheit dieser gesegneten Nacht als Kraftquelle für die Wochen, Monate und Jahre »danach«. Für den banalen Alltag. Und für alle unsicheren und schweren Zeiten mit ihren Fragen und Zweifel – auch als sie unter dem Kreuz ihres Sohnes stand.

Für die Krippe wie für das Kreuz Jesu gilt: Augenscheinliche Wahrnehmung und vordergründige Erkenntnisse sind nicht genug!

Wer bei dem Kind in der Krippe nur seine augenscheinliche Herkunft wahrnimmt, verschließt sein Herz für die Weihnachtsbotschaft der Engel.

Wer im Kreuz Jesu nur vordergründig den qualvollen Tod des Zimmermannssohnes aus Nazareth erkennt, verschließt sein Herz für die große Liebesgeschichte Gottes mit uns Menschen.

Christlicher Glaube ist im Kern das Vertrauen, dass uns in Jesus Gott selbst begegnet. Das hat Folgen:

Aus der Freude des Heiligabends erwächst ein *Dennoch-Vertrauen* in Gottes Menschenliebe und Menschennähe, das uns auch in unsicheren und schweren Zeiten, trotz aller irdischen Karfreitage, und selbst durch den Tod hindurch tragen kann.

Die Klarheit Gottes, die in der Heiligen Nacht damals in Bethlehem die Hirten umleuchtete, mündete in den Gesang der himmlischen Heerscharen:

»Ehre sei Gott in der Höhe und Friede auf Erden bei den Menschen seines Wohlgefallens.«

Angesichts des Krieges in der Ukraine – der wütet, während ich schreibe – drängt sich die Frage nach dem Realismus dieser Zusage auf. Und die Frage: Wer sind die *Menschen seines Wohlgefallens*?

Es sind die Menschen, die trotz aller Erfahrungen von Lüge, Gewalt und Krieg ihr *Dennoch-Vertrauen* nicht aufgeben. Es sind die Menschen, die sich und ihre Menschlichkeit nicht preisgeben im Wüten von Gewalt und Tod. Es sind die Menschen, die helfen und verbinden, die trösten und Zeuginnen der Wahrheit über die Abscheulichkeit des Krieges bleiben. Es sind die Menschen, die weiterhin daran arbeiten, Gewalt durch Recht einzuhegen und mit den Mitteln des Rechtes die Gewalttäter zur Verantwortung zu ziehen. Es sind die Menschen, die aus der Kraft der Weihnachtsbotschaft im Herzen darauf vertrauen, dass Gott gerade bei den Leidenden, bei den Opfern gegenwärtig ist – und sie deshalb an deren Seite gehören. So ehren wir Gott in der Höhe, damit der Friede auf Erden auch mitten im Krieg und der Gewalt aufscheint – mitten in unserer oft so Gott-los erscheinenden Realität.

CHRISTNACHT
HESEKIEL 34,23-31

Birgit Klostermeier

Und ich will ihnen einen einzigen Hirten erwecken, der sie weiden soll, nämlich meinen Knecht David. Der wird sie weiden und soll ihr Hirte sein, und ich, der HERR, will ihr Gott sein. Und mein Knecht David soll der Fürst unter ihnen sein; das sage ich, der HERR.

Und ich will einen Bund des Friedens mit ihnen schließen und alle bösen Tiere aus dem Lande ausrotten, dass sie sicher in der Steppe wohnen und in den Wäldern schlafen können. Ich will sie und alles, was um meinen Hügel her ist, segnen und auf sie regnen lassen zu rechter Zeit. Das sollen gnädige Regen sein, dass die Bäume auf dem Felde ihre Früchte bringen und das Land seinen Ertrag gibt, und sie sollen sicher auf ihrem Lande wohnen und sollen erfahren, dass ich der HERR bin, wenn ich ihr Joch zerbrochen und sie errettet habe aus der Hand derer, denen sie dienen mussten. Und sie sollen nicht mehr den Völkern zum Raub werden, und kein wildes Tier im Lande soll sie mehr fressen, sondern sie sollen sicher wohnen, und niemand soll sie schrecken. Und ich will ihnen eine Pflanzung aufgehen lassen zum Ruhm, dass sie nicht mehr Hunger leiden sollen im Lande und die Schmähungen der Völker nicht mehr ertragen müssen. Und sie sollen erfahren, dass ich, der HERR, ihr Gott, bei ihnen bin und dass die vom Hause Israel mein Volk sind, spricht Gott der HERR. Ja, ihr sollt meine Herde sein, die Herde meiner Weide, und ich will euer Gott sein, spricht Gott der HERR.

Frühjahr 2022. Der Gesang der Amsel tönt über die Baumblüten hinweg. Die Kriegsberichterstattung geht in eine nächste Woche. Im Bundestag kontert die Außenministerin auf den Oppositionsführer, feministische Außenpolitik sei kein Gedöns. Sie erinnert an die Mütter und Frauen als Opfer der Kriegstreiberei. Ein paar Tage später werden die Bilder aus den Kiewer Vorstädten tiefes Entsetzen hervorrufen. Woher diese regelrechte Lust am Töten? Die Bundesrepublik wird weitere Waffen in die Ukraine liefern. Die Bundeswehr bekommt die lange umstrittenen Kampfdrohnen. Siegt der Militarismus? Die Felder der Kornkammer für die armen Länder liegen brach. Gas, Kohle und Öl stehen plötzlich für Menschlichkeit. Die Welt gerät in einen Ausnahmezustand. Es braucht keine Fantasie, sich vorzustellen, dass zukünftig alles noch fragiler sein könnte.

Kaum eine Predigt kann auskommen ohne den Verweis auf Corona, auf Krieg und die Klimakrise, Dürreschäden und Flutkatastrophen.

Stimmt, es gibt ein Zuviel an Ohnmachtserfahrung und einen Überdruss am Grauen.

Keine Predigt jedoch kann auskommen ohne die aktuellen Bilder und politischen Nachrichten – bei diesem Text aus dem Buch des Propheten Hesekiel.

Denn es sind ja die gleichen Bilder. Der Hunger, die Gewalt, die Scham, das Böse, die Hand der Feinde, der Schrecken, das Land, das Opfer, ein Volk, das »…den Völkern zum Raub« wird.

Warum haben es die Menschen in ihrer langen Kulturgeschichte nicht geschafft, ohne Gewalt miteinander zu sein? Alles nur zivilisatorischer Firnis? Und: Welche Stimme verspricht hier, was nicht zu halten ist?

Oft ist dieser Text gelesen und gehört worden, während irgendwo auf der Welt Völker andere Völker überwältigt, missbraucht und gedemütigt haben. Vermutlich nie gab es keinen Krieg auf der Welt. Immer gab es auch die falschen Hirten, das falsche Heilige, das »Heilige Römische Reich deutscher Nation« oder die »Heilige Rus«. Es gab kirchliche und religiöse Institutionen, die sich, um sich selbst zu behaupten, auf die falsche Seite stellten. Es gab säkulare Machthaber, die religiös sanktionieren ließen, was sie taten. Kein Hirte ist davor gefeit, zum falschen Hirten zu werden. Das weiß auch der Text, entstanden unter dem Eindruck des Exils, in der Versprengung und im Verlust, mit traumatisierenden und verstörenden Erfahrungen im Gepäck.

»Ich sehne mich nach der Auferstehung«, sagt die Freundin in diesen Tagen der Fassungslosigkeit über so viel ohnmächtiges Zusehenmüssen.

In die Christnacht hinein möchte ich sagen: »Ich sehne mich nach der Menschwerdung des Menschen.«

Biblische Texte wie dieser Verheißungs- und Tröstungstext aus Hesekiel werden in menschliche Nächte hineingesprochen, und sie legen die Menschwerdung ins Gehör wie einen Samen, der aufgehen will im Verstand und im Herzen, in politischen Handlungen und in zwischenmenschlichen Gesten. Vielleicht auch in anderen Worten.

Ich will einen Bund des Friedens schließen mit dir
du als das Menschenvolk wirst Segen sein
und sicher wohnen
dein Land soll Früchte bringen und wogende Felder
voll Korn,
Schnee fällt zur richtigen Zeit
und die Sonne wird nichts Nährendes verdorren

Vorbei sind Größenwahn, Lügen und menschen-
verachtende Strategien
wenn du auf deinen Straßen gehst, wirst du frei sein
und geschützt

Gärten werden Gärten sein und keine Gräber
niemand kann dich klein machen
du wirst keinen Hunger leiden
und keine Schmähungen ertragen müssen
böse Träume quälen kein Kind und Zukunftsängste
        keine Jugend
alle haben das richtige Maß zum Leben
du wirst mein sein und ich dein
einander und inmitten
wie eine Hirtin oder ein Hirt

Christnacht 2022. Vielleicht trösten die Worte des Propheten, weil es ein Gedenken gibt. Weil eine Stimme spricht und sagt »Du« und »Ich«.

Vielleicht finden die Worte ihren Weg dorthin, wo Menschen berührt werden. Denn das wollen sie ja. Die Worte und die Menschen. Eine Liebeserklärung hat sich in diese Worte hineinverwandelt. Sie locken, ein Verhältnis einzugehen, weshalb sie leuchtende Bilder malen von einem besseren, guten, heilen Leben. So, wie es Liebende tun, wenn sie meinen, gemeinsam alles werden und sein zu können. Ich und Du. Wir beide.

Gott ist verliebt in den Menschen.

Gott glaubt an den Menschen und seine Menschwerdung.

Menschwerdung beginnt – und ich gehe vom Propheten Israels über das leere Grab am Ostermorgen nach Bethlehem in diese kleine schäbige Hütte auf dem Feld, genauer: Sie wird geboren, immer dann, wenn Menschen ihre Hütekraft entdecken, ihre Leidenschaft für den anderen. Wenn sie wachsam und fürsorglich sind, trösten, hören und wahrnehmen, die Schwachen befähigen, die Starken schätzen und integrieren. Sie ist eine Leidenschaft für die Geburtlichkeit, für die Verletzlichkeit jedes Menschlichen und Kreatürlichen. Sie entfaltet ihre Kraft gerade dann, wenn die Verletzlichkeit offen zutage tritt und so schamvoll und schmerzhaft ist. Wenn Menschen Grenzen respektieren, Schuld eingestehen und vergeben, Verstrickungen annehmen, an den Morgen und aneinander glauben, in Trümmern neu aufbauen.

Der Stall in der Nacht erinnert bleibend an die Geburt mitten im Weltgeschehen und daran, dass Gott, verletzlich, nicht aufgibt, auf uns zu hoffen.

Da wäre wieder und wieder der Anfang.

CHRISTFEST I
KOLOSSER 2,3(4-5)6-10

Fulbert Steffensky

In ihm liegen verborgen alle Schätze der Weisheit und der Erkenntnis.

[Ich sage das, damit euch niemand betrüge mit verführerischen Reden. Denn obwohl ich leiblich abwesend bin, so bin ich doch im Geist bei euch und freue mich, wenn ich eure Ordnung und euren festen Glauben an Christus sehe.]

Wie ihr nun angenommen habt den Herrn Christus Jesus, so lebt auch in ihm, verwurzelt und gegründet in ihm und fest im Glauben, wie ihr gelehrt worden seid, und voller Dankbarkeit.

Seht zu, dass euch niemand einfange durch die Philosophie und leeren Trug, die der Überlieferung der Menschen und den Elementen der Welt folgen und nicht Christus. Denn in ihm wohnt die ganze Fülle der Gottheit leibhaftig, und ihr seid erfüllt durch ihn, der das Haupt aller Mächte und Gewalten ist.

Weihnachten ist die Feier der großen Brüche. Der größte Bruch gelingt Gott, es ist der Bruch mit sich selbst: Der Starke wird schwach, der Mächtige wird gering. »Er äußert sich all seiner G'walt, wird niedrig und gering und nimmt an eines Knechts Gestalt, der Schöpfer aller Ding.« (EKB 27) In Luthers Weihnachtslied singen wir: »Die Krippe, Windelein so schlecht, da findet ihr das Kind gelegt, das alle Welt erhält und trägt.« (EKB 24) Das Geheimnis Gottes ist seine Selbstaufgabe, er wird ein anderer und besteht nicht auf sich selbst. Es ist nicht zu entziffern. Predigten oder theologische Aussagen, die das Geheimnis entziffern wollen, sind wie getrocknete Blumen, die keinen Duft und keinen Reiz mehr haben. Weihnachten ist das Fest der ungelösten Geheimnisse. Man kann sie in Bildern weitermalen und in Liedern weitersingen. Die Weise, sich diesen ungelösten Geheimnissen zu nähern, ist die Anbetung. Man kann sich nicht »satt sehen« an den Bildern dieses Geheimnisses, »und weil ich nun nicht weiter kann, bleib ich anbetend stehen« (EKG). Anbetung (dieses lange vergessene Wort) ist die Weise, den großen Bildern Gastrecht im eigenen Herzen zu gewähren. Darum sind die Ersten, die aufmerksam werden auf diesen versteckten Gott, Anbeter. Die Hirten beten an. Die drei geheimnisvollen Fremden, die die spätere Geschichte Könige genannt hat, kamen, um anzubeten. Weihnachten ist ein Fest, dessen Geheimnis gemalt, gesungen, gespielt, aber nicht gelöst werden will. Es ist ein Geheimnis, das man nicht lüftet, sondern an sich geschehen lässt, wenn man die Geschichten hört, die Lieder singt und die Bilder sieht. Jedes Weihnachtslied ist besser als eine theologische Abhandlung.

Gott bricht mit sich selbst, mit seinem ungetrübten Glück, mit seiner Unverwundbarkeit, mit seiner schmerzlosen Einsamkeit. Er pflanzt sich ein in die karge Ödnis unserer Erde. »Du unser Heil und höchstes Gut, vereinest dich mit Fleisch und Blut, wirst unser Freund und Bruder hier, und Gottes Kinder werden wir.« (EKG 42)

Gott bleibt nicht Gefangener seiner selbst. Wir bleiben nicht Gefangene unserer selbst. Auch wir werden verpflanzt. Auch wir werden befreit aus dem Gefängnis unserer spärlichen Identität, und wir werden mehr, als wir von uns sein können. Das erzählt uns der Kolosserbrief. In der Erde Christi sollen wir verwurzelt und gegründet sein (2,4). Wir sind eingepflanzt in die Fülle jenes Christus, in dem die Schätze der Weisheit und Fülle Gottes verborgen sind (2,3). Die Spuren seiner Existenz wiederholen sich in unserer eigenen Existenz (2,13). In ihm sind wir beschnitten, in ihm sind wir begraben, in ihm sind wir auferstanden und wieder lebendig gemacht, die wir erschöpft und tot waren in unserer glanzlosen Existenz. (2,11-13). Bis zur Unkenntlichkeit sind wir uns entrissen. Wir sind nicht mehr gebannt in unsere eigene Identität.

Kann man das wollen, sich selbst entrissen, eingepflanzt, sozusagen eingetopft zu sein in eine fremde Existenz? Kann man sich selbst retten, wenn man sich entrissen ist hinein das Leben und den Tod eines anderen? In die Liebe und in das weite Herz eines anderen? Kann man noch Ich sagen, wenn man in die Güte eines anderen versinkt? Oder ist das der Weg, den die Liebe immer geht: die Flucht in das Herz eines anderen? Aus dem Ende des 12. Jahrhunderts haben wir ein Liebeslied, das die Verschmelzung der Liebenden kennt:

> Du bist mein, ich bin dein,
> dess' sollst du gewiss sein.
> Du bist beschlossen
> in meinem Herzen,
> verloren ist das Schlüsselein.
> Du musst immer drinne sein.

So auch in Tersteegens Anbetungslied »Gott ist gegenwärtig«:

> Ich senk mich in dich hinunter.
> Ich in dir,
> du in mir,
> lass mich ganz verschwinden,
> dich nur sehn und finden.

Und schließlich heißt es in einem Weihnachtslied von Friedrich Spee:

In seine Lieb versenken
Will ich mich ganz hinab;
Mein Herz will ich ihm schenken
Und alles, was ich hab.

Die Weihnachtsgeschichte, die Geschichte von der Selbstentmächtigung Gottes, von seinem Gastrecht in unseren eigenen Seelen und unseren Schicksalen, ist schwer zu glauben, und sie ist unentbehrlich. Schwer zu glauben, weil wir täglich am eigenen Leib erfahren, dass wir nicht mehr sind als unsere eigene Kläglichkeit. Noch ist nicht sichtbar, dass wir eingepflanzt sind in das Geheimnis Gottes; dass wir in ihm gestorben, begraben und lebendig gemacht sind. Wir sind nicht mehr, als wir sind – das erfährt man täglich. Wir sind schon, was wir sein werden, sagt uns die alte Erzählung. Wenn man sie noch nicht glauben kann, kann man vielleicht schon anfangen, über ihre Kühnheit zu staunen. Die Weihnachtsgeschichte ist ja ein Bericht über Staunende. Jene unfruchtbare Elisabeth staunt, als sie von ihrer neuen Fruchtbarkeit hört. Maria staunt, als sie die Zumutung des Engels hört. Die lumpigen Hirten staunen über das Licht und die Worte der Engel. Die Weisen aus dem fernen Land staunen, als sie nach langer und gefährlicher Reise diese unmögliche Einlösung des Versprechens Gottes finden. Das Staunen ist die Seele des Glaubens.

CHRISTFEST II
MATTHÄUS 1,1-17

Anne Gidion

Dies ist das Buch der Geschichte Jesu Christi, des Sohnes Davids, des Sohnes Abrahams.

Abraham zeugte Isaak. Isaak zeugte Jakob. Jakob zeugte Juda und seine Brüder. Juda zeugte Perez und Serach mit der Tamar. Perez zeugte Hezron. Hezron zeugte Ram. Ram zeugte Amminadab. Amminadab zeugte Nachschon. Nachschon zeugte Salmon. Salmon zeugte Boas mit der Rahab. Boas zeugte Obed mit der Rut. Obed zeugte Isai. Isai zeugte den König David.

David zeugte Salomo mit der Frau des Uria. Salomo zeugte Rehabeam. Rehabeam zeugte Abija. Abija zeugte Asa. Asa zeugte Joschafat. Joschafat zeugte Joram. Joram zeugte Usija. Usija zeugte Jotam. Jotam zeugte Ahas. Ahas zeugte Hiskia. Hiskia zeugte Manasse. Manasse zeugte Amon. Amon zeugte Josia. Josia zeugte Jojachin und seine Brüder um die Zeit der babylonischen Gefangenschaft.

Nach der babylonischen Gefangenschaft zeugte Jojachin Schealtiël. Schealtiël zeugte Serubbabel. Serubbabel zeugte Abihud. Abihud zeugte Eljakim. Eljakim zeugte Azor. Azor zeugte Zadok. Zadok zeugte Achim. Achim zeugte Eliud. Eliud zeugte Eleasar. Eleasar zeugte Mattan. Mattan zeugte Jakob. Jakob zeugte Josef, den Mann Marias, von der geboren ist Jesus, der da heißt Christus.

Alle Geschlechter von Abraham bis zu David sind vierzehn Geschlechter. Von David bis zur babylonischen Gefangenschaft sind vierzehn Geschlechter. Von der babylonischen Gefangenschaft bis zu Christus sind vierzehn Geschlechter.

Weihnachten ist gefeiert, mehrfach meist, nachmittags, nachts, am Morgen danach, und nun am zweiten Tag noch einmal. Zweiter Feiertag – eher ein Tag für Oratorien und Eingeweihte. Mehr Abglanz als Glanz. Und dann so eine Namenskaskade – dreimal 14 Namen. Wie der alte Witz: Wie fandest du das Telefonbuch? – Ganz spannend, aber bisschen viele Personen und bisschen wenig Handlung...

Dreimal 14 Namen, 39-mal »zeugte«, einmal »geboren«. 42 Männernamen und vier Frauennamen, außerdem die Frau des Uria. Genealogie im Schnelldurchlauf, eine atemlose Rückversicherung, ein Hochseilakt für Lektor und Lektorin. Fans von »Per Anhalter durch die Galaxis« längst als Antwort auf alle Fragen vertraut, holt Matthäus weit aus für seine Antwort auf fast alles und kommt zum gleichen Ergebnis: 42.

Manch eine hat gerade auf dem Familiensofa gesessen und sich des eigenen Ursprungs vergewissert. In den eigenen Kindern, Enkeln, Nichten und Neffen Teile von sich gesehen. Ein anderer war erstaunt über all das komplett Unähnliche, was da zu Tage tritt. Oder mitgekommen, als Einzelkind aus kleiner Herkunftsfamilie – plötzlich konfrontiert mit ganzen Dynastien, die zusammenlaufen in dem einen Menschen, der im Alltag so ganz anders ist als hier im Familienclan. Das haben wir schon immer so gemacht zu Weihnachten!

Wo komme ich her, wem bin ich ähnlich, wer war vor mir? Wie bin ich geworden, wie ich bin? Fragen für die Weihnachtstage, für die Zeit zwischen den Jahren.

Wenn diese Verse eine Antwort sind, was war dann die Frage? Vielleicht: Woher kommt dieses Kind? Und wieso behauptest du, Matthäus, dass Jesus von Nazareth der Messias ist, der Verheißungserfüller, das Gotteskind?

Matthäus tut, was Genealogen tun: Er zeigt den Stammbaum. Lupenreine Verheißungsgeschichte. Oh ja – Jesus hat einen Stammbaum. Obwohl er direkt von Gott kommt. Vielleicht auch: Weil er direkt von Gott kommt. Das wird Weihnachten besungen und befeiert. Das Wort ward Fleisch, Gott entäußert sich, die Engel besingen das Kind. Das wird dann erzählt.

Aber Jesus Christus hat auch einen leiblichen, genealogischen Ursprung. Und der führt ihn über dreimal 14 Generationen hin zu Jakob, dem Träumer, hin zu David, dem König, hin zu Abraham, dem Stammvater.

Damit trägt er die in ihn gesetzten Hoffnungen zu Recht. Er ist verwurzelt im Volk Israel. Er erfüllt die Verheißungen der Propheten. Mit anderen Worten: Jesus Christus ist es wirklich. Wirklich der Messias, wirklich der Immanuel, der Ewigvater Friedefürst. All die Verheißungen bündeln sich in ihm. So stellt es Matthäus an den Anfang, und in diesem Lichte soll gehört und gelesen werden, was dann kommt (Mt 1,18ff): Maria ist schwanger. Josef ist fromm und somit vor-ehelich keusch. Josef will Maria verlassen, vorsichtig, respektvoll, er will es ihr nicht schwer machen. Und ein Engel greift ein und sagt: Josef, du Sohn Davids (und wer vorher den Stammbaum studiert hat, weiß: Auch Josef gehört hinein in diese Genealogie), dieser Sohn, den deine Frau gebären wird, das ist nicht irgendjemand. Nimm ihn an und gib ihm einen Namen.

Josef folgt dem Engel. Er versteht: So wie er steht auch das Kind auf den Schultern der Generationen, und damit gehört es in eigener, beruhigender Weise zu ihm.

Jesus stammt von Volk Israel ab, diesen Beweis führt Matthäus. Genetisch-genealogisch. Und er gehört auch epigenetisch dazu. All diese Erfahrungen trägt Jesus in sich: Isaaks knappes Entkommen vom Opfertisch, Jakobs Träume und Lügen, auch Tamars Verletzungen und Rahabs Pfiffigkeit. Erfahrungen vererben sich wie Gene – bewusst und unbewusst. In jedem »Weißt du noch?« vom Weihnachtsfamiliensofa steckt ein Zeitstrahl in die Vergangenheit. Wir kommen von weit her, sagen die Geschichten, wir haben gemeinsam am Feuer gesessen und sind am Meer gegangen.

Was schleppt man auch mit sich herum an Fotoalben und Stammvätern. Jesus auch. Trägt das alles. Jesus ist geworden – nicht vom Himmel gefallen. Im Gloria-Glanz, im Krippenstroh, im Ochsenatem. Wird, was wir nicht werden müssen.

1. SONNTAG NACH DEM CHRISTFEST
JESAJA 49,13-16

Traugott Roser

Jauchzet, ihr Himmel; freue dich, Erde! Lobet, ihr Berge, mit Jauchzen! Denn der HERR hat sein Volk getröstet und erbarmt sich seiner Elenden.

Zion aber sprach: Der HERR hat mich verlassen, der HERR hat meiner vergessen. Kann auch eine Frau ihr Kindlein vergessen, dass sie sich nicht erbarme über den Sohn ihres Leibes? Und ob sie seiner vergäße, so will ich doch deiner nicht vergessen. Siehe, in die Hände habe ich dich gezeichnet; deine Mauern sind immerdar vor mir.

EIN ERGREIFENDES THEATER DER GEFÜHLE

Der Zuschnitt der Predigtperikope ist eigenartig: Kein aktueller exegetischer Kommentar behandelt die vier Verse als einen in sich geschlossenen Sinnabschnitt; zu unvermittelt folgen Sprecherwechsel, widersprüchliche Motive und Emotionen aufeinander. Aber gerade im Unebenen des Textes lässt sich ein ergreifendes Theater der ganz großen Gefühle entdecken.

Freude

Das ist der Grundton des Sonntags: Von Freude hallt es wider in den Lobgesängen Simeons und Hannahs (Lk 2,25-38), im Wochenlied Paul Gerhardts »Fröhlich soll mein Herze springen«, 15 achtzeilige Strophen lang! Selbst 1. Joh 1,1-4 wirkt wie ein johanneisch versonnener Ausdruck von Glücksempfinden: »Und dies schreiben wir, auf dass unsere Freude vollkommen sei.«

Aber nichts gleicht dem Aufruf zu Jubel und Jauchzen hier, der sich an den Himmel richtet und an das Erdreich und an alles dazwischen (die Berge vom Boden bis zum Himmel spitzend). Es ist wie beim Neujahrskonzert in Wien, wenn »alles Walzer« ist. Alles wiegt sich in Glückseligkeit, denn Gott tröstet sein Volk (vgl. Jes 40,1). Er hat es getan.

Pein

Unvermittelt wechseln Sprecher und Tonart: Aus dem Munde Zions verkehrt sich der Jubel in Klage. Wie Klärchen in Goethes Egmont im dritten Aufzug singt:

> »Freudvoll / Und leidvoll, / Gedankenvoll sein, / Langen / Und bangen / In schwebender Pein, / Himmelhoch jauchzend, / Zum Tode betrübt – / Glücklich allein / Ist die Seele, die liebt.«

Man müsste, man könnte hier exegetisch viel erklären. Alles hat mit der Erfahrung Israels im Exil und dem Verlust des Tempels zu tun. Schnell ginge dabei die Empfindung existenzieller Pein verloren, die sich aus dem Mund der »Mutter Zion« erbricht. Man kann sie nur verstehen, wenn man sich der archaischen Angst der eigenen Kindheit erinnert: Von einem Moment zum anderen die Mutter aus den Augen verloren, die Hand des Vaters losgelassen. Die eben noch verspürte Geborgenheit des Geliebtseins verpufft, verlassen – schlimmer noch: vergessen zu sein! Die Redewendung »Himmelhoch jauchzend, zum Tode betrübt« hat hier, in diesen beiden Versen ihren Urgrund. Das kollektive Befinden Israels wird als geradezu intimes seelisches Empfinden greifbar.

Mutterleid

Erneut wechselt die Sprechstimme. Nun spricht Gott selbst: Ich werde dich nicht vergessen. Er ist der Gott, der tröstet und erbarmt. An diesem ersten Sonntag nach dem

Christfest ist das Bild der Mutter mit ihrem Säugling dem der Gottesmutter nahe, ganz innig mit ihrem Neugeborenen. Der Jesajatext denkt ganz grundsätzlich an die Beziehung einer Mutter, die ihr Kind stillt. Gott scheint die Frage »Kann denn eine stillende Mutter ihren Säugling vergessen?« rhetorisch zu stellen.

Aber so einfach ist das nicht. Denn V. 15b lässt die Option für das Undenkbare offen: Es könnte doch sein... Das Phänomen der »postpartem depression« hat in den letzten Jahren Aufmerksamkeit erfahren. Es ist vielfach beschrieben, dass Mütter kurz nach der Niederkunft unter extremer Traurigkeit, Angst und Verzweiflung, Wut, Gefühllosigkeit, Essstörungen oder gar Hoffnungslosigkeit leiden können. Eine 2021 veröffentlichte Metastudie aus 291 Einzelstudien in 56 Ländern hat dieses Syndrom bei 17,7 % aller Geburten beobachtet. Dieses als »Baby Blues« nur ungenügend beschriebene Phänomen hält in der Regel nur einen begrenzten Zeitraum an, kann sich aber in Einzelfällen auch zu einer ernsthaften Psychose entwickeln. Die als belastend empfundene Störung, die die Mutter-Kind-Bindung ernsthaft bedrohen kann, wird vom Umfeld und der Betroffenen selbst oft moralisch als Lieblosigkeit verurteilt. Ein Abgrund der Gefühle.

Wer die Frage des Jesajatextes vollmundig als rhetorische Frage abtut, wird dem Phänomen nicht gerecht. Gott zumindest schließt es nicht von vornherein aus. Es ist eine Möglichkeit des Menschlichen, die auch einen neuen, vielleicht realistischeren, in jedem Fall aber sensibleren Blick auf die vielen Maria-mit-dem-Kinde-Darstellungen der Weihnachtszeit zulässt. Gott ist nicht Mensch. Aber er kennt alles Menschliche.

Gefühle, die unter die Haut gehen

Ein letzter Wechsel in der Bild- und Gefühlswelt des Textes. In die Handflächen hat Gott Zion, die von Vergessensangst geplagte, geritzt. Auch wenn Handflächen sich für Tattoos eher weniger eignen, macht das Bild doch deutlich, dass es für Gott längst nicht mehr eine Option unter anderen ist, ob er sich seines Volkes erinnert. Er hat sich wie durch eine Tätowierung gebunden. Er gibt sogar das Motiv an, das er sich in die Handflächen hat ritzen lassen: die Mauern und den Straßenplan der Tempelstadt. Also das, was zerstört und vernichtet war, was von Aggressoren aus jeder Erinnerung gelöscht sein sollte. Gott hat es bewahrt, als einen Bauplan für die Zukunft. Gottes Gedenken, Barmherzigkeit und Trost sind konkret. Sie bieten Perspektiven für die Zukunft. Das macht diesen Text schließlich zu einem Text für ein neues Jahr voller Hoffnung.

Vier Verse nur, die eigentlich gar keine Einheit sind. Und doch ein Welttheater großer Gefühle: »Glücklich allein / Ist die Seele, die liebt.« (Goethe)

ALTJAHRSABEND
RÖMER 8,31b-39

Wolfgang Huber

Ist Gott für uns, wer kann wider uns sein? Der auch seinen eigenen Sohn nicht verschont hat, sondern hat ihn für uns alle dahingegeben – wie sollte er uns mit ihm nicht alles schenken?

Wer will die Auserwählten Gottes beschuldigen? Gott ist hier, der gerecht macht. Wer will verdammen? Christus Jesus ist hier, der gestorben ist, ja mehr noch, der auch auferweckt ist, der zur Rechten Gottes ist und für uns eintritt.

Wer will uns scheiden von der Liebe Christi? Trübsal oder Angst oder Verfolgung oder Hunger oder Blöße oder Gefahr oder Schwert? Wie geschrieben steht (Ps 44,23): »Um deinetwillen werden wir getötet den ganzen Tag; wir sind geachtet wie Schlachtschafe.«

Aber in dem allen überwinden wir weit durch den, der uns geliebt hat. Denn ich bin gewiss, dass weder Tod noch Leben, weder Engel noch Mächte noch Gewalten, weder Gegenwärtiges noch Zukünftiges, weder Hohes noch Tiefes noch irgendeine andere Kreatur uns scheiden kann von der Liebe Gottes, die in Christus Jesus ist, unserm Herrn.

Gottvertrauen in verzweifelter Lage

Der neutestamentliche Satz, den die Herrnhuter Losungen für den 20. Juli 1944 vorgesehen hatten, stammte aus dem großen Hoffnungstext im 8. Kapitel des Römerbriefs: »Ist Gott für uns, wer mag wider uns sein?« Wie mag es den Verschwörern gegen Adolf Hitler zu Mute gewesen sein, falls sie diesen Satz zum Beginn des Tages lasen, an dem das lang geplante, immer wieder verschobene und schließlich von Claus Graf von Stauffenberg unternommene Attentat scheiterte? »Ist Gott für uns, wer mag wider uns sein?« Mit welchem Gefühl verzweifelten Aufbegehrens werden sie im Nachhinein darauf reagiert haben, dass ausgerechnet diese Zusage über dem alles entscheidenden Tag stand – eine Zusage, die so offenkundig unerfüllt blieb?

Wie mag es Dietrich Bonhoeffer zu Mute gewesen sein, als er den Satz am 20. Juli in seiner Tegeler Gefängniszelle las und ihn am 21. Juli noch einmal auf sich wirken ließ? Ein Brief von diesem Tag an den Freund Eberhard Bethge lässt mit keiner Silbe erkennen, was Bonhoeffer von den Ereignissen des 20. Juli wusste. Ausdrücklich erwähnt er, dass er das theologische Gespräch, das die beiden Freunde in diesen Monaten beschäftigt, nicht fortsetzt. Nur ein Lebenszeichen will er von sich geben, in dem er es bei »unreflektierten Lebens- und Glaubensvorgängen« belässt. Die schlichte »Freude« an den Losungen des Tages kommt zum Ausdruck.

»Ist Gott für uns, wer mag wider uns sein?« Lässt sich denken, dass Bonhoeffer sich in der verzweifelten Situation, in der er sich befindet und die sich durch das Scheitern des Attentats ins Bodenlose vertieft, an der Zusage des Heils aufrichten kann, für die Paulus in diesem Abschnitt des Römerbriefs so starke Worte findet? Und wenn Bonhoeffer in diesem Zusammenhang von den »schönen Paul Gerhardtliedern« spricht, über die er sich gerade in einer solchen Lage besonders freut, staunt der Leser erst recht. Denn man kommt nicht umhin, zuallererst an das Lied zu denken, für das Paul Gerhardt offenkundig das achte Kapitel des Römerbriefs als Ausgangspunkt gewählt hat. »Ist Gott für mich, so trete gleich alles wider mich, so oft ich ruf und bete, weicht alles hinter sich. Hab ich das Haupt zum Freunde und bin geliebt bei Gott, was kann mir tun der Feinde und Widersacher Rott?« Und so überschwänglich geht es bis zum Schluss: »Mein Herze geht in Sprüngen und kann nicht traurig sein, ist voller Freud und Singen, sieht lauter Sonnenschein. Die Sonne, die mir lachet, ist mein Herr Jesus Christ; das, was mich singen machet, ist, was im Himmel ist.«

Die Parallele zwischen Bonhoeffers Brief an den Freund Eberhard Bethge vom 21. Juli 1944 und demjenigen an die Braut Maria von Wedemeyer vom 19. Dezember desselben Jahres ist offenkundig. An die Stelle eines Verweises auf Paul Gerhardts Lied zum 8. Kapitel des Römerbriefs tritt allerdings im Brief an Maria ein eigenes Gedicht des Schreibers, »das geistliche Gedicht des 20. Jahrhunderts«, wie Jürgen Henkys mit Recht gesagt hat. In der verschärften Einzelhaft des Reichssicherheitshauptamtes in der Berliner Prinz-Albrecht-Straße – der heutigen »Topographie des Terrors« – isoliert, wagt Bonhoeffer von »guten Mächten« zu sprechen, die ihn »treu und still« umgeben. Im begleitenden Brief gibt er sogar Auskunft darüber, was er dabei im Sinn hat. Er denkt an die Gewissheit, am Abend wie am Morgen durch »gute unsichtbare Mächte« bewahrt zu sein, aber ebenso an Gebete und Gedanken anderer, an längst vergangene Gespräche, Musikstücke, Bücher. Was als Einzelnes unscheinbar sein mag, verbindet sich zu einem »großen unsichtbaren Reich«.

Mit solchen »guten Mächten« seinen Mitmenschen nahe zu sein, ist keinem verwehrt. Und es ist nicht auf die Erfahrung von Isolation beschränkt. Der Altjahrsabend ist ein wichtiger Anlass, sich zu erinnern, dass solche »guten Mächte« mit der »Bescherung« am Heiligen Abend gemeint sind. Sie bewähren sich allerdings nur, wenn sie uns, ob imposant oder unscheinbar, ins neue Jahr hinein begleiten. Es ist viel lohnender, am Jahreswechsel über diese Mächte nachzudenken, als gute Vorsätze zu wiederholen, die auch in den vorangehenden Jahren es nur auf eine dürftige Halbwertszeit brachten.

Vertrauen ist das tägliche Brot der Seele

Die größten denkbaren Anfechtungen zählt Paulus im achten Kapitel des Römerbriefs auf: Verzweiflung und Lebensangst, politische Katastrophen und wirtschaftliche Zusammenbrüche, Lebensgefahr und Krieg. All das ist uns in den letzten Jahren auf bedrängende Weise nahegerückt. Persönliche Lebenskrisen, kollektive Überforderung, Pandemie und Krieg machen die Zukunftsgewissheit brüchig. Selbstvertrauen reicht als Antwort allein nicht mehr aus. Die guten Mächte können wir uns nicht einfach selbst beschaffen, sie müssen uns begegnen. Wir müssen das Zeichenhafte an ihnen erkennen – den Hinweis darauf, dass Gott für uns ist, in Christus Mensch geworden und auf unsere Seite getreten. Die Unsicherheiten unserer Zeit brauchen uns von ihm nicht zu trennen. Der Beginn eines neuen Jahres erinnert uns daran, worauf wir uns in allem Zwiespalt verlassen können: auf die Liebe Gottes in Jesus Christus. Das Vertrauen auf diese Liebe ist das tägliche Brot der Seele.

NEUJAHRSTAG
LUKAS 4,16-21

Annette Kurschus

Und er kam nach Nazareth, wo er aufgewachsen war, und ging nach seiner Gewohnheit am Sabbat in die Synagoge und stand auf, um zu lesen. Da wurde ihm das Buch des Propheten Jesaja gereicht. Und als er das Buch auftat, fand er die Stelle, wo geschrieben steht (Jes 61,1-2): »Der Geist des Herrn ist auf mir, weil er mich gesalbt hat und gesandt, zu verkündigen das Evangelium den Armen, zu predigen den Gefangenen, dass sie frei sein sollen, und den Blinden, dass sie sehen sollen, und die Zerschlagenen zu entlassen in die Freiheit und zu verkündigen das Gnadenjahr des Herrn.«

Und als er das Buch zutat, gab er's dem Diener und setzte sich. Und aller Augen in der Synagoge sahen auf ihn. Und er fing an, zu ihnen zu reden: Heute ist dieses Wort der Schrift erfüllt vor euren Ohren.

EHRLICH DANKEN

Ein Gnadenjahr? Heute? Aber nein.

»Weil alles so vergeht, was dich einst freute
und was dir wehgetan: Trink deinen Wein!
Was gestern morgen war, ist heute heute.
Was heute heute ist, wird morgen gestern sein.
Prägt euch das ein«

– sinniert Mascha Kaléko in ihrem Gedicht »Abermals ein Jubiläum«.

»Heute ist dieses Wort der Schrift erfüllt vor euren Ohren«, sagt Jesus, und er sagt damit das Gegenteil. Die damals jahrhundertealten Prophetenworte vom Beginn des Gnadenjahrs entreißt er dem Gestern und macht sie in der Synagoge zum Heute. Er lässt sie auferstehen, lässt sie wirken, macht sie in diesem Moment wirklich. Kommt es von ungefähr, dass Jesus »aufsteht/aufersteht« und vorliest? Kommt es von ungefähr, dass er seinen Text »findet«? Es ist vermutlich kein Zufall, dass der Evangelist Lukas hier Ostervokabular benutzt wie im 24. Kapitel seiner Schrift, wo er von den Frauen erzählt, die den Stein vom Grab weggewälzt finden und Jesus vergeblich dort suchen.

Doch jener Moment in der Synagoge ist längst wieder ein Gestern, seit langem vergangen. Wirklich? Nein! Dem Schriftsteller Lukas gelingt hier etwas Geniales, nämlich eine doppelte Vergegenwärtigung, besser gesagt: eine Vergegenwärtigung hoch zwei. Das »Heute«, das er Jesus in den Mund legt, springt, da wir es hören, über den Graben der Vergangenheit, springt uns ins Ohr, »heute«, am ersten Tag des neuen Jahres, kräftig, gegenwärtig und unmittelbar. Das gestrige Heute wird wieder heutig. Und so soll es weitergehen, die Verkündung eines gnädigen Jahres soll nie gestrig werden. Sie soll und wird auch morgen und übermorgen wieder heutig werden. Das ist die literarische und spirituelle Glanzleistung des Lukas. Niemand, der diese Verse liest oder hört, kann sich dem Zugriff jenes »Heute« entziehen – erst recht nicht zum Jahreswechsel, da man innehält und in gewisser Weise aus der Zeit tritt. Genau dazu ist der Neujahrstag ein Feiertag, ein Tag der Unterbrechung und des Neuanfangs.

Wie fängt man einen Anfang an?

Am Router oder an anderen technischen Geräten gibt es diesen magischen Schalter, den Reset-Schalter. Man könnte diesen Rücksetzungsschalter als Gnade per

Knopfdruck verstehen. Hat man das System versehentlich zum Absturz gebracht, lässt sich mit diesem Reset-Schalter alles in den Anfangszustand zurücksetzen. Das ist zwar mühsam, weil man alles neu einrichten muss, aber trotzdem eine feine Sache. Wenn ich Fehler gemacht habe und das Gerät nicht mehr reagiert, stelle ich den Gerätecode wieder auf 0000 und kann einen Neustart initiieren.

Etwas Ähnliches ist gemeint, wo von der »Stunde Null« die Rede ist. Sie kommt aus der Sprache des Militärs und bezeichnet den Moment, in dem eine neue Ereigniskette in Gang gesetzt wird. Berühmtheit erlangte die »Stunde Null«, als sie zum Schlagwort für den 8. Mai 1945 wurde und damit für das Ende von Nazideutschland. Nichts durfte und sollte weitergehen wie bisher. Aber die Geschichte ist keine Tafel, über die ein großer Schwamm fährt und alles auswischt: Tabula rasa.

Eine ähnliche Idee verbindet sich mit dem Gnadenjahr, auch »Jubeljahr« oder »Halljahr« genannt. In jedem 50. Jahr soll es in Israel eine komplette Aufhebung aller Schuldverhältnisse geben, und die verkauften oder verpfändeten Grundstücke fallen wieder an ihre Besitzer oder deren Erben zurück. Dies war Gebot, doch es blieb immerwährend unerfüllt. Es war und ist eine Utopie. Im gelebten Leben gibt es weder einen Reset-Schalter noch eine »Stunde Null« – und auch kein solches Gnadenjahr.

Wir fangen nie am Anfang an, auch Jesus nicht, als er seine so genannte »Antrittspredigt« in Nazareth hält. Dieser Anfang ist zugleich eine Fortsetzung, erzählt Lukas, ein fortgesetztes Beharren darauf, dass die unerfüllten Gottesträume heute erfüllt werden. Fulbert Steffensky kommentiert dazu: »In jedem Heute lebt ein rettendes Gestern. Wer anfängt – ob wir es sind mit dem neuen Jahr oder ob Jesus es ist mit seiner Sendung in die Öffentlichkeit –, beruft sich auf andere Anfänge.«[1]

Auf welche Anfänge? Das ist die entscheidende Frage, eine sehr entscheidende. Berufst du dich auf die Idee, dass am Anfang deines Tuns und Handelns die »Rasse« steht? Oder berufst du dich auf Propheten, die an den Anfang ihrer Reden »die Nation« oder »das Volk« stellen? Erzähle mir, auf welchen Anfang du dich berufst!

Jesus stellt die Verkündung des Gnadenjahrs an den Anfang seines Wirkens, die Utopie der große Amnestie und der Heilung der Traumatisierten. Was er sagt und was er tut, soll ein Zitat jenes Gesalbten – hebräisch »Messias«, griechisch »Christus« – sein, der einst mit dem Auftrag antrat, zu verkündigen das Evangelium den Armen, zu predigen den Gefangenen, dass sie frei sein sollen, und den Blinden, dass sie sehen sollen, und die Zerschlagenen zu entlassen in die Freiheit und zu verkündigen das Gnadenjahr des Herrn.

Auch 2023 wird vermutlich kein Gnadenjahr. Umso nötiger braucht es Menschen, die diese Worte in der Bibel finden und aufstehen und den Mund aufmachen, wo Arme verhöhnt werden, wo Verquerdenker Menschen Sand in die Augen streuen und Traumatisierte abgeschoben werden.

Ein Gnadenjahr? Heute? Aber ja.

[1] Fulbert Steffensky, Schöne Aussichten, Einlassungen auf biblische Texte, Stuttgart 2006, S. 59.

2. SONNTAG NACH DEM CHRISTFEST
JESAJA 61,1-3(4.9)10-11

Sven Petry

Der Geist Gottes des HERRN ist auf mir, weil der HERR mich gesalbt hat. Er hat mich gesandt, den Elenden gute Botschaft zu bringen, die zerbrochenen Herzen zu verbinden, zu verkündigen den Gefangenen die Freiheit, den Gebundenen, dass sie frei und ledig sein sollen; zu verkündigen ein gnädiges Jahr des HERRN und einen Tag der Rache unsres Gottes, zu trösten alle Trauernden, zu schaffen den Trauernden zu Zion, dass ihnen Schmuck statt Asche, Freudenöl statt Trauer, schöne Kleider statt eines betrübten Geistes gegeben werden, dass sie genannt werden »Bäume der Gerechtigkeit«, »Pflanzung des HERRN«, ihm zum Preise.

[Sie werden die alten Trümmer wieder aufbauen und, was vorzeiten zerstört worden ist, wieder aufrichten; sie werden die verwüsteten Städte erneuern, die von Geschlecht zu Geschlecht zerstört gelegen haben. ... Und man soll ihr Geschlecht kennen unter den Völkern und ihre Nachkommen unter den Nationen, dass, wer sie sehen wird, erkennen soll, dass sie ein Geschlecht sind, gesegnet vom HERRN.]

Ich freue mich im HERRN, und meine Seele ist fröhlich in meinem Gott; denn er hat mir die Kleider des Heils angezogen und mich mit dem Mantel der Gerechtigkeit gekleidet, wie einen Bräutigam mit priesterlichem Kopfschmuck geziert und wie eine Braut, die in ihrem Geschmeide prangt. Denn gleichwie Gewächs aus der Erde wächst und Same im Garten aufgeht, so lässt Gott der HERR Gerechtigkeit aufgehen und Ruhm vor allen Völkern.

Der 2. Sonntag nach dem Christfest ist ein optionales Datum im liturgischen Kalender. Er kommt vor, wenn der 3., 4. oder 5. Januar auf einen Sonntag fällt. Er kann aber auch dann von einem nachgeholten »Tag der Beschneidung und Namengebung Jesu« oder einer vorgezogenen Feier des Epiphaniasfestes verdrängt werden. Wird der 2. Sonntag nach dem Christfest gefeiert, ist der Schmuck des Festes in den Kirchen noch sichtbar, und das neue Jahr ist maximal fünf Tage jung. Wo Epiphanias kein gesetzlicher Feiertag ist, enden die Weihnachtsferien meist mit diesem Sonntag. Alles steht noch ganz am Anfang, auf der Schwelle des neuen Jahres. Wenn eine Unterschrift mit Datum versehen wird, schleicht sich oft noch die Zahl des nun vergangenen Jahres aufs Papier.

Wie mag die Weihnachtsbotschaft 2022 gehört worden sein? Die »gute Botschaft« für die Elenden in Jesaja 61,1 erinnert an die gut eine Woche zuvor gehörte Botschaft des Engels an die Hirten auf dem Felde. Die Hoffnung, das neue Jahr möge ein gnädiges werden mit weniger zerbrochenen Herzen, mehr Freiheit und mehr Trost, ist wahrscheinlich schon am Neujahrstag ausgesprochen worden. Am ersten Wochenbeginn des Jahres ist sie hoffentlich noch lebendig angesichts einer Welt, in der auch die »Bäume der Gerechtigkeit« nicht in den Himmel wachsen und der »Mantel der Gerechtigkeit« – wenn überhaupt vorhanden – immer wieder zu kurz und zu knapp ausfällt.

»Ein gnädiges Jahr des HERRN« soll mit einem »Tag der Rache unsres Gottes« einhergehen. Gnade und Rache bekomme ich gedanklich zunächst schwer zusammen. Wo sich menschliche Rache Bahn bricht, wird sie immer wieder rauschhaft und maßlos. Vielleicht genau deswegen soll Gott allein der Herr des Verfahrens sein, sein sind die Rache und ihr Tag. Ein Unbehagen bleibt. Es bräuchte doch mehr Vergebung und mehr Versöhnung in der Welt.

Andererseits: Rache beruft sich darauf, ein zuvor erlittenes Unrecht ausgleichen zu wollen. Sie beansprucht die Wiederherstellung von Gerechtigkeit.

Ist das Unbehagen einfach eine Frage der Perspektive? In der Realität der Welt gibt es nicht nur die Elenden, die mit den zerbrochenen Herzen, die Gefangenen und Gebundenen und die Trauernden. Es gibt auch jene, die vom Elend und der Unfreiheit der anderen bewusst und unbewusst profitieren. In der globalisierten Welt, in der so ziemlich alles mit allem zusammenhängt und in der ich schon beim Computer, den ich zur Verschriftlichung dieser Gedanken nutze, nicht sicher sein kann, wo auf der Welt wie viel Ausbeutung in seine Herstellung geflossen sind, führt das Leben immer wieder in Aporien. Die politischen und gesellschaftlichen Diskussionen, die ab Ende Februar 2022 dem Krieg Russlands gegen die Ukraine folgten, haben das in zuvor selten gehörter Deutlichkeit offengelegt. Egal, wie ich es drehe und wende: Im globalen Maßstab stehe ich auf der Seite derer, die von den Mechanismen der Welt, wie sie ist, jedenfalls bislang profitiert haben. Zu denen, die bei einer Neuordnung der Verhältnisse und der Herstellung globaler Gerechtigkeit durchaus auch etwas zu verlieren hätten. Immerhin: Dem einen Tag der Rache steht ein ganzes Jahr der Gnade zur Seite und damit verbunden die Hoffnung, dass es endlich Gottes Gnade sein wird, die bleibt.

Gerechtigkeit wird mit unterschiedlichen Metaphern beschrieben. Zunächst: Die dann ehemals Trauernden sollen »Bäume der Gerechtigkeit« genannt werden. Bäume, auch wenn sie nicht in den Himmel wachsen, stehen für Beständigkeit. Einen Mann, der wie ein Baum ist (so das Sprichwort – das Leben macht da, glaube ich, keinen Geschlechtsunterschied), haut so schnell nichts um. Bäume überdauern die Jahreszeiten auch dort, wo heiße Sommer sonst kein bisschen Grün übriglassen. Bäume produzieren Früchte und Samen. Der Schatten eines einzigen Baumes kann die Sommerhitze erträglich machen, ein »Baum der Gerechtigkeit« ein Ort der Hoffnung in der Wüste der Ungerechtigkeit sein.

Die »Bäume der Gerechtigkeit« werden als »Pflanzung des HERRN« beschrieben. Keine vereinzelten Gewächse, wo sonst Öde ist, sondern eine Vielzahl, eine Gemeinschaft, planmäßig angelegt, gehegt und gepflegt. Gott überlässt das Wachstum und die Ausbreitung der Gerechtigkeit nicht dem Zufall.

Sodann das Bild eines Kleidungsstücks. Auftritt und Ausstattung des Propheten entsprechen seinem Auftrag. Der »Mantel der Gerechtigkeit« schützt und wärmt nicht nur, er gehört mit den Kleidern des Heils zu einem festlichen Ornat. Der Prophet, der das gnädige Jahr des HERRN verkündigt, macht die Gerechtigkeit nicht selbst, schneidert sich kein Mäntelchen, das doch zu eng und zu kurz bleiben müsste, sondern wird von Gott entsprechend eingekleidet.

Schließlich noch ein Gleichnis vom Wachsen der Gerechtigkeit. Gerechtigkeit, auch wenn sie von Gott kommt, fällt nicht vom Himmel, sondern wächst aus der Erde. Ein Bild der Hoffnung. Wo noch nichts sichtbar ist, ist der Same vielleicht schon gelegt. Wenn er aufgeht, kann er sogar Wüsten zum Blühen bringen. Gerechtigkeit mag nicht immer sichtbar sein, aber sie lässt sich nicht unterkriegen. Wenn sie wie ein Same im Garten ist, dann gelten auch für sie die Regeln von Saat und Ernte – und die sollen nicht aufhören, solange die Erde steht.

FEST DER ERSCHEINUNG DES HERRN – EPIPHANIAS
2. KORINTHER 4,3-6

Uwe Steinmetz

Ist aber unser Evangelium verdeckt, so ist's denen verdeckt, die verloren werden, den Ungläubigen, denen der Gott dieser Welt den Sinn verblendet hat, dass sie nicht sehen das helle Licht des Evangeliums von der Herrlichkeit Christi, welcher ist das Ebenbild Gottes.

Denn wir predigen nicht uns selbst, sondern Jesus Christus, dass er der Herr ist, wir aber eure Knechte um Jesu willen. Denn Gott, der da sprach: Licht soll aus der Finsternis hervorleuchten, der hat einen hellen Schein in unsre Herzen gegeben, dass die Erleuchtung entstünde zur Erkenntnis der Herrlichkeit Gottes in dem Angesicht Jesu Christi.

DER GEHORSAME GLAUBE ALS AKT CHRISTLICHER FREIHEIT

Im Krieg ist die Wahrheit das erste Opfer. Diese Erkenntnis des griechischen Dichters Aischylos gewann seit dem Ersten Weltkrieg an vielschichtiger Bedeutung durch neue Formen der Propaganda in den Printmedien, dem Radio und wenig später im Fernsehen. Die Kakophonie der vielfältigen Propaganda-Stimmen in unserer heutigen Lebenswelt wird durch die »sozialen Medien« bestimmt, die ihrem Namen nach zwar befördern wollen, dass jede einzelne Stimme etwas zählt und sich Gehör verschaffen kann, aber dabei zumeist die Lautesten noch weiter verstärken und dabei in ihrer Botschaft simplifizieren. Berichte aus Kriegsgebieten werden von den um Objektivität bemühten Medien daher üblicherweise mit dem Zusatz »die Angaben konnten nicht unabhängig geprüft werden« versehen. Dabei ist zumindest oftmals nur objektiv verifizierbar, dass unabhängige Beobachter:innen von diesen Orten mutwillig vertrieben oder ermordet wurden. Wird hier Leid relativiert, verlieren wir den moralischen Kompass, gar die Wahrheit? »Ist aber unser Evangelium verdeckt, so ist's denen verdeckt, die verloren werden.«

Was bestimmt unser Handeln, wenn wir Bilder von inhumanem Leid und unerträglicher Ungerechtigkeit sehen müssen, deren Verursacher uns bekannt sind, aber »unabhängige Prüfungen« noch nicht vorliegen? Wie reagieren wir, wenn wir um Hilfe angefleht werden – prüfen wir zunächst die Nachteile für uns oder fragen Dritte nach dem Ernst der Situation, bevor wir handeln? Wenn dies erfolgt, werden die Abwartenden, die auf das Ende von derartigen Verifizierungsprozessen harren, die in Kriegszeiten viele Jahre andauern, zu Mitschuldigen an den begangenen und zukünftigen Gräueltaten.

»Allein in der Tat ist die Freiheit«, schreibt daher Dietrich Bonhoeffer in seinem am 21. Juli 1944 verfassten Gedicht »Stationen auf dem Weg zur Freiheit«. Einen Tag nach dem gescheiterten Attentat auf Adolf Hitler, dem bedeutendsten Umsturzversuch des militärischen Widerstandes im Dritten Reich, beschreibt der inhaftierte Bonhoeffer ungeschönt die Konsequenzen dieser aus einer disziplinierten Haltung heraus entstandenen abgewogenen Tat: Leiden und Tod sind in diesem Fall die vorhersehbare Folge und werden in Gottes Hände gelegt. Der 20. Juli 1944 war der Versuch, durch einen gewaltsamen Akt der Ungerechtigkeit größere Ungerechtigkeit und Leid zu verhindern, ganz bewusst, bevor »alle Angaben unabhängig geprüft« werden konnten. Bonhoeffer gibt hier Martin Luthers *Sola Fide*, die Erlösung allein durch den Glauben, nicht auf, zeigt aber, dass zur christlich-freiheitlichen Natur die Gläubigen gehorchen und die Gehorsamen glauben müssen, Gottes Gnade ist nicht billig, sie kommt mit einem Preis, auch mit dem Preis, sein Leben zu verlieren.

Paulus sieht sich im Jahr 55/56 auf seiner Missionsreise als Gründer der Gemeinde in Korinth angefochten, seine Autorität wurde in seiner Abwesenheit angezweifelt, die Gerüchteküche brodelte. In der heutigen Zeit hätten vielleicht schnell spekulative Tweets über Verhaftung oder Erkrankungen von ihm die Runde gemacht, die ihn als Apostel nicht mehr tragfähig machten. Paulus weist auf die unmittelbare Aufgabe der Gemeinde hin jenseits aller Zweifel und Ungewissheiten (V. 5), es geht um die Verkündigung des Evangeliums und um die Gefolgschaft in Jesus Christus, *die Gläubigen folgen gehorsam*. Und dieser Glauben heißt, die einmal gefundene Wahrheit anzunehmen und zu befolgen, *die Gehorsamen glauben*. Glauben und Handeln sind unmittelbar verknüpft in der gemeinsamen Erkenntnis des Evangeliums (V. 6). Im späteren Verlauf des Briefes verdeutlicht Paulus die Konsequenz dieses gehorsamen Glaubens – in seiner Verfolgung, Anfechtung und starker körperlicher Leiden (2. Kor. 11.24ff.). Paulus betont, dass gerade sein Ertragen der vollen Konsequenzen seines Handelns aus seinem Glauben heraus seine Autorität als Apostel bezeugt.

Paulus erinnert die Gemeinde an ihre bindende fundamentale gemeinsame Erfahrung: die Erleuchtung durch das Evangelium (V. 4) als Basis ihrer Gemeinschaft und Hingabe zum gemeinschaftlichen Leben miteinander. Anderen Menschen, die diese Erfahrung nicht teilen, ist offensichtlich dieses leitende Licht des Evangeliums verborgen. Ihr Handeln ist anderen Prämissen unterworfen und kann dabei zu Konflikten führen wie mit Paulus und Jesus Christus. Dadurch ist aber nicht der gemeinschaftstiftende Grund, das Evangelium, in Frage gestellt, sondern bestenfalls gestärkt. Wenn Christus dazu auffordert, für Gerechtigkeit und Nächstenliebe einzustehen, dann führt dies in Kriegszeiten zu Konflikten und lässt deren Notwendigkeit um so schmerzhafter spürbar werden.

Für uns, oftmals umgeben von einer Kakophonie falscher Apostel, ängstlicher Kreaturen, die im Grau des verdeckten Lichtes verharren, ist im übertragenen Sinne das Licht des Evangeliums dort, wo der Wert des menschlichen Lebens und das Recht auf ein selbstbestimmtes Handeln in der Familie, Gesellschaft, in einem souveränen Land alle lauten Stimmen überstrahlt, die Unrecht vertuschen, Krieg propagieren und den eigenen Wohlstand zuerst sichern wollen. Das strahlende Licht, das aus disziplinierter Erkenntnis zu freiem Handeln führt und aus billiger Gnade eine teure, Gottes Gnade machen kann.

1. SONNTAG NACH EPIPHANIAS
JOHANNES 1,29-34

Christine Hubka

Am nächsten Tag sieht Johannes, dass Jesus zu ihm kommt, und spricht: Siehe, das ist Gottes Lamm, das der Welt Sünde trägt! Dieser ist's, von dem ich gesagt habe: Nach mir kommt ein Mann, der vor mir gewesen ist, denn er war eher als ich. Und ich kannte ihn nicht. Aber damit er offenbar werde für Israel, darum bin ich gekommen zu taufen mit Wasser.

Und Johannes bezeugte es und sprach: Ich sah, dass der Geist herabfuhr wie eine Taube vom Himmel und blieb auf ihm. Und ich kannte ihn nicht. Aber der mich gesandt hat zu taufen mit Wasser, der sprach zu mir: Auf welchen du siehst den Geist herabfahren und auf ihm bleiben, der ist's, der mit dem Heiligen Geist tauft. Und ich habe es gesehen und bezeugt: Dieser ist Gottes Sohn.

Erinnerungen ans weit zurückliegende Theologiestudium
Der Herr Professor sprach von einer Rivalität zwischen der Johannes-Bewegung und der Jesus-Bewegung, die in der synoptischen Tradition erkennbar ist. Die Leute um Johannes konnten mit der jesuanischen Ansage, das Gesetz sei »um des Menschen willen« gemacht, wenig anfangen. Sie pflegten einen Rigorismus, der dem Jesus von Nazareth wohl eher fremd war.

Im vorliegenden Abschnitt und im Johannesevangelium insgesamt ist allerdings von dieser Rivalität nichts mehr zu erkennen. Während in der synoptischen Tradition Johannes noch fragt, ob denn Jesus der ist, auf den alle warten, stellt sich hier diese Frage nicht mehr. Ich empfinde es fast als peinlich, wie sich Johannes klein macht. Nach dem Motto: »Ich taufe ja *nur* mit Wasser…« Dieser aber wird mit – ich überspitze – etwas Besserem taufen, nämlich mit dem Heiligen Geist. Hier hat sich in der Überlieferung deutlich die Tradition der (siegreichen) Jesusbewegung durchgesetzt.

Betrachtung im Kontext

Der vorhergehende Abschnitt, überschrieben in der Lutherbibel mit »Das Zeugnis des Täufers über sich selbst«, positioniert Johannes als den Vorläufer des Christus. Er weist die Vermutung, er sei selbst der Christus, mit einer Unterwerfungsgeste zurück: »Ich bin nicht wert, dass ich seine Schuhriemen löse.«

Der Predigtabschnitt erzählt dann von einer ersten Begegnung zwischen Jesus und Johannes. Sie gipfelt in seinem Bekenntnis: »Dieser ist Gottes Sohn.«

Der nächste Abschnitt, die Lutherbibel überschreibt ihn mit »Die ersten Jünger«, erzählt davon, dass zwei Jünger des Johannes die Johannesbewegung verlassen und sich Jesus anschließen. Diese zwei werben weitere Jünger an. Spannend ist für mich, dass der Text auch zwischen den Zeilen keine Kritik am Verhalten der »Überläufer« erkennen lässt. Im Gegenteil, es scheint nötig und logisch, wo doch Johannes selbst ihnen den Hinweis gegeben hat.

Offen bleibt, aus welchem Motiv sie gewechselt haben: War ihnen der Rigorismus des Täufers zu steil? Haben sie »das Lamm Gottes« näher kennenlernen wollen? Die Frage nach dem Wohnort Jesu lässt das vermuten.

Die Abgrenzung zwischen der asketischen Johannes-Bewegung und der Jesus-Bewegung wird dann noch einmal in der Erzählung des ersten »Zeichens« Jesu bei der Hochzeit zu Kana verdeutlicht. Jesus, dem das Bekenntnis als Sohn Gottes und Lamm Gottes gilt, ermöglicht ein Fest.

Meine Schwierigkeiten mit diesem Abschnitt

Mit der Präexistenz des Christus vor aller Zeit, die hier auch anklingt, kann ich persönlich wenig anfangen. Das ist mir zu viel Mythologie und verstellt den Blick auf Jesus mehr, als dass es mir im Glauben weiterhilft.

Das Hauptmotiv

Insgesamt dreht sich für mich dieser Abschnitt und der Kontext um die Frage: Wer ist dieser Jesus?

Es wird deutlich, dass es sich um eine Bekenntnisfrage und nicht um eine Definitionsfrage bzw. ontologische Frage handelt. Erkennen und bekennen (V. 34) sind die Stichworte. Sie sind nicht voneinander zu trennen: Wenn dem Erkennen nicht das Bekenntnis folgt, nützt die ganze Erkenntnis nichts. Ein Bekenntnis ohne vorheriges Erkennen ist nicht möglich bzw. hätte wenig Wert. Hier eröffnen sich für die Predigt interessante Felder. Denn Glaube wird als komplexes Geschehen deutlich. Im Gegensatz zum weit verbreiteten Vorurteil, dass er Ausdruck von unreflektierter Naivität sei.

Religionspädagogisch bedeutet das meines Erachtens, dass man nicht zu schnell mit dem Bekenntnis »Jesus ist Gottes Sohn« konfrontieren soll. Erst muss dieser Jesus mit allem, was von ihm erzählt werden kann, bekannt gemacht werden. Ob jemand dann zu dem Bekenntnis findet, ist nicht mehr Sache der Pädagog*innen.

Die grundsätzliche,
über den Inhalt dieses Abschnitts hinausgehende Frage

Die Taufe mit Wasser und die Taufe mit dem Heiligen Geist sind hier als Gegensätze dargestellt. Die Geisttaufe ist demnach »mehr wert« als die Wassertaufe.

Die Praxis der Kirche hat diesen Gegensatz überwunden. Bei der Taufe mit Wasser wird auch um den Heiligen Geist für die getaufte Person gebeten.

Warum beides nötig ist: Wasser als natürliches Lebenselement verbindet den Menschen mit der Schöpfung. Er oder sie wird geerdet bzw. »gewassert«, mit der ganzen Symbolik, die dabei mitschwingt.

Die Taufe mit dem Geist ermöglicht es dem »Erdling« (Adam), Jesus als den Sohn Gottes zu erkennen und zu bekennen.

2. SONNTAG NACH EPIPHANIAS
2. MOSE 33,18-23

Jörn Dege

Und Mose sprach: Lass mich deine Herrlichkeit sehen! Und er sprach: Ich will vor deinem Angesicht all meine Güte vorübergehen lassen und will ausrufen den Namen des Herrn vor dir: Wem ich gnädig bin, dem bin ich gnädig, und wessen ich mich erbarme, dessen erbarme ich mich. Und er sprach weiter: Mein Angesicht kannst du nicht sehen; denn kein Mensch wird leben, der mich sieht. Und der Herr sprach weiter: Siehe, es ist ein Raum bei mir, da sollst du auf dem Fels stehen. Wenn dann meine Herrlichkeit vorübergeht, will ich dich in die Felskluft stellen und meine Hand über dir halten, bis ich vorübergegangen bin. Dann will ich meine Hand von dir tun, und du darfst hinter mir her sehen; aber mein Angesicht kann man nicht sehen.

HERRLICHKEIT IM RÜCKSPIEGEL

Man kann ihr dabei zusehen. Es sind die Augen, eingefangen von den Kameras im Saal. Man sieht: Sie kann es nicht fassen. Sie kann nicht fassen, dass sie ihren Namen hört, dass er ihren Namen sagt. Tony Bennett, ihr größtes Idol. Später wird sie sogar ein Duett mit ihm aufnehmen – es wird ihre letzte Aufnahme sein. Jetzt steht Tony Bennett auf der Bühne und sagt: »Amy Winehouse.« Um sie herum gerät alles in Bewegung, Leute springen auf, liegen sich jubelnd in den Armen, aber sie selbst erstarrt geradezu. Nur ihre Augen, die werden noch größer, ängstlicher. Eingeleitet wurde diese Szene mit Bennetts Worten: »And the Grammy goes to…« Es ist 2008, und

Amy Winehouse hat gerade die höchste Auszeichnung erhalten, die man als Sängerin erhalten kann.

Festgehalten ist dieser Moment in der Dokumentation »Amy«, die das Leben der Sängerin nacherzählt. Für den Triumph des Abends hat sie alles gegeben, musikalisch und privat. Sie hat es sogar geschafft, eine von ihrem Management auferlegte Entziehungskur durchzustehen. Sie ist nüchtern. Später an diesem Abend wird sie einen Satz sagen, der mir lange nachgegangen ist. Inmitten der großen Feier, des größtmöglichen Erfolgs, nimmt sie eine gute Freundin aus Kindheitstagen in den Arm und setzt sich mit ihr hinter die Bühne. Die Freundin schaut sie an und sagt, unter Tränen der Freude, wie unglaublich das doch alles sei. Und Amy Winehouse sagt nur: »Es ist so langweilig ohne Drogen.«

Dreieinhalb Jahre später stirbt sie mit 27 an einer Alkoholvergiftung. Das kann sie an diesem Abend noch nicht wissen, ebenso wenig wie ihre Freundinnen, Eltern und Kollegen, die um sie herum aufspringen und jubeln, als sie ihren Namen hören. Nur ihre Augen, die wissen es schon, die sehen es kommen.

Und Gott sprach: »Mein Angesicht kannst du nicht sehen; denn kein Mensch wird leben, der mich sieht.«

Gottes Herrlichkeit ungeschützt ausgeliefert zu sein, stelle ich mir ähnlich vor wie einen Drogenrausch. Nur viel, viel besser. Und auch, wenn sich meine eigenen Erfahrungen damit in Grenzen halten, kann ich den Satz von Amy Winehouse nachvollziehen. Was soll danach kommen? Egal was es ist, es reicht da nicht ran. Selbst größtes Glück wird farblos, schal, langweilig. Wie ein Konzert durch eine geschlossene Tür, ein Festessen mit starker Erkältung oder auf dem Höhepunkt der eigenen Karriere zu denken: »Es ist so langweilig ohne Drogen.«

Allerdings übt dieser Zustand gerade deshalb einen so starken Reiz aus. Natürlich will Mose Gottes Herrlichkeit sehen! Immerhin ist diese Herrlichkeit zum Greifen nah: Sie steht in eine Wolke gehüllt am Eingang seines Zelts und redet mit ihm, »wie ein Mann mit seinem Freunde redet«. Was müssen das für Kräfte sein, die da durch die Zeltplane dringen! Auch Gott hat offenbar vollstes Verständnis für Moses Wunsch. Es geht nur leider nicht, und da hätte die Geschichte enden können. Aber Gott liegt offenbar selbst etwas daran, seine Herrlichkeit sichtbar werden zu lassen. Seine Idee ist so einfach wie genial: Es geht um den feinen Unterschied zwischen Ansehen und Hinterhersehen.

Mose hat sicher eine ganze Weile dagestanden und Gottes Herrlichkeit hinterhergesehen. Beschrieben wird das zwar nicht, aber so stelle ich es mir vor. Darin liegt ein großer Vorteil des Hinterhersehens: Man kann das lange tun, es ist nicht plötzlich vorbei. Und mitunter ist es gar nicht so leicht zu sagen, wann etwas vorbei ist. Wann genau endet der Sommertag, an dem man zum ersten Mal auf einem Balkon in einem südfranzösischen Dorf sitzt? Wenn selbst die obersten Bäume auf dem Hügel gegenüber nicht mehr angestrahlt werden? Wenn man die Kühle vom Meer nicht mehr vom Nachglühen der mittelalterlichen Steine unterscheiden kann? Wenn man vor Glück so leise spricht, dass man die Fernseher in den Nachbarwohnungen hören kann? Wenn man den Duft der Piniennadeln erst wieder wahrnimmt, nachdem man kurz in der Wohnung war? Wenn es sich nicht mehr lohnt, die Flasche zurück in den Kühlschrank zu stellen? Oder später, wenn man träumt? Oder wenn man in Leipzig am Schreibtisch sitzt und sich an diesen Abend erinnert?

Außerdem darf die gutartige Kraft unerfüllter Sehnsucht nicht unterschätzt werden. Die Literatur könnte man ohne sie vergessen, die Popmusik auch. »Ich seh ihr noch lange nach«, heißt es in einem der größten deutschen Sehnsuchtslieder. Es geht ums Fliegen, aber eben aus Sicht von jemandem, der buchstäblich am Boden geblieben ist: »In den Pfützen schwimmt Benzin, schillernd wie ein Regenbogen / Wolken spiegeln sich darin, ich wär gern mitgeflogen.«

Auf Rückspiegeln in amerikanischen Autos gibt es den Warnhinweis: »Objects in mirror are closer than they appear.« Das trifft auch auf Gottes Herrlichkeit zu. Mag sein, dass die Schönheiten dieser Welt nur ein Nachglühen sind, ein Hinterhersehen, ein Spiegelbild. Aber sie sind näher, als man meint, und sie sind überall. Man muss sie nur wahrnehmen, und das geht ganz ohne Langzeitschäden: Auf einmal wieder auf einer Schaukel sitzen, im Auto laut mitsingen, der Geruch eines aus Nostalgiegründen betretenen Treppenhauses, das 0:3 von Filip Kostić gegen Barcelona in der Europa League 2022, ein Zebra aus der Nähe, der Tatendrang nach einem frischen Haarschnitt, »Body and Soul« von Tony Bennett & Amy Winehouse.

3. SONNTAG NACH EPIPHANIAS
RÖMER 1,13-17

Johann Hinrich Claussen

Ich will euch aber nicht verschweigen, Brüder und Schwestern, dass ich mir oft vorgenommen habe, zu euch zu kommen – wurde aber bisher gehindert –, damit ich auch unter euch Frucht schaffe wie unter andern Heiden. Griechen und Nichtgriechen, Weisen und Nichtweisen bin ich es schuldig; darum, soviel an mir liegt, bin ich willens, auch euch in Rom das Evangelium zu predigen.

Denn ich schäme mich des Evangeliums nicht; denn es ist eine Kraft Gottes, die selig macht alle, die glauben, die Juden zuerst und ebenso die Griechen. Denn darin wird offenbart die Gerechtigkeit, die vor Gott gilt, welche kommt aus Glauben in Glauben; wie geschrieben steht (Hab 2,4): »Der Gerechte wird aus Glauben leben.«

Was ist von einem zu halten, der sich nicht schämt? Ja, mehr noch, der dies ausspricht, und zwar in einem offenen Brief an eine vielköpfige Gruppe in einer fernen Stadt? Man würde doch davon ausgehen, dass es eine Tugend ist, sich überhaupt schämen zu können, und dass sie ein unverzichtbares Element eines ehrbaren Lebenswandels ist. Denn was wäre ihr Gegenteil, wenn nicht die Unverschämtheit oder die Schamlosigkeit?

Sich zu schämen heißt zunächst nur, sich mit den Augen der anderen betrachten. Kleine Kinder können das noch nicht. Sie lernen es erst, wenn sie größer werden und aus der Unschuld ihrer frühen Selbstbezüglichkeit schrittweise heraustreten. Man kann ihnen dabei zuschauen, wie ihnen auf einmal vieles, was ihnen vorher selbstverständlich war, zum Problem wird. Sie werden sich nun selbst zum Problem, besonders der eigene Körper, das eigene Aussehen wird zu einer heiklen, schambesetzten Angelegenheit sowie die Stellung im sozialen Umfeld. Langsam und mühsam müssen sie einen neuen Umgang mit sich selbst finden und einüben. Das ist ein Zeichen des Reifens, die Folge davon, dass sie jetzt in Distanz zu sich selbst treten und sich zugleich aus einem anderen Blickwinkel, dem Blick der Mitmenschen, betrachten können. Wohl dem, der sich schämen kann. Denn nur so kann man erwachsen werden.

Zum Fluch aber wird die Scham, wenn sie nicht nur als feines Sensorium für Peinlichkeiten auftritt, sondern als heißer Schmerz. Das geschieht immer dann, wenn der Blick der anderen, den man nun auf sich selbst wirft, ein verächtlicher ist, wenn man sich so anschaut, als hätte man kein Ansehen. Vor diesem vernichtenden Blick der anderen kann man sich nicht verstecken. Denn in der Scham schaut man sich selbst in dieser Perspektive an. Deshalb möchte man im Boden versinken, sich in Luft auflösen, nicht mehr sichtbar sein – nicht für die anderen, nicht für einen selbst. Diesen absoluten Schmerz kann man nicht kontrollieren, seine körperlichen Symptome, den roten Kopf oder die feuchten Hände, kann man nicht regulieren. Nun sehen die anderen sogar, dass man sich schämt, dass man ihren Hohn, ihre Verachtung als Wahrheit über sich selbst anerkannt hat.

Die Scham kann sich auf vieles beziehen: den Körper, der herrschenden Schönheitsstandards nicht genügt, den Ort in der Gesellschaft, der einen außen vor lässt, das finanzielle Unvermögen, das einem vieles verbietet, den beruflichen Weg, auf dem so manche Hoffnungen enttäuscht wurden, das Geschlecht und die Sexualität, die nie richtig zu sein scheinen, das Altern, das einen weniger leisten und unansehnlich werden lässt. Scham kann sich schließlich auch auf die eigene Religiosität beziehen, gibt diese doch Anlass zu vielfältigsten Urteilen anderer. Den einen ist schon der bloße Umstand, dass man glaubt, anstößig oder zumindest befremdlich. Sie wollen davon nichts hören, und wenn das Gespräch doch darauf kommt, lächeln sie süffisant oder drehen sich weg. Oder sie nötigen einem eine wortreiche Kritik auf, der man wenig entgegenzusetzen hat. Man weiß es ja selbst, dass der eigene Glaube und seine lange, verwickelt-verworrene Geschichte Anlass zu vielfältigen Einreden gibt. Vor ihnen kann man sich die Ohren nicht verschließen, denn so selbstgewiss ist man im eigenen Glauben nicht. So wird der Blick der Nicht-Glaubenden auf den eigenen Glauben zu der Perspektive, mit der man ihn selbst betrachtet – und am Ende schämt man sich dessen, was einem doch letzter Trost und Halt sein sollte.

Man kann noch auf eine zweite Art im Glauben beschämt werden, nämlich durch Besser-Glaubende. In ihrem Kampf für den – in ihrer Sicht – einzig wahren und rechten Glauben wollen sie einem nachweisen, dass die eigene Religiosität nicht genügt. Sie sei zu schwach, zu sehr von Fragen und Zweifeln mitbestimmt, zu nah am Denken und Fühlen der Gegenwart, zu fern den hohen Idealen der heiligen Traditionen. Nun könnte man darauf mit einer Gegen-Beschämung antworten, sie des Fundamentalismus zeihen oder ihnen nachweisen, dass im Zentrum ihres orthodoxistischen Furors eine Unsicherheit eigener Art wirksam ist. Doch was wäre damit gewonnen? Außerdem kann man ihren Verachtungsblick auf den eigenen Glauben nicht einfach abschütteln, er trifft einen doch, weil man selbst weiß, wie fragmentarisch und fragil das eigene Glauben ist.

Aber Paulus hat sich nicht geschämt. Wie erstaunlich und beeindruckend, wie beneidenswert klingt dieser kurze Satz, mit dem er sich der römischen Gemeinde vorstellt: »Ich schäme mich des Evangeliums nicht.« Warum kann er das so sagen? Er war doch vielfältigen Beschämungen ausgesetzt, wurde von früheren Freunden und gegenwärtigen Gegnern herablassend, abschätzig, feindselig angeschaut. Doch hat er diese Blicke offenkundig nicht zu eigenen Blicken auf sich selbst gemacht, sich nicht mit den Augen dieser anderen angeschaut. Warum nicht? Der Grund dürfte in einem höchstbesonderen Seh-Erlebnis liegen. Paulus hatte Christus geschaut, war von ihm angeschaut worden. Das hatte sein Leben und Glauben umgekehrt. Seither galt ihm nur dieser eine Blick auf sich etwas, konnte er unbefangen und unbeschämt an den Augen der anderen vorbeigehen – weite Wege zu fremden und feindseligen Orten wagen und dort Gutes bewirken. Nicht zuletzt darin zeigte sich ihm, dass die Botschaft Christi eine Kraft des Gottes ist, die glückselig macht.

LETZTER SONNTAG NACH EPIPHANIAS
MATTHÄUS 17,1-9

Gerhard Begrich

Und nach sechs Tagen nahm Jesus mit sich Petrus und Jakobus und Johannes, dessen Bruder, und führte sie allein auf einen hohen Berg. Und er wurde verklärt vor ihnen, und sein Angesicht leuchtete wie die Sonne, und seine Kleider wurden weiß wie das Licht. Und siehe, da erschienen ihnen Mose und Elia; die redeten mit ihm.

Petrus aber antwortete und sprach zu Jesus: Herr, hier ist gut sein! Willst du, so will ich hier drei Hütten bauen, dir eine, Mose eine und Elia eine. Als er noch so redete, siehe, da überschattete sie eine lichte Wolke. Und siehe, eine Stimme aus der Wolke sprach: Dies ist mein lieber Sohn, an dem ich Wohlgefallen habe; den sollt ihr hören!

Als das die Jünger hörten, fielen sie auf ihr Angesicht und fürchteten sich sehr. Jesus aber trat zu ihnen, rührte sie an und sprach: Steht auf und fürchtet euch nicht! Als sie aber ihre Augen aufhoben, sahen sie niemand als Jesus allein. Und als sie vom Berge hinabgingen, gebot ihnen Jesus und sprach: Ihr sollt von dieser Erscheinung niemandem sagen, bis der Menschensohn von den Toten auferstanden ist.

Schon die Überschrift in der Luther-Übersetzung lässt einen hilflos zurück – oder ist diese Hilflosigkeit vielleicht das »Geheimnis des Textes«? Was meint: Verklärung?

Aufgehen in strahlendes Licht zur Unsichtbarkeit? Vor Licht nichts mehr sehen; geblendet von Klarheit... Oder aber ist mit dem Wort *transfiguratio* doch eher eine »Wandlung« bzw. »Verwandlung« gemeint, die uns aus der Märchenwelt bekannt ist, zum Beispiel vom Prinzen zum Frosch – und umgekehrt. Der Text benennt den Vorgang, aber beschreibt ihn nicht. Vor ihnen wurde ER ein anderer: Es ist und bleibt ein, Sein, göttliches Geheimnis.

Die Geschichte beginnt zunächst »ganz einfach«: »nach sechs Tagen...« Aber damit beginnt schon das Geheimnis: Heißt das »am sechsten Tag« oder »nach sechs Tagen«, also am siebten Tag?

Es ist eine neue Zeit, die nur in Seiner Gegenwart anbricht: Mit Jesus beginnt diese neue Zeit, die nur in seiner Gegenwart Wirklichkeit ist.

Im Bild gesprochen ist diese Theologie eine »Theologie auf dem Berge«: Gott offenbart sich auf dem Sinai Seinem Volk – und der Sinai ist da, wo Gott ist. So offenbart sich Jesus auch auf »einem hohen Berg«.

Und dieser Berg ist immer da, wo Jesus ist bzw. wo Er hingeht: Jesus lehrt auf »einem Berg«, der Auferstandene begegnet seinen Jüngern auf einem Berg am See (!) und versichert den Seinen: »Ich bin bei euch!« – wie Gott »am Sinai«. So wird »der Berg« zum Ort der Gottesbegegnung.

Hier wird das Geheimnis offenbar, in ganz persönlicher Verkündigung: Du musst auf den Berg gehen, wenn du IHM begegnen willst.

»Du suchst den Berg? Der ist da, wo Gott, wo Jesus ist...« Aber wie gelangen wir zu diesem Berg?

Vielleicht kann uns bei der Suche (ausgerechnet) Friedrich Nietzsche helfen, der in »Also sprach Zarathustra« schreibt: »Auf vielerlei Weg und Weise kam ich zu meiner Wahrheit: ... ›Das ist nun mein Weg – wo ist der eure?‹ So antworte ich denen, welche mich nach dem Wege fragen. Den Weg nämlich – den gibt es nicht!‹ Also sprach Zarathustra.« (Dritter Teil. Vom Geist der Schwere)

So haben auch die Jünger »das Ihre« versucht...

Auf dem Berge erschienen ihnen Mose und Elija, die mit Ihm, Jesus, redeten; es sind die »Propheten Jisraels« schlechthin, mit einem einmaligen Lebensbeginn und Lebensende. Vom Ende her wird erst ihr Beginnen und Wirken in die Zeit hinein bestimmt und erkannt.

Es erklärt sich alles zunächst durch ihre und mit ihren Namen. Mose erhält seinen Namen von der Tochter des Pharao: Mose – der aus dem Wasser Gezogene. So soll »es« heißen. Nun müssen wir uns mit der Grammatik beschäftigen, denn auch die tut Wunder. Es gibt sie also doch, die *philologia sacra*, die »heilige Philologie«!

Der Name ist nach der Begründung der Tochter des Pharao ein passives Partizip. So müsste es sein. Aber entweder kann die Prinzessin nicht richtig Hebräisch oder aber ihre Berater nicht. Denn das Partizip passiv vom Verb MSCHH (maschah) heißt »maschuj«, der (aus dem Wasser) Gezogene. »Moschäh« aber ist das Partizip aktiv und bedeutet: der Herausziehende. Das heißt in unserem Zusammenhang: der aus dem Wasser Herausziehende, »Der aus dem Wasser zieht«. Genau das wird Mose tun: Jisrael durch das Meer hindurch in die Freiheit führen. Es ist die Überschrift zu seinem Leben geworden. Sein Leben legt seinen Namen aus: Mose.

In dieser Geschichte müssen alle das Ihre tun, damit Gott das Seine tun kann. Auch der Pharao. Das aber erzählt nur der »geschwiegene, ungeschriebene Text«.

So könnte es gewesen sein: Abends, am Tisch, sitzt da ein kleiner Kerl an der Seite der Tochter.

Wer ist das?

Ach, sagt sie, das ist mein Sohn!

Gut, sagt der Pharao. Herzliches Willkommen für meinen Enkel. Welch ein Glück, Großvater zu sein. –

Ob es so gewesen ist? Wir wissen es nicht. Aber eines wissen wir: Auch der Pharao muss hier gewesen sein – ein Mensch.

Nach diesen Geschichten tat Mose, was sein Name ihm auftrug: Er führte sein Volk in die Freiheit und in das gelobte Land...

Aber dieses Land hat Mose nie betreten. Gott hat es ihm nur gezeigt: »Dir habe ich es gezeigt mit deinen Augen, aber du wirst dorthin nicht hinübergehen.«

Warum lässt Gott seinen Knecht so scheitern, nach vierzig Jahren in der Wüste?! Warum? Wir wissen es nicht. Oder: Hat Gott seinen Knecht davor bewahrt, erkennen zu müssen, dass die Unfreiheit keine Frage des Ortes ist?

Mit dieser bitteren Einsicht am Ende seines Lebens (Dt 34) beginnt immer eine »neue Welt«. So war der »Weg in die Freiheit« nicht vergeblich: alles auf Hoffnung. So stirbt denn Mose durch einen Kuss an seinem Mund (Dt 34,5).

Und Elija: So plötzlich, wie er in die Geschichte eintritt, verschwindet er aus ihr. Er tritt vor den König hin und ruft auf zur Entscheidung: für Gott – oder gegen IHN. Entweder – oder, man kann nicht zwei Herren dienen. So wird es auch Jesus sagen, es ist genuine Heilsbotschaft: Gott oder Mammon.

Das ist bis heute die Grundfrage des christlichen Glaubens – und unser Scheitern.

Elija zwingt auch uns zur Entscheidung: Entscheidet euch für das Leben, entscheidet euch für Gott. Mit dieser Botschaft des Propheten ist alles gesagt. Dann nimmt ihn Gott »im Sturmbraus« (nicht im Wagen!) davon. So ist Elija niemals gestorben, sondern immer bei Gott.

Dies alles wissen und erinnern auch die drei Jünger – und Petrus will diesen Augenblick festhalten und zu ihm sagen: Verweile doch, du bist so schön...

Aber den geglückten Augenblick, den Faust nicht erlebt und festhalten kann – den gibt es eben nur im Augenblick, nicht in der Ewigkeit: nur jetzt. Für den vollkommenen Augenblick kann man keine Hütte bauen.

Was bleibt, ist nur (!) die Anrede Gottes: …den sollt ihr hören!

Denn es ist Sein Wort, das uns bleibt – und das muss in der Welt, im Alltag des Lebens, bewährt und bewahrt werden.

Wer Gott hört, muss in die Welt gehen. Auf diesem Weg aber sind wir nicht allein, denn des Sohnes Wort gilt: »ICH bin bei euch, alle Tage!«

(So – und nur so – leben wir, lebt die Kirche in der Welt…)

5. SONNTAG VOR DER PASSIONSZEIT
JESAJA 40,12-25

Claudia Krüger

Wer misst die Wasser mit der hohlen Hand, und wer bestimmt des Himmels Weite mit der Spanne und fasst den Staub der Erde mit dem Maß und wiegt die Berge mit einem Gewicht und die Hügel mit einer Waage? Wer bestimmt den Geist des HERRN, und welcher Ratgeber unterweist ihn? Wen fragt er um Rat, der ihm Einsicht gebe und lehre ihn den Weg des Rechts und lehre ihn Erkenntnis und weise ihm den Weg des Verstandes? Siehe, die Völker sind geachtet wie ein Tropfen am Eimer und wie ein Sandkorn auf der Waage. Siehe, die Inseln sind wie ein Stäublein. Der Libanon wäre zu wenig zum Feuer und seine Tiere zu wenig zum Brandopfer. Alle Völker sind vor ihm wie nichts und gelten ihm als nichtig und eitel.

Mit wem wollt ihr denn Gott vergleichen? Oder was für ein Abbild wollt ihr von ihm machen? Der Meister gießt ein Bild und der Goldschmied vergoldet's und macht silberne Ketten daran. Wer aber zu arm ist für eine solche Gabe, der wählt ein Holz, das nicht fault, und sucht einen klugen Meister dazu, ein Bild zu fertigen, das nicht wackelt.

Wisst ihr denn nicht? Hört ihr denn nicht? Ist's euch nicht von Anfang an verkündigt? Habt ihr's nicht gelernt von Anbeginn der Erde? Er thront über dem Kreis der Erde, und die darauf wohnen, sind wie Heuschrecken; er spannt den Himmel aus wie einen Schleier und breitet ihn aus wie ein Zelt, in dem man wohnt; er gibt die Fürsten preis, dass sie nichts sind, und die Richter auf Erden macht er zunichte: Kaum sind sie gepflanzt, kaum sind sie gesät, kaum wurzelt ihr Stamm in der Erde, da bläst er sie an, dass sie verdorren, und ein Wirbelsturm führt sie weg wie Spreu. Mit wem

wollt ihr mich also vergleichen, dem ich gleich sei?, spricht der Heilige.

SCHLICHT UND EINFACH UNVERGLEICHLICH

Was soll man sagen, wenn einem die Stimme versagt angesichts des Leids, das in diesen Tagen so unaussprechlich grausam geworden ist? Sicherheit und Vertrauen schmelzen weg wie der Schnee in der Frühlingsonne in Zeiten von Krieg und Pandemie. Wem kann man noch vertrauen? Und was ist das für ein Gott? Auch der Prophet Jesaja ringt nach Worten. Trösten und predigen soll er. Aber was soll er predigen? »Alles Fleisch ist Gras, und alle seine Güte ist wie eine Blume auf dem Felde. Das Gras verdorrt, die Blume verwelkt.« Aber auch: »Das Wort Gottes bleibt ewig.« Prophetische Worte, mitten hineingesagt in die damalige Zeit der Babylonischen Gefangenschaft mit ihren tiefen Zweifeln am alten treuen Gott der Väter und Mütter. Gott, der doch allmächtig schien – ist er es wirklich noch? Kommt er noch immer mächtig daher und behält die Herrschaft über alles? Hat er Macht über den russischen Diktator und wird dessen Gräueltaten beenden? Sieht er das Leid in Afghanistan, den Hunger in Somalia und die klimatischen Veränderungen, die die Zukunft unserer Enkelkinder bedrohen? Oder hat er sich samt seinem Heiligen Geist längst aus unserer Welt verabschiedet, weil er es nicht mehr aushält mit uns Menschen?

Der Prophet ringt um Worte. Und dann nimmt er die Welt und unseren Gott nüchtern und schonungslos in den Blick. Zunächst schaut er wie durch ein enormes Weitwinkelobjektiv und erkennt: »Siehe, da ist euer Gott!« Es gilt noch, sein Wort, das wir am dringendsten brauchen: »Fürchte dich nicht.« Täler werden erhöht, Berge und Hügel erniedrigt. Von Herrlichkeit spricht er, von Ewigkeit, Herrschaft, Macht und Kraft. ER misst die Weltmeere mit der hohlen Hand und die Weite des Himmels mit der Spanne. Sein Geist braucht keinen politischen Ratgeber und niemanden, der ihm das Recht erklärt oder ihm den Weg der Erkenntnis weist. Und kein Menschlein soll sich anmaßen, ihn zur Rechenschaft zu ziehen. Wer sind wir denn? Eine Menschheit, die dem Recht, der Gerechtigkeit und der Liebe treu war? Haben wir seinen Schöpfungsauftrag erfüllt, unseren Verstand eingesetzt, seine Schöpfung bewahrt und seiner Liebe zu Vollkommenheit verholfen? Nichts als Tropfen am Eimer sind die Völker, auch die Weltmächte und Babylonier, so konstatiert der Prophet. Tröpflein, die vom Rand des Eimers tröpfeln und rasch vergehen. Arme Tröpfe. Sandkörner auf der Waage. Zu leicht befunden. Ganze Inseln sind nichts als Stäublein. Und er fasst zusammen: Alle Völker sind nichts, nichtig, eitel. Die Götterbilder der Weltmächte aus Edelsteinen, Gold und Silber sind ebenso lächerlich wie solche aus stabilem Holz. Unvergleichlich aber ist Gott, der Allmächtige. Haben die Menschen von Anfang an nichts, gar nichts begriffen? Irgendwie scheint es mir wirklich so in diesen Tagen. Harte Worte. Schonungslos ehrlich. Aber vielleicht gerade deshalb auch voller Trost. Noch einmal schaut der Prophet durch sein Weitwinkel und beobachtet: ER thront über dem Erdkreis, die Erdenbewohner aber wuseln herum wie Heuschrecken. Manchmal ist es ernüchternd und zugleich heilsam, wenn man einen Berggipfel erklimmt und die Welt eine Weile von oben betrachtet. Wenn man mit dem Aufzug auf die oberste Plattform eines Wolkenkratzers gelangt und durch den Plexiglasboden nach unten schaut, zwischen die Häuserschluchten, wo zahllose Menschlein, Schöpfungskrönchen, unterwegs sind, die man aber nur noch erahnen kann. Das kann einen durchaus demütig machen. »ER spannt den Himmel aus wie einen Schleier, wie ein großes Zelt, in dem man wohnen kann.« Der Prophet Jesaja geht noch weiter und sagt: »ER gibt die Fürsten preis, und die Richter auf Erden macht er zunichte.« Hat nicht auch später Maria, die kleine schwangere Frau mit dem unehelichen Kind im Bauch, davon gesungen? Hat sie nicht machtvoll gesungen von dem Gott, dem wir vertrauen können von Generation zu Generation? Sie hat gesungen von seinem starken Arm, mit dem er die Überheblichen hinwegfegt und die Machthaber vom Thron stößt. O reiste ER doch heute noch nach Moskau! Wer würde nicht gerne lauthals einstimmen in das Loblied der Maria und in das »Fürchte dich nicht« des Propheten, der weiter sieht als wir und über die scheinbar ewig Herrschenden und Despoten dieser Welt sagt: »Kaum sind sie gepflanzt wie Bäume mit Wurzel und Stamm, die Fürsten und Richter der Erde, da macht er sie zunichte, bläst sie an, dass sie verdorren und ein Wirbelsturm sie hinwegfegt.« Ein geradezu sehnlicher Wunsch angesichts der wachsenden Zahl von ungerechten Richtern und Diktatoren. Gut zu hören, dass auch deren Macht begrenzt ist. Unvergleichlich ist Gott, schlicht und einfach. So endet unser Text. Aber endet damit auch unser Widerspruch? Unsere abgrundtiefe Verunsicherung? Sagen wir nicht weiterhin wie damals die Israeliten: »Verborgen ist vor Gott mein Weg, und mein Recht entgeht meiner Gottheit«? Ich meine, dafür müssen wir den Blick noch einmal schärfen. Das Weitwinkel von der Kamera schrauben. Das Zoom draufschrauben. Und – unseren Blick auch über den vorgegebenen Textausschnitt hinausrichten: nicht auf den fernen, sondern nun auch auf den nahen Gott. Auf den, der uns wie Lämmer in seinem Arm sammeln und im Bausch seines Gewandes tragen wird. Erinnert uns das nicht an den späteren Gottessohn, der jedem einzelnen Schaf nachgeht, damit keines je verloren ist? Noch einmal schauen wir genau hin, und diesmal heißt uns der Prophet den Blick nach oben richten: Weißt du, wieviel Sternlein stehen? Wer hat dies alles geschaffen? Und dann zoomt ER uns Menschen ganz nah heran, direkt an sein Herz und tröstet uns mit dem ganz großen Trost, der Jung und Alt bis heute tröstet. »Er ruft sie alle mit Namen, seine Macht und starke Kraft ist so groß, dass nicht eins von ihnen fehlt.« Brauchen wir mehr als dieses Wort? Können wir damit nicht doch wieder einschlafen, vertrauensvoll wie Kinder, und am Morgen aufwachen und wissen: Gott wird nicht müde noch matt. Unerforschlich ist sein Verstand. »Er gibt dem Müden Kraft und Stärke genug dem Unvermögenden … Die auf den Herrn harren, kriegen neue Kraft, dass sie aufsteigen mit Flügeln wie Adler, dass sie laufen und nicht matt werden, dass sie wandeln und nicht müde werden.« Gehen wir also doch noch einmal los an der Hand des Unvergleichlichen mitten hinein ins Ungewisse, an der Hand des Unbegreiflichen, dessen Frieden und Liebe höher ist als all unsere Vernunft.

4. SONNTAG VOR DER PASSIONSZEIT
MARKUS 5,24b-34

Martin Hein

Und es folgte ihm eine große Menge, und sie umdrängten ihn. Und da war eine Frau, die hatte den Blutfluss seit zwölf Jahren und hatte viel erlitten von vielen Ärzten und all ihr Gut dafür aufgewandt; und es hatte ihr nichts geholfen, sondern es war nur schlimmer geworden. Da sie von Jesus gehört hatte, kam sie in der Menge von hinten heran und berührte sein Gewand. Denn sie sagte sich: Wenn ich nur seine Kleider berühre, so werde ich gesund. Und sogleich versiegte die Quelle ihres Blutes, und sie spürte es am Leibe, dass sie von ihrer Plage geheilt war. Und Jesus spürte sogleich an sich selbst, dass eine Kraft von ihm ausgegangen war, wandte sich um in der Menge und sprach: Wer hat meine Kleider berührt? Und seine Jünger sprachen zu ihm: Du siehst, dass dich die Menge umdrängt, und sprichst: Wer hat mich berührt? Und er sah sich um nach der, die das getan hatte. Die Frau aber fürchtete sich und zitterte, denn sie wusste, was an ihr geschehen war; sie kam und fiel vor ihm nieder und sagte ihm die ganze Wahrheit. Er aber sprach zu ihr: Meine Tochter, dein Glaube hat dich gesund gemacht; geh hin in Frieden und sei gesund von deiner Plage!

GEHEILT

Eine unbekannte Frau, die an ständigen Blutungen leidet. Und ärztliches Handeln, das erfolglos ist und diese ehemals wohl vermögende Frau in die Verzweiflung und den Ruin treibt. Gesund will sie werden. Was denn sonst. Wenn nicht jetzt, wann dann!

Ich lese die Geschichte heute als ein Fallbeispiel dafür, wie Krankheit, Medizin und Heilung zueinander stehen – und zwar in der Perspektive des Glaubens.

Wir werden krank. Pandemische Zeiten lehren uns leidvoll: Krankheiten unterschiedlichster Art gehören zu den Bedingungen unserer Welt. Erst in der Vollendung des Reiches Gottes sind sie aufgehoben. Noch aber nicht. Darum begleiten uns Krankheiten, beeinträchtigen unser körperliches und seelisches Wohlbefinden – und das nicht nur zeitweilig, sondern manchmal chronisch. Zwölf Jahre schon lebt die Frau mit ihrer Gebärmutterblutung. Vom Kultus ist sie ausgeschlossen. Sie gilt fortwährend als »unrein«. Auch das Erleben unbeschwerter Sexualität ist ihr verwehrt.

Krankheiten haben stets auch eine soziale Dimension. Sie wirken sich auf unsere Umgebung aus – und unsere Umgebung reagiert auf sie. Manchmal höchst unbarmherzig.

Deshalb erzeugen Krankheiten Leiden an der Seele. Je tiefer sie reichen und je länger sie dauern, umso mehr verändern sie uns. Wir sind auf sie fixiert: Wie werde ich meine Erkrankung los? Viel Kraft wenden wir im Kampf dagegen auf – und verkapseln uns darin. Der innere Kampf gegen die Krankheit potenziert das Leiden an ihr. Und mit dem Leiden die Einsamkeit: Wer nicht mehr gesund, fit und leistungsfähig ist, fällt raus. Jene Frau leidet – an der Krankheit, an der Ausgrenzung, an den schmerzhaften Therapieversuchen, an der Vergeblichkeit.

Ärztliche Kunst hat Grenzen. Diese Einsicht kommt uns selten zu Bewusstsein. Denn die Fortschritte, die in den vergangenen Jahrzehnten auf medizinischem Gebiet gemacht wurden, sind enorm – und die damit verbundenen Hoffnungen ebenso. Inzwischen können Krankheiten therapiert werden, die vor einer Generation noch als unheilbar galten. Dennoch gibt es die Erfahrung, dass trotz aller perfektionierten Medizin keine Genesung eintritt: eine bittere Einsicht – für Erkrankte und nicht minder für Ärztinnen und Ärzte. Vor einigen Jahren war in einer der großen deutschen Tageszeitungen zu lesen: »Nach den Heldenjahren der Medizin zwischen 1950 und 1980 [...] müssen viele Ärzte jetzt lernen, dass sie weniger heilen als vielmehr oft nur lindern können. Die Zahl der chronisch Kranken steigt.« Die »blutflüssige« Frau, die Arzt um Arzt aufsuchte und sich mehr als zweifelhaften Therapien unterzog, ist keine Ausnahme. Es ist ein hartes Resümee, wenn Markus schreibt, sie »habe viel erlitten von vielen Ärzten« und es sei »noch schlimmer mit ihr geworden«. Zur ärztlichen Kunstfertigkeit gehört es, nach dem Maß menschlicher Einsicht abschätzen zu können, wo keine Therapien mehr helfen, um dann umso intensiver die Möglichkeiten der Linderung – bis hin zur palliativen Begleitung – auszuschöpfen.

Zwölf Jahre lang litt die Frau an ihrer Krankheit. Die Hoffnung gab sie in all diesen Jahren nicht auf. Aber dass sie gesund wird, verdankt sie nicht einer neuen Therapie, sondern einer Entscheidung – und einem Wunder. Nicht Jesus berührt sie, sondern sie ihn. Andere streifen ihn oder rempeln ihn an, worauf ihn die Jünger mit ihrem unnachahmlichen Realitätssinn hinweisen. Sie aber berührt ihn – bewusst. Nimmt in Kauf, ihn zu »verunreinigen«. Und wird gesund – sie allein! Ersehnt und doch unerwartet.

Wie das geschieht und was es damit auf sich hat, wird nur angedeutet. Es hat mit Jesus und seiner Kraft zu tun. Es bleibt ein Wunder, wie es überhaupt ein Wunder ist, wenn wir gesund werden. Jede Genesung, jede Heilung, und mag sie uns noch so »normal« vorkommen, entzieht sich unserem Zugriff. Jede Genesung, jede Heilung ist ein Fingerzeig der heilenden Kraft und liebenden Zuwendung Gottes.

Gesundheit ist kein Produkt. Sie ist ein Geschenk Gottes – und Heilung auch! Das rückt in einem hochkomplexen »Gesundheits«(!)-System mit ausdifferenzierten Diagnose- und Therapiemöglichkeiten die Maßstäbe zurecht. Ärztliches und pflegerisches Handeln bleibt begrenzt.

Zu Recht gibt es keine »christliche« Medizin. Aber es gibt die biblische Einsicht in die Beziehung zwischen Sehnsucht nach Heilung und Gottes Wirken: »Dein Glaube hat dich gesund gemacht.« Im Gebet Gott zu berühren, sich an ihn – im wahrsten Sinn des Wortes – »heranzuschleichen«, aktiviert nicht die Selbstheilungskräfte, sondern setzt auf die Hoffnung, dass er heilen kann.

Was die unbekannte Frau erlebt, ist unbegreiflich, aber wahr. Sie hat es gewagt. Kehrt zurück in ein Leben, das diesen Namen verdient: nicht nur gesund, sondern heil. An Leib – und Seele: Schalom.

3. SONNTAG VOR DER PASSIONSZEIT (SEPTUAGESIMÄ)
MATTHÄUS 9,9-13

Jürgen Flimm

Und als Jesus von dort wegging, sah er einen Menschen am Zoll sitzen, der hieß Matthäus; und er sprach zu ihm: Folge mir! Und er stand auf und folgte ihm.

Und es begab sich, als er zu Tisch saß im Hause, siehe, da kamen viele Zöllner und Sünder und saßen zu Tisch mit Jesus und seinen Jüngern. Als das die Pharisäer sahen, sprachen sie zu seinen Jüngern: Warum isst euer Meister mit den Zöllnern und Sündern? Als das Jesus hörte, sprach er: Nicht die Starken bedürfen des Arztes, sondern die Kranken. Geht aber hin und lernt, was das heißt (Hos 6,6): »Barmherzigkeit will ich und nicht Opfer.« Ich bin nicht gekommen, Gerechte zu rufen, sondern Sünder.

AUF'M KIEZ GELANDET

Sie setzten über, ließen das große Wasser hinter sich und sprangen am anderen Ufer rasch die steile Treppe hoch. Sie lärmten und lachten und lobten die letzte Heldentat des Meisters, wie er den Lahmen wieder zum aufrechten Gang verhalf, geradezu toll und einmalig! Sie kamen auf der langen Straße an, die bunten Leuchtreklamen, die schrillen Gasthäuser, die grellen Schnellimbisse mit dem Geruch nach Hotdogs und Döner. Das machte ihnen großen Hunger, wohin also?

Sie kehrten im »Goldenen Beutel« ein. Die Kneipe war voll, die Luft hing, Nebel vom Rauch, und es roch nach saurem Bier. Am Tresen hockten einige stark angemalte Damen in ziemlich freizügigen Gewändern, neben ihnen, rauchend und trinkend, tätowierte Gesellen, pralle Gestalten mit schweren Ringen an den Fingern und goldenen Ketten an Armen und Hals. Ein großer Tisch in der Ecke wurde frei, sie setzten sich rasch und bestellten Labskaus und Bier, ein Holsten.

»Holsten Edel knallt der Schädel«, grölte ein Finsterling betrunken am Tresen. Dann flog die Tür auf, es stürzte ein abgerissener Kerl in die Kneipe, von den anderen schrägen Vögeln an Tischen und Theke verächtlich beäugt, und suchte, offensichtlich verzweifelt und erschöpft, nach einem Platz. Der Meister rückte beiseite, und so fand der ungewaschene Gast einen Platz am Tisch der fröhlichen jungen Gesellschaft. Er erzählte gleich, immer noch atemlos, von einem Überfall, der freilich gescheitert war, und von den Albanern auf der anderen Seite der Straße, die hinter ihm her geschossen hatten. Der Meister hörte geduldig zu und nickte dann und wann. Johannes hatte bestellt, der seltsame Gast trank das Glas in einem Zug aus und fiel über den Labskaus her. Der Meister redete ihm nun zu, ruhig und nachdrücklich, der Gast hörte immer mehr zu, aß auf und murmelte etwas, was so viel wie »Danke« und »Muss ich mal drüber nachdenken« und »Vielleicht hast du recht« und »Wie kann ich dich erreichen?« hieß. »Jederzeit, melde dich dort –« und gab ihm ein Kärtchen.

Der Gast sah auf die Uhr. »Um Gottes Willen«, rief er und stürzte wieder zur Tür, öffnete sie einen Spalt, lugte hinaus, drehte sich noch einmal um und rief: »Bis bald, wirklich!«, winkte mit dem Kärtchen und verschwand. In der Spelunke war es ungewohnt ruhig geworden, alle hörten eine Zeitlang der Unterhaltung zwischen dem Meister und dem plötzlichen Gast aufmerksam zu, nur noch geflüstertes Bemerken und das Zischen des Zapfhahns und Klirren der Gläser. Als die Tür ins Schloss fiel, kehrten der Kneipenlärm und die Betriebsamkeit schnell wieder zurück.

»Na, das war ja ein Ding!«, rief ein langer Lulatsch vom Tresen. »Der ist doch von uns allen der Schlimmste!« »Da hat den Mike es getroffen!«, moserte ein anderer und eine der Damen lachte laut auf, sie könne Geschichten erzählen, »da bleibt euch die Spucke weg!« Der Meister nickte, das habe er sich schon gedacht, dass dieser abgerissene Kerl ein böser Bube ist.

Aber man müsse doch gerade mit diesen Zeitgenossen reden! Hier auf dem Kiez, wo sich alle diese treffen, die mühselig und beladen sind, die Schlimmsten, die arm im Kopf sind und die des Zuspruchs bedürfen; er redete immer weiter: »Jeder soll seinen Nächsten lieben« und erntete laute Zustimmung wie »Jau! Da hätt' er recht« und »Red' weiter« und »Gut so«. So redete er davon, pries die Seligen und die Gerechten und die Barmherzigen. Als er seine lange Rede beendet hatte, klatschten alle Trinker, Zuhälter, Dirnen, Diebe in der Spelunke auf dem Kiez. Der Meister und seine junge Gesellschaft brachen dann bald auf, durften nichts bezahlen: Aufs Haus!

Unterwegs begegnete ihnen eine Gruppe Heilsarmeeschwestern, die bei Passanten und Paaren mit ihren klappernden Büchsen Geld sammelten. »Ja«, rief der Meister, und seine jungen Freunde stimmten mit ein. »Freut euch und frohlockt, denn euer Lohn ist groß wie der Himmel!«

Auch alle zusammen sangen sie noch ein schönes Lied. »Jesus geht voran auf der Reeperbahn, ja, wir wollen nicht verweilen, dir getreulich nachzueilen, immer uns an der Hand…« Sie fassten sich rasch an den Händen und tanzten dazu, alle miteinander auf der Kreuzung im Kreis, und die Büchsen klapperten im Takt. Vom nahen Stadion kamen eine Gruppe Fußballfans mit ihren zusammengerollten braun-weißen Flaggen auf den Schultern, blieben stehen und klatschten dazu. Dann machten sich die Damen von der Heilsarmee mit ihren Spendendosen wieder ans Werk.

Und sie eilten wieder zurück zum Wasser und stiegen auf ihr Schiff, das war nun hochbeladen. Der Wind blähte die Segel auf, und sie nahmen Fahrt auf.

Die Mühseligen und die Beladenen, die von den Hecken und Zäunen, sollen die sein, um die wir uns also sorgen müssen; um die Geflüchteten und Vertriebenen, und die Kranken und Aussätzigen, um die Bettler und Obdachlosen. Heute nennt man solche natürliche Regung: Empathie. Diese Eigenschaft ist lediglich Voraussetzung für: Barmherzigkeit.

2. SONNTAG VOR DER PASSIONSZEIT (SEXAGESIMÄ)
JESAJA 55,(6-7)8-12a

Jochen Cornelius-Bundschuh

[Suchet den HERRN, solange er zu finden ist; ruft ihn an, solange er nahe ist. Der Gottlose lasse von seinem Wege und der Übeltäter von seinen Gedanken und bekehre sich zum HERRN, so wird er sich seiner erbarmen, und zu unserm Gott, denn bei ihm ist viel Vergebung.] Denn meine Gedanken sind nicht eure Gedanken, und eure Wege sind nicht meine Wege, spricht der HERR, sondern so viel der Himmel höher ist als die Erde, so sind auch meine Wege höher als eure Wege und meine Gedanken als eure Gedanken.

Denn gleichwie der Regen und Schnee vom Himmel fällt und nicht wieder dahin zurückkehrt, sondern feuchtet die Erde und macht sie fruchtbar und lässt wachsen, dass sie gibt Samen zu säen und Brot zu essen, so soll das Wort, das aus meinem Munde geht, auch sein: Es wird nicht wieder leer zu mir zurückkommen, sondern wird tun, was mir gefällt, und ihm wird gelingen, wozu ich es sende.

Denn ihr sollt in Freuden ausziehen und im Frieden geleitet werden.

Gottes Wort verändert die Welt! Darauf hofft der Glaube und fragt nach Erfahrungen, die ihn darin bestärken. Unsere Predigten antworten darauf. Deshalb gehört dieser Abschnitt zu den zentralen Lesungstexten bei Ordinationen und Einführungen: »Das Wort, das aus meinem Munde geht, wird nicht wieder leer zu mir zurückkommen, sondern wird tun, was mir gefällt, und ihm wird gelingen, wozu ich es sende.«

I

Bis der Glaube ins Loben findet, ist es ein langer Weg. Er beginnt mit der Suche nach Gott; sie hat damals wie heute oft einen ethischen Grundton: »Wer Übles tut, verlasse den eingeschlagenen Weg; wer Unheil plant, lasse ab davon und kehre um zu Gott.«

Wie sollen wir vor Gott leben? Muss ich mein Leben ändern? Wer mit »ja« antwortet, kann sich darauf verlassen, dass Gott sich darüber freut; dass Gott nicht nachkartet, sondern sich erbarmt und auf den neuen Wegen mitgeht.

Im Alltag bewährt sich der Glaube. Auch in den Herausforderungen der letzten Jahre, auf die wir wenig vorbereitet waren: Viele Millionen Menschen suchen in Europa Zuflucht; eine Pandemie verändert unser Leben bis ins Private hinein; die Klimakatastrophe bedroht das Leben auf diesem Planeten; der russische Überfall auf die Ukraine stellt die bisherige Friedensordnung in Europa in Frage. Was hat der Glaube dazu zu sagen?

II

Unsere Antworten sind mehrdeutig. Wir müssen mit Ambivalenzen auf unseren Wegen leben, die vor Gott in ein neues Licht rücken. Gottes Wort umgreift sie und richtet sie neu aus: »Denn meine Gedanken sind nicht eure Gedanken, und eure Wege sind nicht meine Wege, sondern so viel der Himmel höher ist als die Erde, so sind auch meine Wege höher als eure Wege und meine Gedanken als eure Gedanken.«

Gott ist Gott. Gott lässt sich nicht für unsere Zwecke instrumentalisieren, sondern bleibt anders, fremd, fern! Mit Gott kann niemand in den Krieg ziehen, weil Gott in jedem Opfer leidet. Gottes Liebe überwindet Feindschaft und lädt die zu Tisch, mit denen wir eigentlich nichts zu tun haben wollen. Gott vergibt und versöhnt, wo wir schuldig sprechen.

Diese Differenz mit ihrem eindeutigen Gefälle zur Liebe ist das große Geschenk des Glaubens. Wenn das Gottvertrauen wächst, strahlt es in das Leben aus: Mein Herz wird freier, die Gedanken klarer; die Stimme wird kräftiger, der Gang aufrechter, die Kraft, Spannungen auszuhalten, wird größer.

III

»Hört auf Gottes Wort, und ihr werdet leben!« In diesen Tagen fallen Gottes Worte wie ein Frühlingsregen auf die Erde. Sie verbinden unser Leben mit Gottes Wegen. Sie nähren, was im Boden angelegt ist. Die ersten grünen Blättchen und Halme zeigen sich, Knospen an den Bäumen, die Blumen blühen auf. Unwiderstehlich sind Sonne und Regen. Da mag der Winter noch eine Weile seine Stärke demonstrieren; am Ende werden die Gärten bunt und das Land grün. Wir werden die Früchte ernten: Brot, das wir teilen und das uns satt macht; Samen für die nächste Aussaat. So vollbringt Gottes Wort, wozu es gesandt ist.

Wie beim Samen dauert es allerdings eine Weile, bis das Wort seine volle Kraft entfaltet. Wie im Samen ist sie aufgespeichert: in der Bibel, in unseren Köpfen und Herzen. Deshalb ist es gut, wenn wir biblische Wörter oder auch Lieder auswendig kennen, »by heart«, wie es im Englischen heißt, eingeprägt in unsere Herzen. Sie schlummern in uns; sie wachsen mit uns. Und dann irgendwann, wenn wir oder andere sie brauchen, werden sie laut, sagen wir sie einander zu, erzählen wir biblische Geschichten – und siehe da, die Saat geht auf, die Kraft der guten Worte Gottes entfaltet sich.

Wer schon einmal am Bett eines verwirrten alten Menschen gesessen hat, der in einer eigenen Welt, in einer eigenen Zeit lebt, weiß, wie wichtig diese Wortsamen sind. Sie haben oft lange geschlafen. Doch dann trösten die vertrauten Worte und stärken mit großer Kraft: »Der Herr ist mein Hirte, mir wird nichts mangeln. Er weidet mich auf einer grünen Aue und führet mich zum frischen Wasser. Und ob ich schon wanderte im finstern Tal, fürchte ich kein Unglück.« Dann geht ein Leuchten über das Gesicht und Verkrampfungen lösen sich, weil am Bett ein Lied angestimmt wird, das die Barmherzigkeit Gottes im Raum ausbreitet: »Nun danket alle Gott mit Herzen, Mund und Händen, der große Dinge tut an uns und allen Enden, der uns von Mutterleib und Kindesbeinen an unzählig viel zugut bis hierher hat getan.«

Es regnet und schneit Worte des Lebens. Wir finden Trost! Wir schöpfen Mut! Wir spüren gemeinsam, wie uns Gottes Zusage trägt: »Fürchte dich nicht! Ich habe dich bei deinem Namen gerufen! Du gehörst zu mir!«

IV

Gottes Wort breitet sich aus und verändert uns als Einzelne und als Gesellschaft. Wir ziehen getrost aus, lassen Altes, Vertrautes hinter uns und wenden uns neuen Lebensstationen zu.

Wir sind nicht allein unterwegs. Auch die Natur ist in Bewegung und nimmt den Schwung von Gottes Wort auf: Berge und Hügel jauchzen, die Bäume klatschen in die Hände; da wo eben noch Dornen und Nesseln waren, wachsen nun Zypressen und Myrten. Freude und Frieden breiten sich aus.

Noch klingen uns das Gedröhn der Panzer und Kampfjets und die polarisierenden Reden im Kampf um die Macht in den Ohren. Aber Gottes Worte sind unwiderstehlich, so wie die Sonne, die die Erde wärmt. Sie wirken wie ein warmer Frühlingsregen, der das Land von heute auf morgen grün färbt. Sie breiten sich mit uns aus in dieser Welt. Sie kommen nicht leer zu uns zurück. Zum Ruhm Gottes und zum ewigen Zeichen, das nicht vergehen wird.

SONNTAG VOR DER PASSIONSZEIT (ESTOMIHI)
1. KORINTHER 13,1-13

Horst Gorski

Wenn ich mit Menschen- und mit Engelzungen redete und hätte der Liebe nicht, so wäre ich ein tönendes Erz oder eine klingende Schelle. Und wenn ich prophetisch reden könnte und wüsste alle Geheimnisse und alle Erkenntnis und hätte allen Glauben, sodass ich Berge versetzen könnte, und hätte der Liebe nicht, so wäre ich nichts. Und wenn ich alle meine Habe den Armen gäbe und meinen Leib dahingäbe, mich zu rühmen, und hätte der Liebe nicht, so wäre mir's nichts nütze.

Die Liebe ist langmütig und freundlich, die Liebe eifert nicht, die Liebe treibt nicht Mutwillen, sie bläht sich nicht auf, sie verhält sich nicht ungehörig, sie sucht nicht das Ihre, sie lässt sich nicht erbittern, sie rechnet das Böse nicht zu, sie freut sich nicht über die Ungerechtigkeit, sie freut sich aber an der Wahrheit; sie erträgt alles, sie glaubt alles, sie hofft alles, sie duldet alles.

Die Liebe höret nimmer auf, wo doch das prophetische Reden aufhören wird und das Zungenreden aufhören wird und die Erkenntnis aufhören wird. Denn unser Wissen ist Stückwerk und unser prophetisches Reden ist Stückwerk. Wenn aber kommen wird das Vollkommene, so wird das Stückwerk aufhören.

Als ich ein Kind war, da redete ich wie ein Kind und dachte wie ein Kind und war klug wie ein Kind; als ich aber ein Mann wurde, tat ich ab, was kindlich war. Wir sehen jetzt durch einen Spiegel in einem dunklen Bild; dann aber von Angesicht zu Angesicht. Jetzt erkenne ich stückweise; dann aber werde ich erkennen, gleichwie ich erkannt bin.

Nun aber bleiben Glaube, Hoffnung, Liebe, diese drei; aber die Liebe ist die größte unter ihnen.

»Die Bibel habe ich nicht gelesen, sondern geträumt« (Marc Chagall). – Ich träume das »Hohelied von der Liebe«:

Eine Soldatin und ein Soldat in Uniform heiraten. Nicht irgendwann, nicht irgendwo, in der Ukraine, an der Front, mitten im Krieg, den Russland gegen die Ukraine begonnen hat. Blumen überbringt Vitaly Klitschko, Box-Legende und Bürgermeister von Kiew. 10 000 Paare haben in den ersten drei Wochen seit dem Überfall Russlands geheiratet. »Es ist Krieg, aber das Leben hört nicht auf«, sagt Klitschko. Das Leben hört nicht auf, auch die Liebe hört nicht auf. Unzählige Paare sind getrennt. Die Frauen mit Kindern und Großeltern geflohen, die Männer verteidigen ihr Land. Die Liebe erträgt alles, duldet alles. Wie viel kann sie erdulden, wie viel Trennungsschmerz, wie viel Angst um den geliebten Menschen? Wann macht Liebe verrückt vor Angst?

Ein Brautpaar steht vor mir in der Kirche. Sie schauen sich verliebt an. Als Lesung haben sie sich ausgesucht: »...die Liebe erträgt alles, glaubt alles, hofft alles, duldet alles...« Meine Gedanken schweifen ab. Ich sehe eine Frau vor mir, ihr Mann kommt vom Alkohol nicht los. Immer wieder hat sie alles ertragen, alles geglaubt, alles gehofft, alles geduldet. Es gibt nur einen Weg aus der Katastrophe: genau dies nicht mehr zu tun. Konsequent. Ich reiße mich von meinen Gedanken los, schaue das Brautpaar vor mir an, beginne meine Rede. Was soll ich sagen? Vorsichtig deute ich an, das Leben könne seine Unebenheiten mit sich bringen. Sie nicken verständnisvoll. Aber verstehen sie, was ich meine?

Romeo und Julia, Tristan und Isolde, Jack und Rose auf der *Titanic* – Liebespaare der Weltliteratur, denen kein gemeinsames Leben beschieden war. Das lädt zum Träumen ein. Was wäre, wenn? Wenn Romeo und Julia sich über die Kindererziehung streiten, Tristan und Isolde ihre Lebensentwürfe von Geliebter und Held nicht zusammenbekommen, Jack und Rose sich nichts mehr zu sagen haben? Feind der Liebe sind Alltag und Zeit und Langeweile.

Harry Potter. Dieser Zauberschüler mit der Narbe auf der Stirn. Ein Fluch des bösen Zauberers Lord Voldemort hat sie hinterlassen. Dessen Zauber konnte den Säugling nicht töten, weil seine Mutter ihn mit seiner Liebe beschützte. Der Schutz seiner Mutter begleitet Harry durchs Leben und nimmt in kritischen Situationen die Gestalt eines weißen Hirsches an, seines Patronus. Ein Kinderbuch, Kitsch, kann man sagen. Aber die Liebe von Müttern (und Vätern) geht durch die Weltgeschichte, durch Kriege, Verbrechen, Krankheiten. »Rabiye Kurnaz gegen George W. Bush« erzählt den Kampf einer Mutter für ihren Sohn, der in Guantanamo ohne Gerichtsurteil festgehalten wird.

Der erste Lockdown. In den Alten- und Pflegeheimen können Menschen von Angehörigen nicht besucht werden. Ein Mann zieht kurzerhand zu seiner dementen Frau ins Pflegeheim. Er darf wochenlang das Haus nicht verlassen, aber er ist bei ihr. Andere können sich von Sterbenden nicht verabschieden, keine Trauerfeier halten. Liebe in Zeiten der Kontaktsperre muss seltsame Wege gehen oder sich ins Innere der Seele verkriechen und hoffen, dass irgendwo fern in einer anderen Seele Resonanz entsteht.

Johann Heinrich Wichern sagte in seiner berühmten Rede auf dem Kirchentag in Wittenberg 1848: »Die Liebe gehört mir wie der Glaube!« Das war die Initialzündung für die »Innere Mission«, die als Diakonie bis heute fortlebt. Liebe ist unabhängig von Erotik, auch von Familienbanden. Liebe handelt nicht aus persönlicher Zuneigung zum anderen, sondern aus Liebe zu Gott.

Christus hat sein Leben aus Liebe für uns hingegeben. Es gibt keine größere Liebe, als sein Leben für andere hinzugeben. Was unterscheidet Hingabe von Selbstzerstörung? Auch nach vielen Jahren als Seelsorger muss ich bekennen: Ich weiß es nicht. Die Grenzen sind fließend. Vielleicht weiß man erst hinterher, was es war. Zum achten Jahrestag der Krim-Annexion und kurz nach dem Angriff auf die Ukraine lässt Putin sich in einem Fußballstadion feiern und paraphrasiert: »Niemand hat größere Liebe, als der sich für seine Freunde hingibt.« Gibt es denn keine Leitplanken? Kann es richtige Liebe im falschen Tun geben?

Der träumende Blick in die Bibel erkennt, was Resonanz in uns auslöst. Der Rest bleibt unentdeckt, wie der weiße Elefant, der ungesehen durch den Raum geht. Unser Text enthält neben den populären Sätzen geheimnisvolle Aussagen, die unergründlich scheinen. Was heißt das, dass wir nur wie in einem Spiegel erkennen, dann aber von Angesicht zu Angesicht? Wieso ist in einem Text über die Liebe vom Erkennen die Rede, das Stückwerk bleibt? Was erkennen wir vom anderen? Wie viel bleibt unergründlich? Muss die Liebe dem anderen sein Geheimnis lassen?

Glaube, Hoffnung, Liebe. Die »theologischen Tugenden« hat man sie genannt. Sie gehen in der Lebenspraxis nicht auf, in der Endlichkeit auch nicht. Das Hohelied der Liebe ist ein Hohelied des Riskierens. Hoffend auf die Ewigkeit.

ASCHERMITTWOCH
MATTHÄUS 6,16-21

Johanna Haberer

Wenn ihr fastet, sollt ihr nicht sauer dreinsehen wie die Heuchler; denn sie verstellen ihr Gesicht, um sich vor den Leuten zu zeigen mit ihrem Fasten. Wahrlich, ich sage euch: Sie haben ihren Lohn schon gehabt. Wenn du aber fastest, so salbe dein Haupt und wasche dein Gesicht, damit du dich nicht vor den Leuten zeigst mit deinem Fasten, sondern vor deinem Vater, der im Verborgenen ist; und dein Vater, der in das Verborgene sieht, wird dir's vergelten.

Ihr sollt euch nicht Schätze sammeln auf Erden, wo Motten und Rost sie fressen und wo Diebe einbrechen und stehlen. Sammelt euch aber Schätze im Himmel, wo weder Motten noch Rost sie fressen und wo Diebe nicht einbrechen und stehlen. Denn wo dein Schatz ist, da ist auch dein Herz.

In den europäischen Kulturen gibt es wohl nicht mehr viele Menschen, die fasten, um Gott zu gefallen. Unsere biblischen Texte kennen das Fasten zwar als Brauch zum Zwecke der Buße oder der ganzheitlichen Reinigung, aber es gibt kein ausdrückliches Gebot zu fasten in den Heiligen Schriften der Juden und der Christen. Im Unterschied zu den Fastengeboten in anderen Religionen: Die Muslime begehen pflichtgemäß den Ramadan, Hindus fasten an bestimmten Feiertagen, und für Buddhisten ist das ganze Leben ein Aufruf zur Askese.

Obwohl also das Fasten für die jüdisch-christliche Tradition keinen religiösen Cantus firmus darstellt, wendet sich Jesus in seinem längsten und wohl wichtigsten Originaltext, der Bergpredigt, diesem Brauch zu: Wer fastet, möge das nicht nach außen tragen. Der eigene Körper und der Umgang damit sollen nicht zu Demonstrationszwecken benutzt werden.

Zum Beispiel die Demonstration der eigenen Disziplin: Ich zeige, wie gut ich mich selbst überwinden kann. Ich zeige meine Herrschaft über meinen Körper und damit – diese Gedankenfigur gehört dazu – meine Nähe zu Gott. Wer seinen Körper beherrscht, ist näher bei Gott – so wurde das religiöse Fasten über Jahrhunderte eingeordnet.

Gottgefällig sei das nicht, eher selbstgefällig, meint Jesus. Er spricht über die ewige Sehnsucht des Menschen, den Sieg über den eigenen Körper davonzutragen: dessen Schwäche und Hinfälligkeit, dessen Hässlichkeit und Vergänglichkeit.

Das Fasten hat in den vergangenen Jahren religiös wie nichtreligiös ein Revival erlebt. Noch nie in den vergangenen Jahrzehnten hatten Askese und der achtsame Umgang mit der Nahrung eine solche Konjunktur. Um Fasten, Diäten und die rechte Nahrung werden Glaubenskriege geführt, und der eigene Körper erfährt eine unglaubliche Hochschätzung bei gleichzeitiger Abwertung. Ein Freund ist er jedenfalls nicht, der Körper. Eher ein Instrument, das zu funktionieren hat.

Man fastet, um abzuspecken, den Körper in Balance zu bringen, man fastet, um sich selbst zu zeigen, dass man nicht süchtig oder abhängig ist, sei es vom Alkohol, vom Zucker, vom Sex oder vom Computer.

Und auch die alten religiösen Fastenzeiten werden von vielen Menschen wiederentdeckt. Das Fasten vor Weihnachten und die Fastenzeit vom Aschermittwoch bis zum Karsamstag, in der die Christen den Weg des Heilands ans Kreuz nachbilden. Am Aschermittwoch ist das Startsignal für sieben Fasten-Wochen, die von beiden Kirchen wieder ernsthaft begangen und begleitet werden. »Sieben

Wochen ohne« heißt die Aktion, und Christen werden ermuntert, geistige, geistliche und körperliche Schlacken loszuwerden. In der katholischen Tradition gibt es hierfür ein äußeres Zeichen: das Aschekreuz auf der Stirn.

Beim Thema Fasten, Verzichten und sich mental zu trainieren mischen sich ganz unterschiedliche Motive, innerliche und sehr äußerliche: Menschen fasten, um attraktiver zu werden, sie fasten, um ihren Körper zu reinigen und neu zu spüren, sie fasten, weil der Kopf klar wird und die Träume plastischer, sie fasten, weil sie die eigenen Grenzen austesten und verschieben wollen. Vielleicht fasten manche, weil man einen anderen Blick auf sich werfen oder ein neues Bild von sich entwerfen möchte. Oder man zeigt es den anderen, dass man seinen Leib dem eigenen Willen total unterwerfen kann.

Man kann sagen, dass diese Unterwerfungsprozeduren des Körpers heute unsere Kultur prägen.

Wir leben in Zeiten eines ausgeprägten Körperkultes. Junge Menschen stählen ihre Körper, essen hochbewusst und beobachten sich und ihre äußere Erscheinung in allen sich bietenden Spiegelungen.

Wir lernen neue Wörter. Leute »shapen« ihren Körper, sie »modellieren« ihn und sie »modifizieren« ihn. Sie lassen sich piercen und tätowieren, sie fügen sich künstliche Narben zu – das heißt »scarifizieren«. Einige lassen ihre Zungen oder die Hoden spalten. Oder sie trainieren bestimmte Muskelgruppen so lange und intensiv, bis der Körper aussieht wie geplant.

Sie werden zu Architekten ihrer selbst.

Und jeder und jede kann es sehen: Dieser Mensch hat die Herrschaft über seinen Körper übernommen. Da türmen sich Muskelmassen im Nacken und die Sixpacks auf dem Bauch, da wird geschnitten und abgesaugt, nur damit einer bis ins Detail seinem Wunschbild entspricht.

Jesus beurteilt jede Art der veräußerlichten Demonstration der Disziplin als narzisstischen Akt. Selbstgefällig eben.

Und er fügt dieser Beobachtung das Votum über Schätze-Sammeln hinzu. Auf den ersten Blick wirkt es, als ob das Wort vom Fasten und das vom Schätze-Sammeln gar nicht zusammengehören.

Die Verbindung aber zwischen der Selbstdemonstration in körperlichen Äußerlichkeiten und den sichtbaren irdischen Schätzen ist für Jesus die Falle, von der äußeren Anerkennung der anderen zu leben, beziehungsweise das Streben nach Anerkennung von den Mitmenschen anhand von Äußerlichkeiten.

Man kann fasten mit dem Blick nach innen oder für den Blick von außen. Man kann äußerlich reich sein und dennoch innerlich bettelarm.

»Wo dein Schatz ist, da ist auch dein Herz.«

Diese wenigen Sätze der Bergpredigt versuchen die Leser und Leserinnen zu einem göttlichen Selbstbewusstsein zu verlocken. Zu einem Leben, in dem äußerliche Demonstrationen überflüssig sind. Wo der Körper hochgeschätzt und geachtet wird, aber nicht unterworfen.

Wir sind ermuntert, uns zwar zu hegen und zu pflegen. Wir dürfen uns schön machen, aber wir werden davon entlastet, uns selbst zu entwerfen. Wir dürfen uns anfreunden mit Schwäche und Verfall. Wir dürfen vollkommen gelassen sein, denn die Quelle unseres Selbstbewusstseins, dieses heitere Ja zu mir selbst, die liegt in meinem glühenden Draht zu Gott.

Dort ist Schönheit und Reichtum. Von dort werde ich gesehen. Von dort aus gesehen, werde ich als schön und reich angesehen.

Wie schon der Psalm sagt: Ich danke dir, Gott, dass ich so wunderbar gemacht bin. Wunderbar sind deine Werke.

1. SONNTAG DER PASSIONSZEIT (INVOKAVIT)
HIOB 2,1-13

Thorsten Moos

Es begab sich aber eines Tages, da die Gottessöhne kamen und vor den HERRN traten, dass auch der Satan mit ihnen kam und vor den HERRN trat. Da sprach der HERR zu dem Satan: Wo kommst du her? Der Satan antwortete dem HERRN und sprach: Ich habe die Erde hin und her durchzogen. Der HERR sprach zu dem Satan: Hast du acht auf meinen Knecht Hiob gehabt? Denn es ist seinesgleichen auf Erden nicht, fromm und rechtschaffen, gottesfürchtig und meidet das Böse und hält noch fest an seiner Frömmigkeit; du aber hast mich bewogen, ihn ohne Grund zu verderben.

Der Satan antwortete dem HERRN und sprach: Haut für Haut! Und alles, was ein Mann hat, lässt er für sein Leben. Aber strecke deine Hand aus und taste sein Gebein und Fleisch an: Was gilt's, er wird dir ins Angesicht fluchen! Der HERR sprach zu dem Satan: Siehe da, er sei in deiner Hand, doch schone sein Leben!

Da ging der Satan hinaus vom Angesicht des HERRN und schlug Hiob mit bösen Geschwüren von der Fußsohle an bis auf seinen Scheitel. Und er nahm eine Scherbe und schabte sich und saß in der Asche. Und seine Frau sprach zu ihm: Hältst du noch fest an deiner Frömmigkeit? Fluche Gott und stirb! Er aber sprach zu ihr: Du redest, wie die törichten Frauen reden. Haben wir Gutes empfangen von Gott und sollten das Böse nicht auch annehmen? In diesem allen versündigte sich Hiob nicht mit seinen Lippen.

Als aber die drei Freunde Hiobs all das Unglück hörten, das über ihn gekommen war, kamen sie, ein jeder aus seinem Ort: Elifas von Teman, Bildad von Schuach und Zofar von Naama. Denn sie wurden eins, dass sie kämen, ihn zu beklagen und zu trösten. Und als sie ihre Augen aufhoben von ferne, erkannten sie ihn nicht und erhoben ihre Stimme und weinten, und ein jeder zerriss sein Kleid, und sie warfen Staub gen Himmel auf ihr Haupt und saßen mit ihm auf der Erde sieben Tage und sieben Nächte und redeten nichts mit ihm; denn sie sahen, dass der Schmerz sehr groß war.

Der Prolog im Himmel, zweiter Teil. *Trigger-Warnung:* ein zutiefst obszöner, ja: peinlicher Text. In dieses Innere der himmlischen Machtzentrale hätten wir lieber nicht geschaut. Wir erleben einen unerwachsenen, geradezu pubertären Gott. Schämen sollte er sich: für seine Prahlerei mit der vorbildlichen Frömmigkeit Hiobs, der sich der Allwissende doch offenkundig nicht so sicher ist (»Hast du ihn gesehen?«); für die schwächliche Ausflucht, mit der der Allmächtige die Verantwortung für das Unheil auf den bösen Einflüsterer abzuschieben versucht (»Du warst es, ich wollte das nicht!«); für die Zockerei, mit der der Allgütige sich auf die nächste Runde des himmlischen Spiels und irdischen Verderbens für Hiob einlässt (»Okay, er gehört dir.«). Allmacht, Allwissenheit, Allgüte: Die drei Großprädikate Gottes, die in ihrer denkerischen Unvereinbarkeit das klassische Problem der Theodizee heraufrufen, hätten erzählerisch kaum effektvoller in so wenigen Zeilen destruiert werden können.

Vom Himmel herab, dann sofort ganz nach unten. Hiob auf dem Boden, in der Asche sitzend, vom Scheitel bis zur Sohle mit Geschwüren bedeckt, so entstellt, dass die Freunde ihn nicht erkennen, eine Scherbe in der Hand, sich zu kratzen. Hiob, der in all dem die ganze Angelegenheit nüchtern durchschaut: »Haben wir Gutes empfangen von Gott und sollten das Böse nicht auch annehmen?« Hatte der Prolog noch zur narrativen Schonung Gottes den Satan eingeführt, so beharrt Hiob darauf: Auch das Böse geschieht nicht ohne Gott. Was Gott gleichsam selbst von sich nicht weiß, oder nicht wahrhaben will, weiß Hiob. Und er behaftet Gott darauf, indem er an ihm festhält und stumm weiter seine Eiterbeulen aufkratzt. An die Stelle angesonnenen religiösen Trotzes (»Fluche Gott und stirb!«) setzt er religiösen Trotz 2.0 und behaftet Gott darauf, ein Gott zu sein, an dem man festhält.

Sprechend an dieser Perikope scheint mir das Verhältnis von Sprechen und Schweigen. Es lohnt sich, trotz der eindrücklichen Bilder die Augen zu schließen und nur auf die Tonspur zu hören. Hier ist, wenn das dumme Gerede im Himmel vorbei ist, zunächst nur das Schweigen Hiobs zu hören, dazu das Kratzen der Scherbe auf der Haut. Dann der kurze Dialog mit seiner Frau, das unartikulierte Weinen der hinzutretenden Freunde, und dann wieder Schweigen, sieben Tage und sieben Nächte. Es gibt nichts zu sagen. Da ist nur das Leiden; und dieses Leiden ist kein Zeichen, das zu verstehen, kein Text, den es zu interpretieren gälte. Es ist der Schmerz selbst, und das Schweigen ist mit Abstand das Angemessenste, von dem hier erzählt wird.

Es ist vom »Krankheitsschweigen« der Theologie gesprochen worden, und dieses Schweigen wurde als problematisch diagnostiziert (Etzelmüller, Gregor/Weissenrieder, Annette [Hg.]: Religion und Krankheit, Darmstadt 2010, 5). In der Covid-19-Pandemie ist dieses Schweigen selbst geradezu epidemisch geworden. Offenkundig hatte man theologisch und kirchenleitend kaum etwas Sinnvolles zu sagen, sieht man von der Affirmation staatlicher Maßnahmen ab. Eine Debatte um die theologische Deutung des Geschehens fand, von einzelnen Beiträgen abgesehen, nicht statt. Und möglicherweise war dieses Schweigen, wie die Perikope zeigt, nicht das Schlechteste. Eine Sinndiät, eine Zeit des Fastens vorschneller Sinnzuschreibungen. »7 Wochen ohne theologische Deutungen«, das wäre, wenn es um Krankheit und das Leiden an ihr geht, keine unpassende Kampagne.

Auf eine Vorzugswürdigkeit der Sinndiät deuten auch Einlassungen wie die folgende hin, die zu Beginn der Pandemie in ökumenisch-episkopalem Konsens formuliert worden war: »Gott will das Unheil nicht.« (»Beistand, Trost und Hoffnung«. Ein Wort der katholischen, evangelischen und orthodoxen Kirche in Deutschland, 2020, http://www.obkd.de/Presseinformationen/Gemeinsames-Wort%20-%20Beistand,%20Trost%20und%20Hoffnung.pdf, zuletzt abgerufen am 5.4.2020) Das klingt ganz nach dem Prolog im Himmel. Was Gott dort selbst versucht, unternimmt hier sein Bodenpersonal: die Exkulpation des Allmächtigen. Das Virus tobt über die Erde, und die Kirche nimmt erst einmal Gott aus der Schusslinie. Dann lieber schweigen. Schweigen wie Hiob, der sich damit auch weigerte, Gott die Verantwortung, letzter Ursprung des Wohls und Wehes seiner Schöpfung zu sein, abzusprechen. Dieses Schweigen ist ein Stück negativer Theologie, und es ist die Voraussetzung aller folgenden Klage und aller im weiteren Hiobbuch folgenden theologischen Auseinandersetzung: Gott auf der Wirklichkeit der Welt zu behaften, auch wenn diese Wirklichkeit die Verheißung, gute Schöpfung zu sein, vielerorts nicht einlöst; und auch wenn Menschen (nicht erst im sogenannten Anthropozän) in das Unheil, das sie erleiden, vielfach (aber keineswegs überall) verstrickt sind; und auch wenn die traditionellen theologischen Deutungsschemata für Krankheit, entweder Strafe oder Prüfung Gottes zu sein, nicht mehr plausibel sind.

Beim theologischen Schweigen Hiobs und beim – ebenso zu rühmenden – seelsorglichen Schweigen der Freunde kann es gleichwohl nicht bleiben. Als Menschen leben wir immer zugleich in Körperwelten und Sinnwelten. In ersteren marodieren die Viren, und es gibt viel zu erforschen, aber oft nicht viel dazu zu sagen. In zweiteren lebt das Leiden ebenso wie der Trost, die Gründe für Verzweiflung ebenso wie großen Narrative der Hoffnung. Hier lebt auch der beharrliche Glaube, dass die Welt eben doch eine einzige, auf Sinn und Erfüllung angelegte, mithin: eine Welt Gottes ist.

2. SONNTAG DER PASSIONSZEIT (REMINISZERE)
MARKUS 12,1-12

Christina Costanza

Und er fing an, zu ihnen in Gleichnissen zu reden: Ein Mensch pflanzte einen Weinberg und zog einen Zaun darum und grub eine Kelter und baute einen Turm und verpachtete ihn an Weingärtner und ging außer Landes. Und er sandte, als die Zeit kam, einen Knecht zu den Weingärtnern, damit er von den Weingärtnern seinen Anteil an den Früchten des Weinbergs nähme. Da nahmen sie ihn, schlugen ihn und schickten ihn mit leeren Händen fort. Abermals sandte er zu ihnen einen andern Knecht; dem schlugen sie auf den Kopf und schmähten ihn. Und er sandte einen andern, den töteten sie; und viele andere: die einen schlugen sie, die andern töteten sie. Da hatte er noch einen, den geliebten Sohn; den sandte er als Letzten zu ihnen und sagte sich: Sie werden sich vor meinem Sohn scheuen. Sie aber, die Weingärtner, sprachen untereinander: Dies ist der Erbe; kommt, lasst uns ihn töten, so wird das Erbe unser sein! Und sie nahmen ihn und töteten ihn und warfen ihn hinaus vor den Weinberg.

Was wird nun der Herr des Weinbergs tun? Er wird kommen und die Weingärtner umbringen und den Weinberg andern geben. Habt ihr denn nicht dieses Schriftwort gelesen (Ps 118,22-23): »Der Stein, den die Bauleute verworfen haben, der ist zum Eckstein geworden. Vom Herrn ist das geschehen und ist ein Wunder vor unsern Augen«? Und sie trachteten danach, ihn zu ergreifen, und fürchteten sich doch vor dem Volk; denn sie verstanden, dass er auf sie hin dies Gleichnis gesagt hatte. Und sie ließen ihn und gingen davon.

Eine verstörende Geschichte; verstörend, weil sie angetrieben ist durch Gewaltszenen. Von meinen Glaubensfragen scheint sie mir weit entfernt. Doch ist das Gleichnis im Markusevangelium ja ausdrücklich als Antwortgeschichte inszeniert.

Die Perikopenordnung sprengend, sind es die beiden Fragen in Mk 11,28, auf die das Gleichnis eine oder mehrere Antworten erzählt: »Aus welcher Vollmacht tust du das? Oder wer hat dir diese Macht gegeben, dass du das tust?«

Mit diesen Machtfragen kommen drei Personen ins Spiel, übernehmen Rollen im Gleichnis: die angeredete Person, das »Du« (Jesus); die dahinterstehende Person, das »Wer« (Gott); die fragenden Personen (die Mitglieder des Sanhedrin, des Hohen Rates). Sie hinterlassen drei ineinandergefügte Spuren für den Weg zur Predigt.

(1) Christologische Spur: In der allegorisierenden Logik des Gleichnisses ist Jesus der einzige Sohn des Weinbergbesitzers, tritt in die Geschichte ein als letzter nach einer Reihe von Knechten, die die Pacht einsammeln sollen. Von den hebräischen heiligen Schriften her kommen die Propheten vor Augen. Den Lesenden des Markusevangeliums klingt zugleich das Gotteswort aus Mk 1,11 im Ohr: »Du bist mein geliebter Sohn.« Und die Leidensankündigungen, dass dieser geliebte Sohn sterben müsse. Das ist die weltfremde Macht Jesu: Die eines Propheten, der Gottes Wort nahebringt und dafür abgelehnt wird. Der vom Anbruch des Gottesreichs in einer durch Unrecht und Gewalt gezeichneten Welt redet. Als Gottes geliebter Sohn die Menschen zu Kindern Gottes erklärt. Der schuldlos hingerichtet wird, weil er Recht und Gerechtigkeit herstellen will und selber keine Gewalt anwendet. Eine antijudaistische Deutung des Gleichnisses ist allerdings schon aus historischen Gründen abzuleh-

nen: Nicht die jüdische Elite richtet Jesus hin, sondern die römischen Machthaber. Die Mächte und Gewalten dieser Welt scheinen stärker als die ohnmächtige Macht dessen, der Gott nahebringt.

(2) Theologische Spur: Die Barmherzigkeit Gottes, an die der Sonntag Reminiszere erinnert, wird zunächst als geradezu verrückte Geduld angesichts von Unrecht und Gewalt inszeniert. Wieso schickt der Weinbergbesitzer, in dem sich Gott zeigt, einen Knecht nach dem anderen und zum Schluss sogar den geliebten Sohn wehrlos ins Unheil? Das Gleichnis hinterfragt aber noch schmerzlicher das Bild eines lieben und zugleich allmächtigen Gottes: In der Abwesenheit des Weinbergbesitzers spiegeln sich Erfahrungen der Ferne Gottes, die im Schrei Jesu am Kreuz verdichtet sind: »Mein Gott, mein Gott, warum hast du mich verlassen?« (Mk 15,34) Geradezu hart ist für das Gottesbild das Ende des Gleichnisses. Denn der ferne Gott kommt schließlich auf erschreckende Weise nahe. Die gewaltsame Vergeltung durch den Weinbergbesitzer lässt eine gewaltige Spannung zwischen einem auf diese Weise vorgestellten Strafhandeln Gottes und seiner am Sonntag Reminiszere erinnerten Barmherzigkeit entstehen.

Das Gleichnis steht aber nicht für sich; das Ende des Gleichnisses ist nicht das Ende der Perikope und erst recht nicht das Ende des Markusevangeliums.

(3) Anthropologische Spur: So geht in V. 9 das Gleichnis über in eine Anrede (eigentlich eher eine Frage) an die, die durch ihre Fragen die Erzählung ausgelöst haben. Damit kommt schließlich die Macht der Fragenden selber ins Spiel: Die Mitglieder des Hohen Rats sind jene, die der Erzähllogik nach Macht für sich beanspruchen. Hier ist allerdings eine zweite antijudaistische Verzerrung ab-

zulehnen, nach welchem das Gleichnis davon erzähle, wie der jüdischen Elite die Macht in Gottes Weinberg genommen und der christlichen Gemeinde übertragen werde. Entgegen einer solchen einseitigen Auflösung hat Mk 12,1-12 ein offenes Ende. Geöffnet wird dieses Ende dadurch, dass die fragenden Mitlieder des Sanhedrin abtreten – und die Hörenden und Lesenden bleiben.

Die Geschichte muss also nicht zwangsläufig so enden wie im Gleichnis selbst. Es könnte sein, dass die lesenden und hörenden Menschen sich vom letztgesandten Boten, vom geliebten einzigen Sohn überzeugen lassen. Dass sie innehalten und sehen, was dieser für eine »Vollmacht« hat: In diesem Sohn kommt Gott, der manchmal so abwesend scheint, in die Welt. Mit ihm bricht die mögliche Welt des Gottesreichs an, in dem nicht die Logik der Gewalt herrscht, sondern Recht und Gerechtigkeit. Dann wäre die Pointe: Der Weinberg wird an solche übergeben, die wissen, dass sie nichts besitzen, sondern nur leihen. Die das, was ihnen von Gott gegeben ist, pflegen, so dass Früchte wachsen und Erträge gerecht verteilt werden.

Die Machtfrage des Gleichnisses wird damit auch an mich selber gerichtet: Wie gehe ich mit dem um, was mir an Ressourcen gegeben ist – bemächtige ich mich ihrer, baue damit meine eigene Macht aus? Oder: Höre ich die Bot:innen, die von außerhalb kommen, und die mich daran erinnern, dass ich nicht selber Gott bin?

Hier blitzt das Evangelium auf, das in der verstörenden Geschichte steckt. Nicht festzuhalten, nicht die eigene Macht auszubauen: das ist entlastend. Das befreit aus so mancher Gewaltspirale, in die ich mich zu verstricken drohe, auch wenn sie nicht so drastisch endet wie im Gleichnis.

Damit beginnt die Spur der Osterbotschaft in der Erzählung – schon jetzt, am Anfang der Passionszeit. Denn im Wort vom Eckstein klingt an, dass der Tod des geliebten Sohnes nicht das Ende ist. Es wird zu neuem Leben erweckt, was durch Gewalt zerstört wurde. Das Bild eines Weinbergs entsteht vor Augen, in dem keine Steine mehr geworfen werden, die Gewaltspirale zu Ende ist. Dieses Bild verschmilzt mit einem anderen Bild, mit dem eines Gebäudes, in dem ein einziger Stein als Grund- oder Schlussstein Halt gibt. Und zwar gerade der von den Bauleuten weggeworfene, nach den Maßstäben der Welt unnütz scheinende Stein.

Der Psalm 118, aus dem das Wort vom Eckstein auf den Gekreuzigten und Auferstandenen übertragen wurde, beantwortet auch die Machtfrage aus Mk 11 – und die Machtfrage in meinem Herzen: »Der HERR ist meine Macht und mein Gesang und meine Rettung« (Ps 118,14).

3. SONNTAG DER PASSIONSZEIT (OKULI)
LUKAS 22,47-53

Claas Cordemann

Als er aber noch redete, siehe, da kam eine Schar; und einer von den Zwölfen, der mit dem Namen Judas, ging vor ihnen her und nahte sich Jesus, um ihn zu küssen. Jesus aber sprach zu ihm: Judas, verrätst du den Menschensohn mit einem Kuss? Als aber, die um ihn waren, sahen, was geschehen würde, sprachen sie: Herr, sollen wir mit dem Schwert dreinschlagen? Und einer von ihnen schlug nach dem Knecht des Hohenpriesters und hieb ihm sein rechtes Ohr ab. Da sprach Jesus: Lasst ab! Nicht weiter! Und er rührte sein Ohr an und heilte ihn.

Jesus aber sprach zu den Hohenpriestern und Hauptleuten des Tempels und den Ältesten, die zu ihm hergekommen waren: Ihr seid wie gegen einen Räuber mit Schwertern und mit Stangen ausgezogen? Ich bin täglich bei euch im Tempel gewesen, und ihr habt nicht Hand an mich gelegt. Aber dies ist eure Stunde und die Macht der Finsternis.

BLICKRICHTUNG BEGINNEN

Oculi mei semper ad Dominum – mit dem alten Namen des 3. Sonntags der Passionszeit wird der Blick auf Christus gerichtet: »Meine Augen sehen stets auf den HERRN; denn er wird meinen Fuß aus dem Netze ziehen« (Ps 25,15). Was bekommen meine Augen zu sehen? Meine Augen sehen, wie sich das Netz um Christus enger zieht. Der, der meinen Fuß aus dem Netz ziehen soll, wird selbst gefangen. Die Passion beginnt. Meine Augen sehen auf den Herrn. Meine Augen sehen einen Kuss, ein Schwert und Finsternis.

Meine Augen sehen einen Kuss. Bis hierhin hätte Judas immer noch von seinem Plan abkehren können. Es gibt ihn, den Point of no Return. Der Punkt, an dem man die Dinge nicht mehr zurückholen kann. So sehr es einen hinterher auch reuen mag. Judas geht über diese Schwelle, will Jesus küssen. Die zärtliche Geste intimsten Vertrauens wird zum Verrat. Da sehen meine Augen genauer: Judas küsst Jesus gar nicht. Es wird zumindest nicht berichtet. Ich habe es nur erwartet. Ich meine die Geschichte zu kennen. Markus und Matthäus lassen es zum verräterischen Kuss kommen (vgl. Mk 14,45; Mt 26,49). Bei Lukas kommt Jesus dem Kuss zuvor und blickt in den Abgrund dieser Absicht: »Judas, verrätst du den Menschensohn mit einem Kuss?« (Lk 22,48) Der Evangelist lässt den Verräter nicht so nah an Jesus herankommen. Lukas komponiert neu: Auch in der Stunde des Verrates bleibt Jesus überlegen. Judas verrät Jesus, aber Jesus ist nicht ausgeliefert. Jesus bleibt Herr der Lage und strahlt damit aus, dass all dies geschehen muss, auch wenn es sich erst von Emmaus her erschließen wird (vgl. Lk 24,26).

Meine Augen sehen ein Schwert. Die Frage ist noch nicht ganz ausgesprochen, ob seine Begleiter zuschlagen sollen, da blitzt schon der Stahl im Schein der Fackeln und schlägt das rechte Ohr eines der Knechte vom Hohenpriester ab. Eskalation der Gewalt liegt in der Luft. Wer schlägt als Nächster zu? Markus berichtet nur vom Schwerthieb (Mk 14,47). Bei Matthäus befiehlt Jesus seinem ungenannten Begleiter, das Schwert wegzustecken und holt dann zu einem deutenden Logion aus (Mt 26,52-54). Bei Lukas richtet sich der Blick auf das Opfer der Gewalttat: »Da sprach Jesus: Lasst ab! Nicht weiter! Und er rührte sein Ohr an und heilte ihn« (Lk 22,51). Diese Heilung findet sich nur bei Lukas. Noch einmal heilt Jesus mit der göttlichen Kraft (*dynamis*), die von ihm ausgeht (vgl. Lk 4,14; 5,17; 6,19; 8,46). Auch hier keine große Selbstdarstellung, wie sie heute beliebt ist und wie sie es wohl auch damals war. Sondern mit der einfachen Geste der Berührung heilt er. Es ist Jesu letzte Heilung vor seiner Passion. Die Heilung ist wie ein vorweggenommenes Zeichen: Die Gewalt wird nicht Oberhand behalten, sondern am Ende werden Liebe, Heilung und Licht stehen. Wer Jesus folgt, so die Botschaft, beantwortet Gewalt nicht mit Gewalt. Gewalt ist das Medium der Finsternis.

Meine Augen sehen Finsternis. Die Heilung steht damit auf der Grenze von Licht und Finsternis. Noch einmal leuchtet das Licht auf, bevor die »Macht der Finsternis« ihre Stunde hat. Ich frage mich, welche Gedanken dem Geheilten gekommen sein mögen, als das Licht auf ihn fiel. Hat er Zweifel daran bekommen, auf welcher Seite des Stücks er mitspielt? Ist er später vielleicht gar ein Jünger Jesu geworden? Ich weiß es nicht. Hier sehe ich, dass er schweigt und die Rolle spielt, die von ihm erwartet wird und – nichts tut. Auch er schweigt. Darin zeigt sich die Macht der Finsternis. Sie bringt Menschen dazu, das Falsche zu tun, obwohl sie das Richtige sehen. Hier ist alles Lüge: die Anklage, der Verrat und die nächtliche Verhaftung. Alle wissen das. Dennoch geschieht es. Die Macht der Finsternis nimmt Menschen in ihren Dienst und lässt sie sich in ihrem Netz verstricken. Die größte Waffe der Finsternis ist die Angst: Angst, die Komfortzone zu verlassen, Angst, allein dazustehen, Angst, dem Neuen zu vertrauen, Angst, Stellung zu beziehen. Allein aus dieser Finsternis herauszufinden, ist fast unmöglich.

Wie kann das gehen: sich von der Macht der Finsternis und ihrer Angst nicht überwältigen zu lassen? Eine Spur legt Jesus an anderer Stelle, wo er sagt: »Dein Auge ist das Licht des Leibes. Wenn dein Auge lauter ist, so ist dein ganzer Leib licht. So schaue darauf, dass nicht das

Licht in dir Finsternis sei« (Lk 11,34f). Licht und Finsternis liegen im Auge meines Herzens immer im Streit. Wohin richte ich meine Augen da? Schauen sie auf die Angst, auf das, was sie verlieren können? Oder schauen meine Augen auf das Licht, das in Christus in die Welt gekommen ist? Blicken sie auf die Angst, sehen sie Verrat, Schwert, Hass. Die Macht der Finsternis wird die Regie in meinem Herzen übernehmen und ihr Netz fester ziehen. Sehen meine Augen auf Christus, schauen sie Vergebung, Heilung, Liebe. Mein Herz wird von dem Licht Gottes erfüllt und die Schlinge wird sich lösen. Die Blickrichtung bestimmt, was ich sehe. Von dem, wohin meine Augen schauen, lasse ich mich bestimmen. *Oculi mei semper ad Dominum.*

4. SONNTAG DER PASSIONSZEIT (LÄTARE)
JESAJA 54,7-10

Diedrich Steen

Ich habe dich einen kleinen Augenblick verlassen, aber mit großer Barmherzigkeit will ich dich sammeln. Ich habe mein Angesicht im Augenblick des Zorns ein wenig vor dir verborgen, aber mit ewiger Gnade will ich mich deiner erbarmen, spricht der HERR, dein Erlöser.

Ich halte es wie zur Zeit Noahs, als ich schwor, dass die Wasser Noahs nicht mehr über die Erde gehen sollten. So habe ich geschworen, dass ich nicht mehr über dich zürnen und dich nicht mehr schelten will. Denn es sollen wohl Berge weichen und Hügel hinfallen, aber meine Gnade soll nicht von dir weichen, und der Bund meines Friedens soll nicht hinfallen, spricht der HERR, dein Erbarmer.

Ob Jesaja eine solche Gotteserfahrung wirklich gemacht hat? Hat er sich von Gott verlassen gefühlt? Hat er gemeint, vom Ewigen, auf den er vertraute, nicht mehr wahrgenommen zu werden? Hatte er vielleicht sogar das Gefühl, Gottes Strafe treffe ihn? Ein Schicksalsschlag vielleicht. Ein Unrecht, das ihm widerfahren ist. Ein Plan, der zunichtewurde und ihn an seinem Glück und an seiner Zukunft zweifeln ließ.

Und dann ist doch noch einmal alles gut geworden! Jesaja gewinnt das Vertrauen zurück und der Prophet kann Gott Worte in den Mund legen, die an Entschiedenheit nichts zu wünschen übriglassen. Er greift zu einem Bild, das gewissermaßen die ganze Erdgeschichte in den Blick nimmt: Berge und Hügel, sie können verschwinden. Sie erodieren und werden über Jahrtausende hinweg zu Staub. Aber die Zuwendung Gottes überdauert all diese Zeit. Mag geschehen, was will: Gott hält die Treue. Immer. Und Jesaja lässt Gott sich Noah zum Zeugen nehmen: Wie er diesem schwor, nie mehr so sehr zu zürnen, dass es den Fortbestand seiner Schöpfung aufs Spiel setzt, so erhält jetzt Jesaja die Zusage, dass Gott sich nie mehr von ihm abwendet.

Kann das sein? Ist Jesaja so richtig verstanden?

Sicher nicht. Jesaja wird, wie jeder andere Mensch vor ihm und nach ihm die Erfahrung gemacht haben, dass das Leben mal so und mal so zu einem ist. Gelingen und Scheitern, Glück und Unglück, beides kommt vor. Er wäre ziemlich albern, würde er, nur weil er sich in einer Phase seines Lebens aufgehoben und behütet fühlt, gleich die Erdgeschichte bemühen, um seine Gotteserfahrung in ein Bild zu fassen.

Jesaja geht es nicht um sein kleines, individuelles Geschick. Die Worte, die er Gott hier in den Mund legt, sind nicht an ihn persönlich gerichtet. Jesaja spricht zu einer tief erschütterten Gemeinschaft von Vertriebenen. 587 vor Christus wird Jerusalem von den Babyloniern zerstört. Viele Menschen sterben. Der Tempel wird dem Erdboden gleichgemacht. Der Staat ausgelöscht und die Kultur Israels vernichtet. Etwa 10 000 Israeliten werden von den Babyloniern ins Exil gezwungen. Ihnen versucht Jesaja zu deuten, warum das, was geschah, geschehen ist. Zugleich versucht er, ihnen Trost zu spenden und Hoffnung auf eine neue Zukunft zu geben.

Ich gebe zu: Die Weise, wie Jesaja dem Geschehenen Sinn zu geben versucht, finde ich abstoßend. Ich kann Jesajas Gottesbild nicht teilen. Er erzählt von einem Gott, der wütend ist und in seiner Wut seine Zuwendung »einen kleinen Augenblick« abzieht und sich »ein wenig« verbirgt. Dieser kleine Augenblick und dieses Wenige kosten Tausende das Leben und die Heimat. Nun aber, behauptet Jesaja, ist Gott wieder da.

Es tut mir leid, möchte ich Jesaja sagen, aber einem solchen Gott will ich nicht glauben und einem solchen Gott will ich nicht vertrauen. Und ich möchte ihm sagen: Du irrst dich! Gott hat weder den Sieg der Babylonier gewollt, noch die Israeliten preisgegeben. Gott hat sich nie verborgen. Gott spielt nicht mit seiner Welt und seinen Geschöpfen. Die Zusage, die Gott Noah gab hat Gott nicht für »einen kleinen Augenblick« zurückgezogen.

Aber Gott hat seiner Schöpfung und seinen Geschöpfen Freiheit gegeben. In der Schöpfung wirken die Kräfte der Natur, und die Geschöpfe sind frei, zu handeln und zu entscheiden. Diese Freiheit war es, die zu dem geführt hat, was du und all die, die mit dir in Babylon im Exil sind, beklagst. Das, was geschah, ist das, was geschieht, wenn Menschen handeln, wie Menschen eben handeln können!

Und doch glaube ich, Jesaja, dass du recht hast mit dem, was du weiter sagst. Denn obwohl Menschen handeln, wie sie handeln, obwohl sie nicht das Gute suchen, sondern das Böse tun, kann doch immer wieder alles gut werden. Und zwar gerade, weil Gott seine Schöpfung und seine Geschöpfe nicht im Stich lässt.

Das, Jesaja, ist eine Hoffnung, der ich anhängen will. Ich will daran festhalten, dass die Worte, die du Gott in den Mund legst, wahr sind: Gott hält seine Schöpfung und alles Leben im Sein, wie Gott es Noah versprochen hat. Er tut dies, weil die Rückseite der Freiheit, die Gott der Schöpfung gegeben hat, die Liebe ist.

Gott kann nicht anders: Gott rettet, aber nicht unbedingt vor der Katastrophe, sondern sehr oft durch die Katastrophe hindurch. Kehrten nicht die Israeliten mit einem neuen Selbstbewusstsein und einer neuen Identität aus Babylon zurück? Gott hatte das Unglück nicht geschickt oder zugelassen, aber es ist – nach langer Zeit – Gutes daraus geworden.

So lese ich diese Worte Jesajas nicht nur als ein Bekenntnis zum Glauben an die Treue Gottes, sondern auch als eine Aufforderung, mit Gott die Geduld nicht zu verlieren.

Aber gilt das auch für das persönliche kleine Geschick unseres Lebens? Denn wie viele Schicksale enden in einer Katastrophe, ohne dass Rettung kommt. Kann ich Jesaja auch noch zustimmen, wenn eines Tages für mich dieses Ende kommt?

Ich weiß es nicht. Aber ich hoffe, dass das Versprechen der unbedingten Nähe Gottes auch dann noch gilt. In der Botschaft von der Auferstehung finde ich dafür ein Bild. Gott erhält – auch durch die Katastrophe hindurch.

4. SONNTAG DER PASSIONSZEIT (LÄTARE)
JESAJA 54,7-10

Enrico Triebel

Ich habe dich einen kleinen Augenblick verlassen, aber mit großer Barmherzigkeit will ich dich sammeln. Ich habe mein Angesicht im Augenblick des Zorns ein wenig vor dir verborgen, aber mit ewiger Gnade will ich mich deiner erbarmen, spricht der HERR, dein Erlöser.

Ich halte es wie zur Zeit Noahs, als ich schwor, dass die Wasser Noahs nicht mehr über die Erde gehen sollten. So habe ich geschworen, dass ich nicht mehr über dich zürnen und dich nicht mehr schelten will. Denn es sollen wohl Berge weichen und Hügel hinfallen, aber meine Gnade soll nicht von dir weichen, und der Bund meines Friedens soll nicht hinfallen, spricht der HERR, dein Erbarmer.

Wir sind in der Passionszeit. Am Sonntag Lätare. Freue dich. Inmitten der Passionszeit. Aber schon mit dem Blick gen Ostern. Freue dich.

Wie soll ich mich jedoch freuen, wenn ich von der Welt und von Gott verlassen bin? Wer kennt es nicht, das Gefühl, von allen Menschen und insbesondere von Gott verlassen zu sein. Mitunter auch von allen guten Geistern. Gott, auf den ich vertraue, zu dem ich in vielen Gebeten gesprochen habe. Er hat sich abgewandt von mir. Darf das ein Gott der Liebe, ein Gott des Erbarmens? Ist mein Glaube so klein, dass Gott nicht ständig an meiner Seite ist? Worauf soll ich mich denn freuen, wenn ich im Fall des Falles mit dem Zorn Gottes rechnen muss, dass er nicht bei mir ist im Leid…

Die Bibel spricht an vielen Stellen davon, dass es neben dem Gott der Liebe auch den Gott des Zornes gibt. Eben ein erbarmungsloser Gott. Auch mein Gott? Ja, auch mein Gott. Im heutigen Text wird der Zorn Gottes noch einmal deutlich: Wie zu Zeiten Noahs soll es sein.

Wer Elternteil eines Kleinkindes ist, der kennt solche Situationen. Schon morgens schreit das Kind, ist mit dem falschen Fuß aufgestanden. Es zickt, es bockt. Und man möchte an diesem Wochenende die Großeltern besuchen. Und das Kind schreit und bockt. Irgendwann kommt der Punkt, an dem man die Ruhe verliert. Man wird gestresst. Man wird erregt und auch zornig auf das Kind. Und das Kind bockt und schreit weiter, weil man selber zornig ist. Man ist hilflos. Machtlos. Und wendet sich für einen Moment ab. Und dennoch: Man liebt dieses Kind. Bedingungslos. Man will und wird es beschützen vor allem Gram, allem Leid. Egal, wie zornig man ist. Man kann diesem Kind nicht lange zornig sein.

Wie Gott bei uns? Ja. Denn nach dem gnadenlosen Zorn Gottes kam sein Schwur mit uns: Ich will nicht mehr zürnen über dich und dich nicht mehr schelten.

Kann dies aber ein Trost sein für all jene, die weltweit in kriegerische Auseinandersetzungen involviert sind? Die von der Pandemie, von Hochwasser und Dürre bedroht sind und leiden? Welche Schuld haben all jene auf sich geladen, dass Gott ihnen derart zürnt? Und ist es nur reine Glückssache, dass ich in Deutschland lebe und Gott kaum eine Chance hat, derart zornig auf mich zu sein?

Die Frau, die bereits in jungen Jahren an Brustkrebs erkrankt. Eine gläubige Protestantin, regelmäßig sonntags im Gottesdienst. Aktiv in der Gemeinde. Vier Kinder, Haus und Hund. Eigentlich glücklich. Und doch trifft sie unerwartet der harte Schlag der Nachricht. Brustkrebs. – Warum ich? Warum jetzt? Warum, lieber Gott, tust du mir das an? Was habe ich getan, dass ich so leiden muss? Und warum bist du in dieser schweren Zeit nicht bei mir? All diese Fragen stehen plötzlich im Mittelpunkt. Warum, mein Gott, hast du mich verlassen?

Wir leben in einer Zeit weit nach Noah. Nach Jesaja. Und da ist der Trost. Gott spricht: Meine Gnade soll nicht von dir weichen, und der Bund meines Friedens soll nicht hinfallen. Und wir leben mit Jesus. Denn auch Jesus schien von Gott verlassen. Mit Psalm 22 spricht er: »Mein Gott, mein Gott, warum hast du mich verlassen, bleibst fern meiner Rettung, den Worten meines Schreiens?«

Gott hat seinen Sohn gegeben. Aus Liebe. Mit Blick auf Ostern. Diesen Blick, den auch wir am heutigen Sonntag Laetare haben. Mit Blick auf die Auferstehung. Den Blick auf die Gnade Gottes. Lätare. Freue dich. Denn der Tod am Kreuz war nicht der letzte Weg. Sondern der Beginn. Liebe ist stärker als der Tod. Und die Gnade Gottes zeigt sich in Jesus. Gott ist an dieser Stelle Mensch geworden. Für uns am Kreuz gestorben.

Und deshalb, und immer wieder: Lätare. Freue dich. Auch wenn der zornige Gott uns ab und an verlässt. Sein Bund, sein Schwur ist stärker als der Tod. Ist stärker als alles Leiden.

5. SONNTAG DER PASSIONSZEIT (JUDIKA)
HEBRÄER 5,(1-6)7-9(10)

Martin Obst

[Denn jeder Hohepriester, der von den Menschen genommen wird, der wird eingesetzt für die Menschen zum Dienst vor Gott, damit er Gaben und Opfer darbringe für die Sünden. Er kann mitfühlen mit denen, die unwissend sind und irren, weil er auch selber Schwachheit an sich trägt. Darum muss er, wie für das Volk, so auch für sich selbst opfern für die Sünden. Und niemand nimmt sich selbst diese Würde, sondern er wird von Gott berufen wie auch Aaron. So hat auch Christus sich nicht selbst die Ehre beigelegt, Hoherpriester zu werden, sondern der, der zu ihm gesagt hat (Ps 2,7): »Du bist mein Sohn, heute habe ich dich gezeugt.« Wie er auch an anderer Stelle spricht (Ps 110,4): »Du bist Priester in Ewigkeit nach der Ordnung Melchisedeks.«]

Und er hat in den Tagen seines irdischen Lebens Bitten und Flehen mit lautem Schreien und mit Tränen vor den gebracht, der ihn aus dem Tod erretten konnte; und er ist erhört worden, weil er Gott in Ehren hielt. So hat er, obwohl er der Sohn war, doch an dem, was er litt, Gehorsam gelernt. Und da er vollendet war, ist er für alle, die ihm gehorsam sind, der Urheber der ewigen Seligkeit geworden, [von Gott genannt ein Hoherpriester nach der Ordnung Melchisedeks.]

Der Hebräerbrief ist ein predigtähnlicher Traktat, der erst gegen Ende hin etwas künstlich mit den Stilmitteln eines Briefs ausgestattet ist. Er stammt von einem uns unbekannten Angehörigen der dritten christlichen Generation und wendet sich an Christenmenschen, deren gemeinsame Lebenszuversicht und Lebenshaltung durch Ermüdung und durch Widerstände bedroht sind. Sie will er stärken und festigen – durch Ermahnungen, ihren immerdar prekären Heilsstand nicht preiszugeben, aber vor allem durch ermutigende Vergegenwärtigung Jesu als des »Anfängers und Vollenders« (12,2; 2,10) ihres Glaubens. Diesen Glauben versteht der Hebräerbrief, deutlich anders als Paulus (vgl. Gal 2,19-21), als Kardinaltugend, die den Menschen unbeirrbar an seiner einmal eingeschlagenen Lebensrichtung festhalten lässt, weil er sich im Aufblick auf die »Wolke der Zeugen« (12,1) der unverbrüchlichen Gewissheit der Verheißungen zu getrösten vermag, mit der Gott selbst den Glaubensgehorsam verbunden hat.

Mit dieser eminent lebenspraktisch-seelsorgerlichen Leitintention wendet sich der Autor an eine Leserschaft, von der er voraussetzt, dass sie sein Interesse an altehrwürdigen kultisch-religiösen Überlieferungen teilt. In der gesamten damaligen hellenistischen Bildungswelt erwartete man von der Vertiefung in solche Vorstellungen und Texte Aufschluss über die transzendenten Quellen und Ursachen geschichtlichen Lebens und Gewissheit über dessen Sinn. Folgendermaßen lässt sich die Leitintention des Predigttexts knapp wiedergeben: Mysteriosophisch-spekulativ inspirierte Lektüre alttestamentlicher Kultordnungen, hier von (fiktionalen) Bestimmungen der Bücher Exodus und Leviticus über den Opferdienst an der Bundeslade in der Stiftshütte, festigt und vertieft das Verständnis für den transzendenten Sinngrund und den überweltlichen Heils- und Wahrheitsgehalt des Lebens- und Leidensweges Jesu Christi: Der Hohepriester, Mensch unter Menschen, ist von Gott eingesetzt, damit er alljährlich für sich selbst und das ganze Volk das Opfer darbringt. Gott nimmt es der von selbst ihm eingesetzten Ordnung gemäß an und gewährt dem Volk auf diese Weise trotz seiner aus Unwissenheit oder Irrtum begangenen Verschuldungen weiterhin seine Gerechtigkeit, also seine Bundestreue. Indem der Weg Jesu in dieses Denkmuster archaisch-kultischer Religion eingezeichnet wird, wird diese Vorgabe zugleich überboten, zersprengt, aufgehoben: Jesus Christus ist nicht Priester nach der jüngeren Ordnung des Mose, sondern nach der älteren des Melchisedek (Gen 14), der einst dem Abraham, dem Stammvater des Mose sowie der aaronitischen Priester und der Leviten, den Segen spendete, mehr noch: Jesus Christus ist nicht zeitlich begrenzt wirkender Priester auf Erden, sondern ewiger Hohepriester im Himmel.

Jesu Erdenweg deutet der Auctor ad Hebraeos als Einsetzung in sein himmlisches Hohepriester-Amt, die zugleich als seine Einkehr in seine vor- und überzeitliche Seinsweise an Gottes Seite (1,1-4) zu verstehen ist. Auf dieser Strecke seines aus dem »Himmel« und wieder dorthin zurückführenden Weges hat er allerdings das gesamte Los gottentfremdeten Menschseins geteilt (2,17f.; 4,15). Er hat im Leiden gebetet, er hat durch das Leiden Gehorsam gelernt, und so wurde ihm das Leiden zum Weg in die Vollendung – nicht allein für sich selbst, sondern für alle, die ihm »gehorsam sind«, sich von ihm leiten lassen.

Damit ist das Bild des Priesters noch einmal überboten und aufgehoben, und zwar gleichsam von innen her: Jesus Christus hat nicht etwas geopfert, sondern im freien Gehorsam sich selbst, und darum hat sein Opfer nicht nur zeitweilige Befreiung und Erleichterung gebracht, sondern denen, die sich von ihm führen und leiten lassen, die vollendete Gemeinschaft mit Gott (10,12-18): Jesu Erdenweg war das endgültige Opfer.

Der Text will also die Gewissheit seiner Adressaten um die Heilsbedeutung Jesu Christi stärken und vertiefen, indem er dessen Lebens- und Todesweg in ein anderweitig vorgegebenes mysteriosophisches Schema einzeichnet. Implizit wird darauf gerechnet, dass dieses Verständnisschema den Lesern bekannt und plausibel ist, ihnen also Hilfe und Stütze gewährt bei der Verständnisarbeit am Kerngehalt christlichen Glaubens – dass gerade das Leiden und der Kreuzestod Jesu konstitutiv sind für das Heil.

Wer heutigentags versucht, es einfachhin dem Auctor ad Hebraeos gleichzutun und es unternimmt, gleichsam nacherzählend seinen Hörern diesen Gedankengang nahezubringen, der gleicht einem schlechten Pädagogen, der zur Erläuterung eines erklärungsbedürftigen Sachverhalts einen weiteren, noch schwerer verständlichen heranzieht.

Dieser Problematik trägt die Perikopenabgrenzung Rechnung: Sie eröffnet die Möglichkeit, sich allein auf die Verse 7-9 zu konzentrieren, also die Bezugnahme auf Jesu Gebet und dessen Erhörung. Dann hätte man eine Predigtgrundlage nahe an der Gethsemane-Perikope. Aber wäre es dann nicht konsequenter, gleich auf eine von deren Versionen zurückzugreifen?

Es ist allerdings noch ein dritter Zugang denkbar, der es erlaubt, die Einzeichnung von Jesu Wort und Geschick in ein andersartiges, uns weltenfernes Verstehensschema weder naiv zu reproduzieren noch wegzureduzieren, sondern sie, allerdings auf einer höheren Abstraktionsebene, gerade zum Thema macht: Der Auctor ad Hebraeos hat nichts anders getan, als was christliches Glaubensdenken von Anfang an getan hat und, soweit es lebendig bleibt, weiterhin tun wird: Er versucht, den Heilsgehalt von Jesu Geschick sich selbst und anderen durch den Rückgriff auf vorgegebene, ihnen gemeinsam naheliegende Verstehensvorgaben und -schemata zu plausibilisieren. Schon die allerersten Christen sind so verfahren: Sie haben sich für Jesu Kreuz, seine Auferstehung und deren Heilssinn summarisch auf die Heiligen Schriften des jüdischen Volkes berufen (1. Kor 15,3-5); dasselbe Bestreben ist wirksam, wenn in den synoptischen Evangelien die Ausdrucksgestalten frühjüdischer Erwartung endzeitlichen Heils auf Jesus bezogen werden. Auch hier zeigt sich bei näherem Hinsehen ein ganz ähnlicher Befund wie im Hebräerbrief. Vorgegebene Verstehensschemata bewähren sich zunächst als Anknüpfungsmöglichkeiten, werden jedoch ihrerseits in Frage gestellt und aufgebrochen, wenn sie auf Jesu Wort und Geschichte in ihrem Heilsgehalt bezogen werden. Die erfahrungsgestützte Botschaft, dass Gott im Leiden und Sterben des ganz besonderen Menschen Jesus von Nazareth seinen Heilswillen durchsetzt, also das Alleinstellungsmerkmal der christlichen Religion schlechthin, ist darauf angewiesen, sich im Rahmen vorgegebener Plausibilitätserwartungen zu artikulieren. Sie lässt sich aber in sie nicht dauerhaft einfangen, sondern zersprengt sie gleichsam von innen her, drängt über sie hinaus und bildet neue Verstehens- und Sprachmuster aus, an denen sich dann wieder dieses selbe Gesetz des Werdens und Vergehens vollzieht. Wer dem Evangelium nachsinnt, wird in eine gedankliche Dynamik hineingezogen, die ihn einlädt und nötigt, sein bisheriges Vorstellungs- und Sprachreservoir kritisch zu revidieren und zu reorganisieren. Gelebter, also denkender, reflektierender Glaube ist das Sich-hineinziehen-Lassen in eine Erneuerung des Denkens und des Sprachgebrauchs, in dem herkömmliche, scheinbar selbstverständliche Worte und Begriffe von innen her transformiert und zu Gestalten neuartigen Sinnes werden: »Lasst uns im Reiche des Glaubens lernen, mit neuen Zungen zu reden!« (Martin Luther, Disputation über Joh 1,14 (1539), WA 39/II, S. 6; dt. Übers. M.O.)

Literatur:

Hans Windisch, Der Hebräerbrief (HNT 14), Tübingen ²1931.
Herbert Braun, An die Hebräer (HNT 14), Tübingen 1984.
Heinrich Julius Holtzmann, Lehrbuch der Neutestamentlichen Theologie Bd. II, Tübingen ²1911, S. 319-349.

6. SONNTAG DER PASSIONSZEIT (PALMSONNTAG)
JOHANNES 12,12-19

Magdalene L. Frettlöh

Als am nächsten Tag die große Menge, die aufs Fest gekommen war, hörte, dass Jesus nach Jerusalem kommen werde, nahmen sie Palmzweige und gingen hinaus ihm entgegen und schrien: Hosianna! Gelobt sei, der da kommt im Namen des Herrn, der König von Israel! Jesus aber fand einen jungen Esel und setzte sich darauf, wie geschrieben steht (Sach 9,9): »Fürchte dich nicht, du Tochter Zion! Siehe, dein König kommt und reitet auf einem Eselsfüllen.« Das verstanden seine Jünger zuerst nicht; doch als Jesus verherrlicht war, da dachten sie daran, dass dies von ihm geschrieben stand und man so an ihm getan hatte.

Die Menge aber, die bei ihm war, als er Lazarus aus dem Grabe rief und von den Toten auferweckte, bezeugte die Tat. Darum ging ihm auch die Menge entgegen, weil sie hörte, er habe dieses Zeichen getan. Die Pharisäer aber sprachen untereinander: Ihr seht, dass ihr nichts ausrichtet; siehe, alle Welt läuft ihm nach.

DER SUBVERSIVE RITT AUF DEM ESELCHEN

Der Einzug Jesu in Jerusalem kennt viele Akteurinnen. Es wimmelt nur so von Menschen in diesem Passionsakt-Drehbuch, und beim wiederholten Lesen beginne ich mich zu fragen: Welche Rolle fiele mir in einem derartigen Gewusel zu? Was hielte ich von diesem auf dem Eselchen einziehenden »König Israels«, und wie verhielte ich mich zu ihm? Was könnte ich von ihm sagen? Und wie bestimmte dieses Sagbare mein Leben? Denn: »In allen

Benennungen Jesu engagiert man sich selbst« (Friedrich-Wilhelm Marquardt). Als »König Israels« kann Jesus denunziert und verspottet oder anerkannt und gesegnet werden. Die Passionsdramen der Evangelien fordern zum Mitspielen heraus.

Die Menge der Festpilger hat sich bereits in Jerusalem versammelt. Einige von ihnen sind beunruhigt: »Was meint ihr? Er wird doch nicht zum Fest kommen?« (Joh 11,56) Schwingt da Sorge um Jesus mit in ihren Worten – die allzu berechtigte Sorge, dass er sich mit der Teilnahme am Pessachfest endgültig in Lebensgefahr bringen, sich denen wehrlos ausliefern werde, die ihm nach dem Leben trachten? Der, der seinen Freund Lazarus aus dem Grab herausruft (11,43f.), ist ja selbst höchst vulnerabel. Oder durchweht jene Fragen ein Hauch von Enttäuschung: »Er wird wohl kaum zum Fest kommen!«, weil sie den, der solches vermag, gerne an Pessach bei sich gehabt hätten?

Nun aber, als sie vom Kommen Jesu hören, gibt es kein Halten mehr. Was die Pilgerinnen in Bewegung bringt, heraus aus der Stadt, Jesus entgegen, ist das Zeugnis jener Leute, die dabei waren, als Jesus in Betanien Lazarus, den Bruder Marias und Marthas, zurück ins Leben gerufen hatte. Ein Ereignis, das bei den einen Vertrauen in Jesus weckte (11,45), während andere den Plan fassten, ihn aus der Welt zu schaffen (11,46–57). Kalt lässt das Tun Jesu an Lazarus und die Kunde davon jedenfalls keine. Und es lässt auch niemanden sitzen, vielmehr versetzt es alle in Bewegung und katapultiert sie auf die Passions(spiel)bühne, mitten hinein in den Akt der Königsproklamation. Ein Geschöpf dem Tod abtrotzen – müsste der nicht auch fähig und willens sein, sein Volk von der römischen Besatzung zu befreien? Wer sich mit dem Tod eines Freundes nicht abfindet, kann zugleich unmöglich die politischen Handlanger des Todes gewähren lassen! Doch was tun die Königsmacherinnen Jesus damit an und wie reagiert der darauf?

Jesus wehrt weder ihr vom Bitt- zum Jubelruf gewordenes »Hosianna!« (hebräisch: *hoschiah na* = rette doch!) noch ihren Segensgruß aus Ps 118,26a ab. Vielmehr interpretiert Jesus die Königsproklamation wortlos mit einer sprechenden Zeichenhandlung. Welche Erwartungen die freudenfestliche, palmenzweiggeschmückte Schar auch immer an Jesus knüpft – er unterläuft geläufige Herrschaftsinszenierungen gewappneter »Potentaten von Puntitaten« (Luca Di Blasi). Das macht das »Fürchte dich nicht, du Tochter Zion!« so unentbehrlich. Denn was hat so einer den Machthaberinnen dieser Welt, die mit Panzern, Granaten und Bomben einfallen, mit militärischer und wirtschaftlicher Stärke sich anderer gewaltsam bemächtigen, entgegenzuhalten – was außer seiner machtvollen Ohnmacht und der Kraft solcher entängstigenden Worte? Der auf dem Eselchen reitet und dabei selbstverständliche Machtrituale irritiert und konterkariert, bringt nicht anderen den Tod, sondern zieht das Böse auf sich selbst, lässt die Gewalt sich an seinem Leib austoben, auf dass allen anderen das Leben blühe. Und er gibt, indem er sich zeichenhaft selbst als König verschweigt, dem Gott Israels die ihm gebührende Königswürde zurück.

Doch das verstehen gerade die Schülerinnen Jesu nicht, *noch* nicht. Es bedarf einer neuen Tat Gottes selbst, nämlich der Erhöhung des Gekreuzigten, es bedarf des Ostergeschehens und der Geschichten davon, damit auch sie den Weg Jesu *aus den Schriften* erlesen. Das Eselchen, auf das sich Jesus setzt, kommt ja nicht wie gerufen, sondern wie herbeizitiert, nämlich aus dem Buch des Propheten Sacharja. Darauf weist ein Mix von Worten aus Jes 40,9; Sach 9,9 und Zef 3,14-18 hin. Es wimmelt ja nicht nur von Menschen, sondern ebenso von Schriftzitaten in dieser Szene. Wie anders könnten Jesu Schüler das

Weltkönigtum des Gottes Israels im verwundbar-verwegenen Messias auf dem Eselchen wahrnehmen?!

Abseits der Menge der »Hosianna«-Rufenden steht noch eine zweite Gruppe: die Pharisäer. Die aber haben das letzte Wort in diesem Passionsakt. Indem sie untereinander ihr bisheriges Scheitern eingestehen – »Ihr seht, dass ihr nichts ausrichtet« –, sind sie uns womöglich in unseren eigenen Ohnmachtserfahrungen, etwa angesichts von Kriegstreibern und Populistinnen, näher als die Menge mit ihrer feierlichen Königsproklamation. Und stehen die Pharisäer nicht auch einem Jesus nahe, der diese subversiv unterreitet? Ihre Beobachtung »Alle Welt läuft ihm nach« ist doch auch ein Jesuszeugnis.

Und ich? Werde auch ich eine, die dem Eselchen-Reiter nachläuft und dabei, wie es der Heidelberger Katechismus vom königlichen Amt der messianischen Menschen sagt, »mit freiem Gewissen in diesem Leben gegen die Sünde und den Teufel streite[t]«, also Widerstand leistet gegen das Böse – furchtlos und friedfertig, trotzig und getrost?

TAG DER EINSETZUNG DES HEILIGEN ABENDMAHLS – GRÜNDONNERSTAG
LUKAS 22,39-46

Dietrich Sagert

Und er ging nach seiner Gewohnheit hinaus an den Ölberg. Es folgten ihm aber auch die Jünger. Und als er dahin kam, sprach er zu ihnen: Betet, dass ihr nicht in Anfechtung fallt!

Und er riss sich von ihnen los, etwa einen Steinwurf weit, und kniete nieder, betete und sprach: Vater, willst du, so nimm diesen Kelch von mir; doch nicht mein, sondern dein Wille geschehe! [Es erschien ihm aber ein Engel vom Himmel und stärkte ihn. Und er geriet in Todesangst und betete heftiger. Und sein Schweiß wurde wie Blutstropfen, die auf die Erde fielen.]

Und er stand auf von dem Gebet und kam zu seinen Jüngern und fand sie schlafend vor Traurigkeit und sprach zu ihnen: Was schlaft ihr? Steht auf und betet, damit ihr nicht in Anfechtung fallt!

Wenn die alten Ölbäume im Garten Gethsemane erzählen könnten…

Es ist nicht so sehr die Frage danach, ob Jesus sich allein von allen Jüngern entfernte, um zu beten, oder ob er noch eine Gruppe von dreien mit sich nahm, um schließlich allein zu beten. Auch die Dreierkomposition des Gebetes als Parallele zu den drei Versuchungen bei Matthäus und Markus, im Unterschied zu nur einem Gebet bei Lukas, mutet eher als Frage nach literarischer Gestaltung an.

Es geht auch nicht um Fragen der Darstellbarkeit der Szene. Sie ist vielfältig gezeichnet, in Holz geschnitten und gemalt worden. Auch die Frage nach der Haltung, in der Jesus betete, ist vielfältig vorgestellt worden. Sie reicht von hoch aufgerichtet mit erhobenen Händen über abgewendet kniend bis zu auf den Boden niedergeworfen liegend. Übrigens sind viele Darstellungen ohnehin synoptisch komponiert, also mit der Engelserscheinung nach Lukas.

Die aufregendste Darstellung ist die von Vincent van Gogh. Er malte 1889 einen Olivenhain,[1] »ohne direkt auf den historischen Garten von Gethsemane loszugehen«, wie er in einem Brief dazu bemerkte. Das heißt, ohne die biblische Szene zu zeigen, die man sich ja dazudenken könne.

»Was ereignet sich hier, wenn man an das, was man direkt nicht mehr sieht, doch denken kann?«, fragt Alex Stock. »Ist das Bild eine landschaftliche Metapher des biblischen Gethsemane? Das Ineins von Todesangst und Engelstrost, Widerstand und Einwilligung ereignet sich als Drama einer Landschaft zwischen Himmel und Erde, ohne dass man die Figuren jener alten Historie noch namhaft machen müsste? Ist das kontingente Gewand jener alten Geschichte abzustreifen, damit die darin eingekleidete Weltpassion als allgemeine und heutige sichtbar wird? Van Goghs ›Olivenhain‹ ist ohne den bewussten Rekurs auf die besondere christliche Überlieferung zu realisieren. Für die theologische Wahrnehmung, die ja von bestimmter geschichtlicher Erinnerung nicht lassen kann, tritt das Bild neben die älteren Ölbilder, um in unantastbarem Abstand zu ihnen den Fortgang der Passionsgeschichte auf Erden zu bezeugen.«[2]

Das klingt zeitgenössisch, öffnet den Blick auf die heutige Welt – eine andere haben wir nicht – und sucht »darin die wahren Verhältnisse der menschlichen Gestalt«[3] aufzufinden, wie van Gogh es in seinem Bild vom Olivenhain suchte.

Diese Frage nach den wahren Verhältnissen der menschlichen Gestalt in dieser Welt eröffnet einen theologischen Abgrund: »Dass Jesus sich aufbäumt, noch nicht dem Äußersten sich gebeugt hat, ist weder von der theologischen Exegese noch von der Frömmigkeit der beiden Jahrtausende vollends ernst genommen worden. Das jedoch nicht nur, weil alles eine im Schoß der Gottheit ausgetragene und abgemachte Entschließung des Heilswillens zu sein schien, etwas wie ein Gesetz, gegen das sich zu stellen auch für den Menschensohn Jesus Schuld und Abfall gewesen wäre, hätte es sich auch nur denken lassen. Dieser Jesus in Gethsemane hatte es gedacht! [...] Ihm dies abzusprechen, weil er doch alles sicher gewusst habe, hieße den ganzen Ansturm des Niederfalls vor dem Vater zur bloßen erbaulichen Phrase gemacht zu haben.«[4]

Diese theologische Erbaulichkeit identifiziert der Philosoph Hans Blumenberg zielsicher als »Schwäche« der »ganzen theologischen Tradition«[5]. Alles käme demnach darauf an, »dieses Versagen als eines der Theologie, ihrer Flucht vor den Zumutungen des heiligen Textes zu verstehen«. Um dieser Diagnose im Verhältnis zur Szene im Garten Gethsemane zu entgehen, verweist er auf den Zusammenhang mit der »exegetische[n] Trägheit vor der Sechsten Bitte des einzigen von Jesus selbst gelehrten Gebetes«, das ja selbst auch eine »Vateranrufung« ist.[6]

»Im Herrengebet wird der Beter von Jesus dazu angehalten zu tun, was er im Garten Gethsemane auch tun wird: Gott um Entlassung aus der Erprobung des Gehorsams zu bitten. Dazu haben die Exegeten freilich hervorgehoben, für Jesus sei es mit der Erprobung insofern den anderen nicht vergleichbar gewesen, als er der Gefahr der Schuld nicht ausgesetzt gewesen war. Diese Verharmlosung ist die Wurzel aller nachfolgenden Abschwächungen.«[7]

Die Verharmlosung besteht darin, »den sich dem Heilswillen des Vaters versagenden Jesus nicht ernst nehmen« zu können, »ohne die blasphemische Prämisse zuzulassen«, dass »Jesus hätte Sünder werden können«[8].

Die Szene am Ölberg in diesem Sinne zu lesen, bedeutet, »das Wort von der Versuchlichkeit Jesu in seinem ›Realismus‹ stehen zu lassen«[9]. Er ist nämlich nicht nur scheinbar Mensch geworden, sondern bis hin zur Versuchlichkeit. Sie gehört zu den wahren Verhältnissen der menschlichen Gestalt.

Wenn die alten Bäume im Garten Gethsemane erzählen könnten …

[1] Vincent van Gogh (1853–1890), Olivenhain, 1889, Öl auf Leinwand, 8,3 x 13,3 cm, Kunstmuseum, Göteborg.

[2] Alex Stock, Poetische Dogmatik. Christologie, 3. Leib und Leben, Paderborn 1998, S. 163.

[3] Briefstellen von van Gogh zitiert nach Alex Stock, a.a.O., S. 162.

[4] Hans Blumenberg, Matthäuspassion, Frankfurt/M. [8]2015, S. 195.

[5] Ebd. Für unsere Skizze zum Text nach Lukas habe ich alle spezifisch matthäischen Zusammenhänge der Argumentation weggelassen. Sie fallen noch deutlicher aus.

[6] A.a.O., S. 197.

[7] Ebd.

[8] Ebd.

[9] A.a.O., S. 198.

TAG DER KREUZIGUNG DES HERRN – KARFREITAG
KOLOSSER 1,13-20

Holger Pyka

Er hat uns errettet aus der Macht der Finsternis und hat uns versetzt in das Reich seines geliebten Sohnes, in dem wir die Erlösung haben, nämlich die Vergebung der Sünden.
Er ist das Ebenbild des unsichtbaren Gottes,
der Erstgeborene vor aller Schöpfung.
Denn in ihm wurde alles geschaffen,
was im Himmel und auf Erden ist,
das Sichtbare und das Unsichtbare,
es seien Throne oder Herrschaften
oder Mächte oder Gewalten;
es ist alles durch ihn und zu ihm geschaffen.
Und er ist vor allem,
und es besteht alles in ihm.
Und er ist das Haupt des Leibes, nämlich der Gemeinde.
Er ist der Anfang,
der Erstgeborene von den Toten,
auf dass er in allem der Erste sei.
Denn es hat Gott gefallen, alle Fülle in ihm wohnen zu lassen
und durch ihn alles zu versöhnen zu ihm hin,
es sei auf Erden oder im Himmel,
indem er Frieden machte durch sein Blut am Kreuz.

Hymnen sind verdächtig geworden. Das gilt vor allem für Nationalhymnen, in denen es von überkommenen Feindbildern und martialischer Kriegsmetaphorik (die französische Nationalhymne ist ursprünglich als *Chant de guerre pour l'armée du Rhin* gedichtet worden) oft nur so wimmelt und bei denen in Zeiten erstarkender nationalistischer und nationalchauvinistischer Tendenzen manch dissonanter Nachklang im Ohr bleibt. Das gilt auch für Lobeshymnen anlässlich runder Geburts- oder Todestage berühmter Persönlichkeiten: Die großen Heldensagen haben in der Postmoderne ausgedient. Jüngere Comic-Verfilmungen aus den Universen von Marvel und DC zeichnen ihre Hauptfiguren als gebrochene Charaktere, die weitaus häufiger (und weitaus weniger erfolgreich) gegen die Finsternis im eigenen Leben ankämpfen als gegen die finsteren Machenschaften krimineller Banden.

Auch der Christushymus des Kolosserbriefs steht zunächst quer zu dem, was in Zeiten von Pandemien und Kriegen als predigtfähiges und hilfreiches Jesusbild erscheint. Wie im von Kreuzzügen, Kriegen und Pest gebeutelten Hoch- und Spätmittelalter der vom Leid gezeichnete Schmerzensmann im Zentrum christlicher Kunst und Verkündigung stand, scheint auch in der Gegenwart der Gekreuzigte vor allem nach Markus und Matthäus die Frage ins Wort zu bringen, die Menschen sich stellen: »Mein Gott, mein Gott, warum hast du mich verlassen?«

Und doch macht auch bei Hymnen der Ton die Musik und entscheidet der Kontext darüber, wie sie gesungen und gehört werden. Das gilt für regelrechte Gesangbuch-Marseillaisen genauso. Luthers *Ein feste Burg ist unser Gott* (EG 362) bekommt einen anderen Klang, je nachdem, wie man sich seine Entstehungssituation vorstellt: Ob als Vertrauenslied, das den Mut der die Pest fürchtenden Gläubigen stärken soll, oder als Kampfgeschrei gegen den »Türken vor Wien«. Auch das als »Marseillaise der Hugenotten« bekannte *Anbetung, Ehre, Dank und Ruhm* (EG 281,3, der *psaume des batailles*) klingt eher trotzig und getrost als triumphierend, wenn man sich dabei eine kleine Schar verfolgter Hugenotten vorstellt, die sich diese Zeilen in einem heimlichen Gottesdienst irgendwo in einem Privathaus vorsingen.

Geradezu subversiv erscheint der Christushymnus des Kolosserbriefs im Karfreitagsgottesdienst: Wo gerade noch das Sterben des Gekreuzigten und »die Sünde groß« beweint (EG 76) wurden, schwingt sich der Text gedanklich in luftige Höhen hinauf. Sprachlich und inhaltlich ist er komplett in Dur gehalten, von der vielbesungenen Sünde ist nur im Rahmen ihrer Vergebung die Rede. Mehr noch: Er stellt die auf Golgatha vermeintlich herrschenden Verhältnisse auf den Kopf. Zwar hat, wie Michael Welker betont, ein unheilvolles Zusammenspiel von politischen Machthabern, religiösen Eliten und Volkes Wille Jesus ans Kreuz gebracht, und zwar scheint es nicht nur an Karfreitag, als haben sie gewonnen. Doch der mal beruhigend brummende, mal fröhlich trompetende Cantus firmus dieser Hymne erzählt eine andere Geschichte. Er singt von *Thronen und Herrschaften*, von *Mächten und Gewalten*, die *in Christus* geschaffen, das heißt ihm untergeordnet und meilenweit unterlegen sind. Er stimmt die Musik an, die dort in der Luft liegt, wo die Christinnen und Christen längst schon hingehören: *im Reich des geliebten Sohnes*, an dessen Grenze ein erstaunlich freundlicher Zollbeamter das Lebensgepäck durchsucht, alles unnötig Schwere, alle unfreiwilligen Souvenirs eines oft im Zwielicht gelebten Lebens, alles Undichte und Tropfende und Verderbliche herausholt und ein für alle Mal entsorgt.

In meiner Kölner Heimat können die Älteren noch Geschichten davon erzählen, wie die Katholiken am Karfreitag demonstrativ die Autos vor der Garage wuschen und das Radio laut aufdrehten – dieses halb boshafte, halb lächerliche Spiel ging allerdings regelmäßig unentschieden aus: Die *Blauköpp* (Protestanten) rächten sich nämlich umgehend mit Grillfesten und Gartenarbeit an Fronleichnam. Und auch heute ist der per Gesetz »stille« Karfreitag alles andere als unumstritten.

Ich hänge an diesem stillen Tag, an dem die Welt einmal kurz den Atem anzuhalten scheint. Aber mit dem Christushymnus im Ohr wird mir deutlich, dass das längst nicht die einzige Art ist, diesen Feiertag gebührend zu begehen. Was, wenn Menschen mit diesem Lied auf den Lippen aus dem Gottesdienst herauskämen und damit laut oder leise, schief oder virtuos gegen all die Gesänge der Mächte und Gewalten ansingen würden? *Es besteht alles in ihm* gegen den peitschenden Takt spätkapitalistischer Steigerungslogiken und Eskalationstendenzen (Hartmut Rosa)? *Indem er Frieden machte durch sein Blut am Kreuz* gegen die Marschtrommeln vermeintlich unvermeidlicher »Friedensmissionen«? *Alles zu versöhnen zu ihm hin, es sei auf Erden oder im Himmel* gegen die grölenden Nationalgesänge, die wieder ein »wir« gegen ein »die« heraufbeschwören wollen? Aus dem Cevennenkrieg (1702–1705) berichtet ein katholischer Offizier von der Wirkung solcher Hymnen: »Wenn diese Satanskerle anfingen ihr verdammtes Lied [EG 281] zu singen, waren wir nicht mehr Herr unserer Leute. Sie flohen, als ob alle Teufel ihnen auf den Hacken säßen.« Es wäre ein Karfreitag, der damit ernst machte, dass wir, wie Christoph Blumhardt sagt, *Protestleute gegen den Tod* sind.

Wie gesagt: Hymnen sind verdächtig geworden. Manche aus gutem Grund. Aber manche verdienen es doch, gesungen zu werden. Und manche sind bitter nötig.

KARSAMSTAG
JOHANNES 19,(31-37)38-42

Gerlinde Feine

[Weil es aber Rüsttag war und die Leichname nicht am Kreuz bleiben sollten den Sabbat über – denn dieser Sabbat war ein hoher Festtag –, baten die Juden Pilatus, dass ihnen die Beine gebrochen und sie abgenommen würden. Da kamen die Soldaten und brachen dem ersten die Beine und auch dem andern, der mit ihm gekreuzigt war. Als sie aber zu Jesus kamen und sahen, dass er schon gestorben war, brachen sie ihm die Beine nicht; sondern einer der Soldaten stieß mit einer Lanze in seine Seite, und sogleich kam Blut und Wasser heraus.

Und der das gesehen hat, der hat es bezeugt, und sein Zeugnis ist wahr, und er weiß, dass er die Wahrheit sagt, damit auch ihr glaubt. Denn das ist geschehen, damit die Schrift erfüllt würde (2. Mose 12,46): »Ihr sollt ihm kein Bein zerbrechen.« Und ein anderes Schriftwort sagt (Sach 12,10): »Sie werden auf den sehen, den sie durchbohrt haben.«]

Danach bat Josef von Arimathäa, der ein Jünger Jesu war, doch heimlich, aus Furcht vor den Juden, den Pilatus, dass er den Leichnam Jesu abnehmen dürfe. Und Pilatus erlaubte es. Da kam er und nahm den Leichnam Jesu ab. Es kam aber auch Nikodemus, der vormals in der Nacht zu Jesus gekommen war, und brachte Myrrhe gemischt mit Aloe, etwa hundert Pfund. Da nahmen sie den Leichnam Jesu und banden ihn in Leinentücher mit Spezereien, wie die Juden zu begraben pflegen. Es war aber an der Stätte, wo er gekreuzigt wurde, ein Garten und im Garten ein neues Grab, in das noch nie jemand gelegt worden war. Dahin legten sie Jesus wegen des Rüsttags der Juden, weil das Grab nahe war.

Nach Mutters Tod haben sie erst einmal eine Kerze angezündet. Daneben steht ein kleiner Teller mit einem Stück Brot und ein Glas mit einer klaren Flüssigkeit. Die Tochter sieht meinen fragenden Blick und nickt: »Wodka«; so wolle es der Brauch aus der alten Heimat. »Es ist doch wichtig, dass alles so gemacht wird, wie es sein soll, wenn jemand stirbt!«

Brot und Schnaps und eine brennende Kerze überbrücken die Zeit zwischen Tod und Begräbnis. Wer trauert, erlebt diese Tage besonders intensiv. Rituale helfen dabei: Verhüllte Spiegel, angehaltene Uhren oder auch der Seelenproviant, den die Wolgadeutschen bereitstellen. Dass alles schnell gehen muss, obwohl doch die Zeit stehengeblieben scheint, sorgt für eine gespannte Atmosphäre. Doch nur, wenn alles so gemacht worden ist, wie es sein soll, kann man später ins Leben zurückkehren.

So eine Zwischen-Zeit ist auch der Karsamstag. In vielen Gegenden sind noch Bräuche lebendig, die das veranschaulichen: Die Glocken schweigen. Die Orgel bleibt stumm. Kein Abendmahlsgottesdienst, keine Kasualien. Vielleicht eine Vesper, eine kleine Andacht zum Innehalten, wo doch im Hintergrund schon die Vorbereitungen für Ostern laufen.

Der bei Johannes überlieferte Predigttext schildert die sehr kurze Zeitspanne zwischen Jesu Tod und seinem Begräbnis so ausführlich wie kein anderes Evangelium. Wo es Abweichungen zu den Synoptikern gibt, liegt das an der Deutung des Todes Jesu in der Johanneischen Gemeinde: Selbst vermeintliche Nebensächlichkeiten können als Reaktion auf eine theologische Frage gelesen werden. Zwar passen die, die zu Beginn auf die Kreuzesabnahme drängen, ebenso wie der Augenzeuge, der sich rückblickend meldet, gut zu einem historischen Bericht. Doch geht es immer auch darum, »dass alles so gemacht wird, wie es sein soll«, bei diesem einen Toten, dass alle Schriftworte erfüllt und alle Verknüpfungen mit anderen Ereignissen eingehalten werden.

Nur Johannes berichtet davon, dass den Gekreuzigten die Beine gebrochen werden sollen, um das Sterben zu beschleunigen. Dass ausgerechnet der in der Mitte als Letzter an die Reihe kommt, ist merkwürdig. Aber Jesus, der für Pilatus wohl überraschend schnell gestorben ist, bleibt dabei unversehrt. Das festzuhalten ist wichtig, denn er ist das eigentliche Passalamm, das unbemerkt von der Schächtung tausender makelloser Tiere im nahegelegenen Tempel den alles entscheidenden Opfertod stirbt. Die johanneische Chronologie der Ereignisse lässt daran keinen Zweifel. Zudem spielt der Ysopzweig aus V. 29 auf die Exoduserzählung an (dort wird das Blut der Opferlämmer mit Ysopbüscheln zur Rettung der Menschen an die Türstöcke der Häuser gestrichen). So wird bestätigt, was schon ganz zu Anfang über Jesus gesagt wurde (Joh 1,29): »Siehe, das ist Gottes Lamm, das der Welt Sünde trägt.«

Auch der stattdessen gesetzte Lanzenstich dient nicht allein dazu, Jesu Tod zweifelsfrei zu beweisen. Dass aus der Wunde Blut und Wasser austreten, verweist auf die Sakramente Taufe und Abendmahl: »Christi Blut, für dich vergossen« (vgl. Joh 6,53ff) und »Wasser, das in das ewige Leben quillt« (Joh 4,13f). Schließlich belegt das Zitat aus Sacharja 12,10, dass »der, den sie durchbohrt haben«, sich als der Messias Israels offenbaren wird.

Alles, was an dem toten Jesus geschieht oder unterbleibt, unterstreicht die Deutung seines Todes aus nachösterlicher Perspektive. Dabei stimmen auch die Details: Der Leichnam, den Josef von Arimathia schließlich mitnehmen darf, wird nicht, wie es üblich gewesen wäre, gewaschen und gesalbt, ehe man ihn mit Tüchern umwickelt. Die Salbung hat ja schon stattgefunden im Vorgriff auf den Tod (Joh 12,1-8). Schon damals wurde außerordentlich kostbares Öl verwendet. Jetzt bringt Nikodemus eine ebenso wertvolle Mischung aus Myrrhe und Harz in ungewöhnlich großer Menge, um sie zwischen die einzelnen Lagen des Tuchs zu legen, in das sie Jesus einwickeln. Nur Könige werden so aufwendig bestattet. Für sie findet man ein Grab, das vorher noch nicht belegt gewesen war – eine besondere Geste der Verehrung für einen, der zum Kreuzestod verurteilt wurde und dem daher nur ein Grab bei den anderen Hingerichteten zugestanden hätte.

Doch die beiden Männer, die Johannes als »heimliche Schüler Jesu« vorstellt, behandeln den Leichnam Jesu voller Ehrerbietung. Dabei setzen sie die eigene Teilnahme am Passamahl aufs Spiel. Gleichzeitig sind sie auch die Einzigen, die diesen Liebes-Dienst tun können: Familie und Freundeskreis haben sich zerstreut. Auch die Frauen, die bei den Synoptikern die Szene beobachten, werden nicht erwähnt.

Doch Josef und Nikodemus, beide Mitglieder des Synhedriums, wissen, was gemacht werden muss, damit es so ist, wie es sein soll. Obwohl sie weder im Prozess noch später öffentlich für Jesus eingetreten sind und obwohl es keine Belege dafür gibt, dass sie sich nach Ostern der Gemeinde angeschlossen hätten, tun sie alles dafür, dass Jesus ein königliches Begräbnis erhält. Sie handeln schnell und unter Zeitdruck und sorgen doch dafür, dass alles Notwendige in Ruhe und Würde geschieht. Denn es ist Gottes Sohn, der da gestorben ist, verherrlicht am Kreuz und damit angekommen am Ziel seines Weges. Das muss ins Bewusstsein kommen, bevor es Ostern werden kann. Auch das soll der Bericht des Johannes zeigen.

Karsamstag ist der Tag, den man aushalten muss zwischen der Grabesstille nach Jesu Tod und der Geschäftigkeit der Ostervorbereitungen. Das eigentliche Drama spielt sich gewissermaßen »hinter den Kulissen« ab. Sichtbar wird der Sieg des Lebens über den Tod erst am Ostermorgen. Die Zwischen-Zeit brauchen wir, um das Geschehene zu verstehen und um Jesus zu trauern, bevor wir zurückkehren ins Leben.

Vielleicht stelle ich diesmal ein Tellerchen mit Brot und ein Schnapsglas neben die Kerze, die schon für die Osternacht vorbereitet ist. »Denn es ist wichtig, dass alles so gemacht wird, wie es sein soll, wenn jemand stirbt.«

OSTERNACHT
JESAJA 26,13-14(15-18)19

Christoph Levin

HERR, unser Gott, es herrschen wohl andere Herren über uns als du, aber wir gedenken doch allein deiner und deines Namens. Tote werden nicht lebendig, Schatten stehen nicht auf; denn du hast sie heimgesucht und vertilgt und jedes Gedenken an sie zunichtegemacht. [Du hast vermehrt das Volk, HERR, vermehrt das Volk, hast deine Herrlichkeit bewiesen und weit gemacht alle Grenzen des Landes.

HERR, in der Trübsal suchten sie dich; als du sie gezüchtigt hast, waren sie in Angst und Bedrängnis. Gleich wie eine Schwangere, wenn sie bald gebären soll, sich windet und schreit in ihren Schmerzen, so geht's uns auch, HERR, vor deinem Angesicht. Wir sind auch schwanger und winden uns, und wenn wir gebären, so ist's Wind. Wir können dem Lande nicht helfen, und Bewohner des Erdkreises können nicht geboren werden.]

Aber deine Toten werden leben, deine Leichname werden auferstehen. Wachet auf und rühmet, die ihr liegt unter der Erde! Denn ein Tau der Lichter ist dein Tau, und die Erde wird die Schatten herausgeben.

BEFREITE SCHATTEN

Die Nacht vor Ostern vermittelt eine Ahnung, was es bedeutet, wenn die Welt ohne Gott ist. Mit dem Tod Jesu am Kreuz hat sich für den Augenschein die Gottesfrage erledigt. Jean Paul lässt die Toten den toten Christus fragen: »Christus! ist kein Gott?« Der tote Christus ist derjenige, der diese Frage beantworten kann. Er antwortet: »Es ist keiner.« »Ich ging durch die Welten, ich stieg in die Sonnen und flog mit den Milchstraßen durch die Wüsten des Himmels; aber es ist kein Gott. Ich stieg herab, soweit das Sein seine Schatten wirft, und schauete in den Abgrund und rief: ›Vater, wo bist du?‹ aber ich hörte nur den ewigen Sturm, den niemand regiert.«[1] Bei Jean Paul ist es ein Alptraum, aus dem er bei Glockenschlag glücklich erwacht. »Meine Seele weinte vor Freude, dass sie wieder Gott anbeten konnte.« Anders die Jünger, die das grausame Sterben ihres Meisters erfuhren. Er hatte die nahe gekommene Gottesherrschaft verkündet, und mehr: Er hatte sie mit seiner Person gelebt. Jetzt war er tot, zu Tode gequält. Sie hatten ihn vor Entsetzen verlassen und waren geflohen. Es war alles umsonst gewesen.

In den Abgrund haben auch jene geblickt, die den Abschnitt aus Jesaja 26 geschrieben haben. Schon der erste Satz schreit. Er spielt auf Davids Bekenntnis in 2. Samuel 7,22 an: »Es gibt keinen Gott – außer dir (hebr. *zûlātækā*)!« Stattdessen jetzt (wörtlich übersetzt): »HERR, unser Gott, es besitzen uns Herren außer dir (hebr *zûlātækā*).« Besessen zu werden, fremdbestimmt zu sein und nicht sein eigener Herr, gehört zum Schlimmsten. Die Fremdherrschaft kann viele Ursachen haben: Krankheit, Hunger, materielle Not, Diskriminierung, unerträgliche Arbeitsbedingungen, Konflikte in der Familie, Unfreiheit und Verfolgung. Angesichts dieser Erfahrungen entpuppt sich die Gottesherrschaft als Anspruch ohne Durchsetzungskraft, der an der Wirklichkeit zerschellt.

Für die Verfasser von Jesaja 26 war es vor allem die politische Unterdrückung und Verfolgung. Die Hilflosigkeit ist überwältigend. Es ist wie Wehen unter der Geburt: ein drastisches Bild, das für die vollständige Wehrlosigkeit steht. Eine Gebärende ist den Wehen ausgeliefert. Nicht wenige Frauen starben daran. Doch selbst dieses Bild reicht nicht hin, die Lage zu ermessen. Es geht um mehr als den Geburtskampf einer einzelnen Frau. Alle miteinander liegen in Wehen. Und der Schmerz wird nicht aufgewogen durch das Glück der Geburt. Was unter Qualen herauskommt, ist Luft. »Wir können dem Lande nicht helfen.« Diese Ohnmacht ist nicht zu ertragen. Sie befällt sogar diejenigen, die nicht unmittelbar betroffen sind. Man will zupacken, etwas bewirken und zum Guten verändern, und sei es unter Schmerzen und Opfern, kann aber nur zusehen und wird damit selber zum Opfer.

Die Schilderung des Schreckens verheddert sich in ihren Bildern. Doch am Ende findet sie aus dem Gewirr. Dazu trägt bei, dass hier nicht ein einsames Ich, sondern ein Wir spricht und dass dieses Wir sich vom ersten bis zum letzten Satz an Gott wendet: »HERR, unser Gott! Wir gedenken allein deiner und deines Namens.« Der Text ist ein Gebet. Die Beter schreien ihrem Gott ihre Klage ins Gesicht. Sie erinnern sich an ihn, und sie erinnern ihn daran, dass und wie er einst seine Herrlichkeit bewiesen und sein Volk aus Trübsal und Angst in die Weite geführt hat. Entscheidend ist, dass dieser Rückblick nicht über den Verlust einer idealen Vergangenheit hadert. Er bringt Gottes Macht, weil er sie vehement vermisst, zur Geltung.

Dabei verliert sogar die Allerweltsweisheit »Tote werden nicht lebendig, Schatten stehen nicht auf« ihre definitive Bedeutung. Gewiss, »alle Menschen sind sterblich«. »Aber deine Toten werden leben, deine Leichname werden auferstehen. Die Erde wird die Schatten herausgeben.« Das klingt wie eine Beschwörung, die angesichts einer Welt voll ungesühnter Gräuel zum Himmel schreit. Während ich dies schreibe, geht das Entsetzen über die Nachrichten aus der Ukraine um die Welt. Wer die verwesenden Leichen sieht, die auf den Straßen der zerbombten Städte liegen, kann nur zu Gott schreien: »Deine Toten sollen leben!« Kann das mehr sein als ein verzweifelter Wunsch?

Im Hebräischen steht »mein Leichnam«. Diese Lesart scheint nicht in den Satz zu passen und wird deshalb allgemein in »deine Leichname« geändert. Sie zeigt aber, dass die Aussage sich in doppelter Weise verstehen lässt: als Hoffnung, die sich an Gott richtet: »Deine Toten werden leben, mein Leichnam wird auferstehen«, und als Verheißung Gottes, die sich an sein Volk richtet: »Deine Toten werden leben, deine Leichname auferstehen.« Beides geht ineinander über. Aus der Hoffnung, und sei sie noch so sehr gegen den Augenschein, wird Gottes Verheißung.

Die Wiederbelebung geschieht unscheinbar, nicht spektakulär. Das Bild dafür ist der Tau. Während der Regen in Palästina nur im Herbst und Winter fällt, schlägt sich der Tau alle Morgen aus der Nachtkühle nieder. Seinetwegen kann man in der Dürrezeit überleben. »O Gott, ein' Tau vom Himmel gieß, im Tau herab, o Heiland, fließ.«

Eigenartig ist die Verbindung des Taus mit den Lichtern. Es ist, als sei das erste Werk der Schöpfung, mit dem das Leben beginnt, nicht hereingebrochen wie das volle Sonnenlicht, sondern nur der Widerschein des bevorstehenden Sonnenaufgangs gewesen, ein Glitzern der Tautropfen im Morgenrot.

Die Hoffnung hält sich an das Unscheinbare und gewinnt gerade so ihre Kraft. »Deine Toten werden leben.« Das ist nicht die Überwindung unserer Sterblichkeit. Es sind die Toten, die leben werden, so wie der auferstandene Christus nicht die Unsterblichkeit verkörpert, sondern als Toter lebt und die Nägelmale vorweist, die seither die unveräußerlichen Kennzeichen seiner Person sind. Was bedeutet das?

»›Gott selbst ist tot‹ heißt es in einem lutherischen Liede; damit ist das Bewusstsein ausgedrückt, dass das Menschliche, Endliche, Gebrechliche, die Schwäche, das

Negative göttliches Moment selbst sind, dass es in Gott selbst ist, dass die Endlichkeit, das Negative, das Anderssein nicht außer Gott ist und als Anderssein die Einheit mit Gott nicht hindert« (Georg Wilhelm Friedrich Hegel).[2]

Wenn es so etwas gibt wie den Sieg über den Tod, dann so, dass Gott, der Ursprung meines Lebens, selber den Tod erlitten hat. So, nur so, bin ich dem Tod nicht mehr preisgegeben. Wie ich mein Dasein aus Gott dem Schöpfer empfange, der mein Noch-nicht-Sein in sich trug, »da ich noch nicht geboren war«, so wird mein Nicht-mehr-Sein zur Einheit mit Gott. »Nichts kann uns scheiden von der Liebe Gottes.« Das gilt nicht nur für die, die es glauben und das Bewusstsein teilen. Es gilt für jedermann.

O Gott, schließ um mich deinen Mantel fest.
Ich weiß, ich bin im Kugelglas der Rest,
Und wenn der letzte Mensch die Welt vergießt,
Du mich nicht wieder aus der Allmacht läßt,
Und sich ein neuer Erdball um mich schließt.
(Else Lasker-Schüler)[3]

[1] Rede des toten Christus vom Weltgebäude herab, dass kein Gott sei, in: Jean Paul, Sämtliche Werke. Bd. I 2, hg. v. Norbert Miller, München 1996, 273.

[2] Vorlesungen über die Philosophie der Religion. Teil 3: Die vollendete Religion, hg. Walter Jaeschke, Hamburg 1995, 249f.

[3] Werke und Briefe. Bd. 1,1, Frankfurt a.M. 1996, 190.

TAG DER AUFERSTEHUNG DES HERRN – OSTERSONNTAG
1. KORINTHER 15,1-11

Johannes Goldenstein

Ich erinnere euch aber, Brüder und Schwestern, an das Evangelium, das ich euch verkündigt habe, das ihr auch angenommen habt, in dem ihr auch fest steht, durch das ihr auch selig werdet, wenn ihr's so festhaltet, wie ich es euch verkündigt habe; es sei denn, dass ihr's umsonst geglaubt hättet.

Denn als Erstes habe ich euch weitergegeben, was ich auch empfangen habe: Dass Christus gestorben ist für unsre Sünden nach der Schrift; und dass er begraben worden ist; und dass er auferweckt worden ist am dritten Tage nach der Schrift; und dass er gesehen worden ist von Kephas, danach von den Zwölfen.

Danach ist er gesehen worden von mehr als fünfhundert Brüdern auf einmal, von denen die meisten noch heute leben, einige aber sind entschlafen. Danach ist er gesehen worden von Jakobus, danach von allen Aposteln. Zuletzt von allen ist er auch von mir als einer unzeitigen Geburt gesehen worden. Denn ich bin der geringste unter den Aposteln, der ich nicht wert bin, dass ich ein Apostel heiße, weil ich die Gemeinde Gottes verfolgt habe. Aber durch Gottes Gnade bin ich, was ich bin. Und seine Gnade an mir ist nicht vergeblich gewesen, sondern ich habe viel mehr gearbeitet als sie alle; nicht aber ich, sondern Gottes Gnade, die mit mir ist. Ob nun ich oder jene: So predigen wir, und so habt ihr geglaubt.

Sie geht mir voran die Treppe hinauf, wo der Altbestand lagert, und zieht sich die Baumwollhandschuhe an: »Das ist vermutlich das älteste, was wir haben.« Behutsam greift sie nach einem Band im Regal, legt ihn aufs Pult und öffnet eine Doppelseite. »Hier: ›...dass Christus gestorben ist für unsere Sünden nach der Schrift; und dass er begraben worden ist; und dass er auferweckt worden ist am dritten Tage nach der Schrift...‹ Das dürfte das älteste Glaubensbekenntnis in der Bibel sein.« Meine Blicke fahren über die Zeilen. »Und dann die Liste der Osterzeugen: Kephas (Petrus) und die Zwölf, dann 500 Brüder (waren ziemlich sicher auch Schwestern dabei), Jakobus und alle Apostel, und Paulus. Die älteste Überlieferung zu Jesu Auferstehung, die wir kennen.« Sie schaut mich an, ich sehe das Leuchten in ihrem Blick. »Wahnsinn«, sage ich.

Auferstehung? Wir haben ja nur das Wort. Überlieferung, keine Erfahrung. Woher kommt der Glaube? Etwa jeder Fünfte in Deutschland glaubt an die Auferstehung Jesu, heißt es. Über die Hälfte rechnet mit einem Weiterleben nach dem eigenen Tod, irgendwie. Ist Jesus wirklich auferstanden und hat sich den Leuten dieser Liste (und anderen) zu erkennen geben? Oder sind die, die ihm damals gefolgt sind, nur von dem Eindruck überwältigt worden, dass das, was Jesus verkörpert hat, mit seinem Tod nicht einfach vorbei sein kann? Kann Gott tatsächlich in die Lebensbedingungen dieser Welt eingreifen?

Wir kennen doch vor allem den Tod. Er ist so ziemlich das Einzige, gegen das wir noch nichts tun können. Wirklich alternativlos. Paulus und die Zeitzeugen, die er aufzählt, sind schon lange entschlafen. Alle. Wir haben mit den Verlusten zu leben gelernt, irgendwie, mit Krankheit und mit der Angst. So gut und so lange es geht, ist der Tod tabu, und für den Rest gibt es Dienstleister, alte

Rituale und neue Lösungen, Diamantbestattung, Reerdigung, und was danach kommt, wer weiß das schon? – Ostern? Da machen wir's uns schön. Häschen und bunt bemalte Eier, Blumen und geschmückte Zweige, ein Nest aus Kresse, Hefezopf, Spargel und Erdbeeren.

Ein ganzes Kapitel lang diskutiert Paulus mit der christlichen Gemeinde, die er in Korinth gegründet hat, über die Auferstehung. Dass Gott Jesus von den Toten auferweckt hat, das macht schließlich den christlichen Glauben aus, damit beginnt er. Das ist so wichtig, dass Paulus sich 58 Verse Zeit dafür nimmt. Er argumentiert und fragt und ermahnt und malt aus... So richtig zur Sache geht es aber erst ab Vers 12, hat man den Eindruck. In den ersten elf Versen, die Predigttext sind, klingt es eher nüchtern und spröde. Jesus Christus ist von den Toten auferweckt. So hat Paulus es überliefert bekommen, so ist es durch die Schrift bezeugt, und so haben Augenzeugen es bestätigt. Und die Leute in Korinth haben's angenommen als die Grundlage ihres Glaubens. Nichts vom leeren Grab. Und von den Begegnungen keinerlei Details. Nur viermal dasselbe griechische Wort, ōphtē, heißt: »Er wurde gesehen« oder »Er hat sich gezeigt«. Mehr nicht. So hab ich's gepredigt, und so habt ihr's geglaubt.

Am emotionalsten und ausführlichsten in diesen elf Versen wird Paulus da, wo es um ihn selbst geht. Seine eigene Begegnung mit dem Auferstandenen schildert er ganz lapidar. »Er hat sich auch mir gezeigt.« Da muss man eigentlich erst Apg 22 lesen oder gleich die Szene in Mendelssohns »Paulus« hören, um einen Eindruck davon zu kriegen, was man sich darunter vorzustellen hat. Aber dann wird er gesprächiger, und es ist zu spüren, was diese Begegnung für ihn und für sein Leben bedeutet hat. »Durch Gottes Gnade bin ich, was ich bin.« »Ich habe viel mehr gearbeitet als sie alle.« Und es gelingt ihm ein ehrlicher Blick auf seine Vergangenheit: »Ich habe die

Gemeinde Gottes verfolgt.« Seine Begegnung mit dem auferstandenen Jesus ist so etwas wie seine eigene Auferstehungsgeschichte mitten im Leben. Dass er sich im Rückblick als »unwürdig« bezeichnet, als einen »Missratenen«, klingt für unsere Ohren irritierend – für Paulus gehört das offenbar dazu.

Auferstehung. Wir haben irgendwie nur Wörter. Überlieferungen. Keine Erfahrung. Woher kommt der Glaube? Bei Paulus lerne ich heute (paradoxerweise?) vor allem dies: dass Argumentieren wenig bringt. Den Glauben daran, dass Jesus auferstanden ist und dass darum auch unser Leben nicht mit dem Tod zu Ende ist – den kann ich nicht herbeidiskutieren. Wie überhaupt die Debatte um die Geschichtlichkeit der Auferstehung Jesu am Kern der Sache vorbeigeht.

Der Kern ist doch dieser: dass Jesus mit der Auferweckung herausgenommen wird aus der Unterwerfung unter die absolut unveränderlichen Kategorien, die wir erleben und für wahr halten: die Grenzen, die die Zeit und der Tod setzen. Für Jesus sind sie außer Kraft, und damit auch für uns. – An den Osterhasen zu glauben ist leichter.

Woher kommt der Glaube? Paulus sagt, durch Gottes Gnade. Der Auferstandene findet dich. Den Paulus hat er auch gefunden. Der, der Fischer, Netzflicker und Zollbeamte zu seinen Jüngern berufen hat, der macht aus seinen Gegnern Apostel. Aus denen, die ihn leugnen, und denen, die nicht mit ihm rechnen. Das ist die Botschaft von der Auferweckung Jesu.

So, und was macht Ostern mit Ihnen?

OSTERMONTAG
LUKAS 24,13-35

Michael Haspel

Und siehe, zwei von ihnen gingen an demselben Tage in ein Dorf, das war von Jerusalem etwa sechzig Stadien entfernt; dessen Name ist Emmaus. Und sie redeten miteinander von allen diesen Geschichten. Und es geschah, als sie so redeten und einander fragten, da nahte sich Jesus selbst und ging mit ihnen. Aber ihre Augen wurden gehalten, dass sie ihn nicht erkannten.

Er sprach aber zu ihnen: Was sind das für Dinge, die ihr miteinander verhandelt unterwegs? Da blieben sie traurig stehen. Und der eine, mit Namen Kleopas, antwortete und sprach zu ihm: Bist du der Einzige unter den Fremden in Jerusalem, der nicht weiß, was in diesen Tagen dort geschehen ist? Und er sprach zu ihnen: Was denn? Sie aber sprachen zu ihm: Das mit Jesus von Nazareth, der ein Prophet war, mächtig in Tat und Wort vor Gott und allem Volk; wie ihn unsre Hohenpriester und Oberen zur Todesstrafe überantwortet und gekreuzigt haben. Wir aber hofften, er sei es, der Israel erlösen werde. Und über das alles ist heute der dritte Tag, dass dies geschehen ist. Auch haben uns erschreckt einige Frauen aus unserer Mitte, die sind früh bei dem Grab gewesen, haben seinen Leib nicht gefunden, kommen und sagen, sie haben eine Erscheinung von Engeln gesehen, die sagen, er lebe. Und einige von denen, die mit uns waren, gingen hin zum Grab und fanden's so, wie die Frauen sagten; aber ihn sahen sie nicht.

Und er sprach zu ihnen: O ihr Toren, zu trägen Herzens, all dem zu glauben, was die Propheten geredet haben! Musste nicht der Christus dies erleiden und in seine Herrlichkeit eingehen? Und er fing an bei Mose und allen Propheten und legte ihnen aus, was in allen Schriften von ihm gesagt war. Und sie kamen nahe an das Dorf, wo sie hingingen. Und er stellte sich, als wollte er weitergehen. Und sie nötigten ihn und sprachen: Bleibe bei uns; denn es will Abend werden, und der Tag hat sich geneigt. Und er ging hinein, bei ihnen zu bleiben.

Und es geschah, als er mit ihnen zu Tisch saß, nahm er das Brot, dankte, brach's und gab's ihnen. Da wurden ihre Augen geöffnet, und sie erkannten ihn. Und er verschwand vor ihnen. Und sie sprachen untereinander: Brannte nicht unser Herz in uns, da er mit uns redete auf dem Wege und uns die Schrift öffnete?

Und sie standen auf zu derselben Stunde, kehrten zurück nach Jerusalem und fanden die Elf versammelt und die bei ihnen waren; die sprachen: Der Herr ist wahrhaftig auferstanden und dem Simon erschienen. Und sie erzählten ihnen, was auf dem Wege geschehen war und wie er von ihnen erkannt wurde, da er das Brot brach.

MIT JESUS IST NOCH ZU RECHNEN

Eigentlich ist alles vorbei: Jesus am Kreuz gestorben. Das Grab leer. Der Bericht der Frauen, dass die Engelwesen Jesu Auferstehung verkündigt haben, zu ungeheuerlich. Die Jünger auf dem Weg nach Emmaus versuchen sich einen Reim darauf zu machen. Warum waren sie eigentlich auf dem Weg nach Emmaus? Wir wissen es nicht. Vielleicht sind sie auf dem Nachhausweg; erzählen sich noch Geschichten von ihrer Zeit mit Jesus und von dessen grausamen Tod. Auf diesem Weg, der sie vom Zentrum des Geschehens wegführt, begegnet ihnen Jesus. Sie erkennen ihn nicht. Das liegt nicht daran, dass er eine Maske aufgehabt hätte. Für sie ist Jesus tot und verschwunden. Es kann also gar nicht sein, dass sie ihm begegnen. Sie rechnen gar nicht (mehr) mit ihm.

Mir erzählte einmal ein Berufswochenpendler, dass er auf dem Bahnhof der nächsten Großstadt, wo er in den ICE umstieg, seinen Nachbarn getroffen und nicht erkannt habe. Sobald er in den Zug steige und Richtung Arbeitsort fahre, würde quasi sein Gehirn in den anderen Kontext umschalten. Vielleicht ist Ihnen das auch schon einmal so gegangen, wenn Sie jemanden in einem völlig unerwarteten Zusammenhang wiedergetroffen haben.

Sie rechnen gar nicht mit ihm. Deshalb erkennen sie ihn nicht. Sie beschreiben Jesus als einen Propheten, »mächtig in Tat und Wort vor Gott und allem Volk« (V. 19). Sie hofften, dass er der Erlöser, der Messias sei. Das leere Grab macht sie rat- und aussichtslos.

Der mitwandernde Jesus versucht, ihnen wie eine Hebamme zur Erkenntnis zu helfen, indem er daran erinnert, dass der Messias in der biblischen Tradition für seine Taten und seine Verkündigung leiden muss. Interessant ist, dass hier noch gar nicht von Auferstehung gesprochen wird. Aber eigentlich haben die Jünger jetzt alle Hinweise, die sie brauchen, um den Mitwandernden als Jesus und Christus zu erkennen. Auch wenn es noch nicht gelingt, finde ich spannend, dass Jesus versucht, ihnen selber zur Einsicht zu verhelfen. Er drängt sich weder auf, noch will er mit Zeichen oder Worten überwältigen. Aber er bietet alles an, was man braucht, um Gott, sich selbst und die Welt zu deuten.

Beim Brotbrechen, da passiert es dann. Plötzlich ist klar, wer der seltsame Gast ist – und da ist er auch schon weg. Er ist gegenwärtig und entzieht sich zugleich: »…als er mit ihnen zu Tisch saß, nahm er das Brot, dankte, brach's und gab's ihnen. Da wurden ihre Augen geöffnet, und sie erkannten ihn. Und er verschwand vor ihnen« (V. 30f.).

Klar. Wir denken sofort an das letzte Abendmahl. Und an die vielen Mahle der frühen christlichen Gemeinden, in denen gemeinsam das Brot gebrochen wurde. Im Brotbrechen wird Jesus erkennbar. Der nach dem Tod Gegenwärtige ist identisch mit dem Propheten Jesus, der heilte und das Reich Gottes ankündigte. Beides gehört zusammen. Das Leben in Liebe und Gerechtigkeit und das Leiden für Liebe und Gerechtigkeit. Das will Lukas hier offensichtlich betonen. Dass das wichtig ist, zeigt sich daran, dass auch heute noch theologische Lehrbücher geschrieben werden, die behaupten, dass für den christlichen Glauben Kreuz und Auferstehung eigentlich genügten. Das irdische Leben Jesu sei nicht relevant für das Heil. Aber der Messias stirbt genau für das, wofür Jesus gelebt hat. Insofern ist dieses letzte Kapitel auch so etwas wie eine Zusammenfassung des Lukasevangeliums. Der Messias ist der, der als Prophet kommt mit dem Evangelium für die Armen, der Blinde sehend macht und die Gefangenen befreit... Die Gute Nachricht *in a nutshell* sozusagen.

Faszinierend ist ja auch die sinnliche Intensität dieser Erzählung. Sie erkennen Jesus nicht auf Grund des gesprochenen Wortes allein. Das Brechen des Brotes, diese ganz elementare Erfahrung des Teilens und Essens, die ist es, bei der es Bingo macht. Plötzlich ist alles klar. Und da ist Jesus auch schon weg. Er braucht gar nicht physisch da zu sein, um die Kraft des Evangeliums spüren zu lassen.

Das erinnert daran, dass das Abendmahl zuerst und vor allem ein Erinnerungsmahl ist. Es verweist uns zurück auf Jesus, den Messias, der trotz physischer Abwesenheit durch seine Liebe wirksam anwesend ist.

Die Erkenntnis wird zur Umkehr. Die Jünger laufen nicht mehr weg und auseinander. Sie kehren zurück nach Jerusalem. Deshalb ist die Entfernungsangabe so wichtig.

Emmaus lag 60 Stadien, also einen Tagesmarsch entfernt. Zurück in Jerusalem treffen sie auf den *inner circle* der Elf. Aber sie kommen gar nicht dazu, von ihrem Erlebnis zu erzählen.

Denn der Auferstandene ist Simon Petrus erschienen. Das ist die erste Botschaft an die Rückkehrer. Die Kraft der Botschaft Jesu ist gegenwärtig auch nach seinem Tod. Das spüren die Jüngerinnen und Jünger jetzt. Und er ist gegenwärtig als der, der im ersten Kapitel des Lukasevangeliums verheißen wurde. Über seine Mutter aus priesterlichem Geschlecht, durch seinen Vater aus dem Hause Davids, aus dem der Messias erwartet wurde, und durch seinen Cousin Johannes ganz in die prophetische Tradition gestellt: Beim Brotbrechen erinnern wir den, den wir als Messias erkennen, der in die Nachfolge auf dem Weg der Liebe, der Gerechtigkeit und des Friedens in das Reich Gottes ruft – und dabei bei uns ist. Mit Jesus ist weiter zu rechnen.

1. SONNTAG NACH OSTERN (QUASIMODOGENITI)
1. MOSE 32,23-32

Ralph Kunz

Und Jakob stand auf in der Nacht und nahm seine beiden Frauen und die beiden Mägde und seine elf Söhne und zog durch die Furt des Jabbok. Er nahm sie und führte sie durch den Fluss, sodass hinüberkam, was er hatte. Jakob aber blieb allein zurück.

Da rang einer mit ihm, bis die Morgenröte anbrach. Und als er sah, dass er ihn nicht übermochte, rührte er an das Gelenk seiner Hüfte, und das Gelenk der Hüfte Jakobs wurde über dem Ringen mit ihm verrenkt. Und er sprach: Lass mich gehen, denn die Morgenröte bricht an. Aber Jakob antwortete: Ich lasse dich nicht, du segnest mich denn. Er sprach: Wie heißt du? Er antwortete: Jakob. Er sprach: Du sollst nicht mehr Jakob heißen, sondern Israel; denn du hast mit Gott und mit Menschen gekämpft und hast gewonnen. Und Jakob fragte ihn und sprach: Sage doch, wie heißt du? Er aber sprach: Warum fragst du, wie ich heiße? Und er segnete ihn daselbst.

Und Jakob nannte die Stätte Pnuël: Denn ich habe Gott von Angesicht gesehen, und doch wurde mein Leben gerettet. Und als er an Pnuël vorüberkam, ging ihm die Sonne auf; und er hinkte an seiner Hüfte.

Am Fluss Jabbok gibt es eine Furt, ein Übergang, den die Reisenden kennen. Wer auf die andere Seite will, geht mit Vorteil dorthin, wo die Querung am wenigsten gefährlich ist. Das Gewässer ist hier seichter. Die Geschichte des Kampfes, den Jakob an dieser Furt ausfechtet, bildet dazu einen gehörigen Kontrast. Von wegen seicht und einfach! Ein Unbekannter packt ihn – ist es Gott, ein Dämon, ein Wegelagerer? – und ringt mit ihm. Seltsam mutet an, dass Jakob den Kampf regelrecht herausgefordert hat. Er hat seine Karawane über den Fluss geführt, ohne bedrängt zu werden. Warum zieht er, nachdem er das sichere Ufer erreicht hat, nicht weiter? Warum »bleibt er allein zurück«?

Die Antwort, die uns die Nachterzählung gibt, ist einigermaßen dunkel. Jakob, so kann man vom glücklichen Ausgang her rückschließen, weiß oder ahnt wohl, dass sich ihm hier – und wirklich nur hier an dieser Furt – die Gelegenheit bietet, Gott am Schopf zu packen. Woher er das weiß? Es ist ihm gegeben, Gelegenheiten, die sich ihm bieten, zu nutzen. Es liegt in seinem Wesen, es ist seine Bestimmung. Er war von Anfang an ein »Fersenhalter«. Dafür steht der Name »Jakob«. »Ja'akow« geht etymologisch auf das hebräische Wort »akew« für »Ferse« zurück. Die Geschichte seiner Geburt erklärt, wie Jakob zu diesem Namen gekommen ist. Er war der zweitgeborene Zwilling, der das Vorrecht des erstgeborenen Esau für sich reklamierte. Das »Fersenhalten« bleibt sein Lebensmotto. Jakob ist ein Kämpfer und Streiter, ein Fighter, der auch ein wenig verschlagen ist in seinen Methoden. Lässt er doch das Ungerade auch einmal gerade sein, wenn es ihm einen Vorteil bringt.

Ist Jakob ein Betrüger? Das würde ihm nicht gerecht. Und die Begründung seines Namens ist auch nicht eindeutig. »Ja'akow« lässt sich auch mit »Gott wird schützen« oder »Gott beschütze« übersetzen.

Nur eine kleine Akzentverschiebung, und das Bild ändert sich. Der eine Jakob ist ein Selfmademan, der andere Jakob ist ein Segensträger, der von Gott auserwählte, bewahrte und mit Verheißungen gesendete Mensch!

Wer ist Jakob? Im Erinnerungsbild der Jabbok-Erzählung ist Jakob ein Glied in der Kette der Segensübertragung. Rückwärts geschaut, steht an dieser Furt alles auf dem Spiel. Es braucht einen Streiter, um den Segen zu retten, den Gott dem Abraham versprochen hat. Wie dünn der Faden ist, wie gefährdet die Verheißung! Hat denen, die diese Segensgeschichte jetzt gerade hören, nicht schon einmal der Atem gestockt? Ist sie nicht schon einmal beinahe abgebrochen, damals auf dem Berg, als Abraham den Isaak opfern sollte? Wie dunkel Gott ist! Unergründlich sind seine Wege. Wer versteht sie? Rückwärts geschaut, wissen wir, warum er Jakob an der Furt erwartet. Die Segensgeschichte muss weitergehen.

Jawohl, wir, die Gesegneten, wissen, dass er seinen Weg nicht abkürzen darf. Jakob aber ahnt es bloß, dass nicht nur sein Glück, sondern auch das Glück seiner Nachkommen und das Glück der Völker davon abhängt, dass er den nicht loslässt, der allein segnen kann. Und so kommt es, dass der Fersenhalter sich zum Kampf bereitmacht, die Oberhand gewinnt und – Gott sei Dank! – einmal mehr einen Deal aushandelt, der für ihn und für uns gut ausgeht. Die Segensgeschichte geht weiter. Erst im Rückblick beginnt das Dunkel sich zu lichten.

Hat uns, die wir an diesem ersten Sonntag nach Ostern die Geschichte Israels hören, nicht schon einmal der Atem gestockt? Als wir das mit Jesus aus Nazaret hörten, die Geschichte von dem, der Israel erlösen sollte? Wir wissen, dass diejenigen, die ihn gekreuzigt haben, nicht wussten, was sie taten. Wir wissen, dass Er seinen Weg nicht abkürzen durfte. Wir wissen, warum er im Garten allein zurückblieb. Denn wir stehen auf der anderen Seite der Furt. Wir schauen zurück und sehen Ihn, der für uns davongekommen ist. Seine Nachterzählung ist für das Volk, das im Dunkeln wandert, zum Licht geworden. Auch für uns!

Weil er den Segen Israels für die Völker gerettet hat. Weil mit seiner Auferstehung die Sonne aufgegangen ist.

Weil wir, wenn wir zurückschauen, vorwärtsschauen zu dem, der uns an unsere Furten, an unseren Übergängen entgegenkommt. Weil auch wir ringen müssen. Es gibt keine Abkürzung! Denn wir kennen sein Gesicht. Er, der mit uns ringt, ist uns nicht fremd, lässt uns nicht los, bis wir gesegnet sind. Haben wir die Oberhand, hat er sie? Wir sind uns nicht sicher, ahnen es nur. Es könnte ihn seine Gottheit kosten. Dass er so viel riskiert, um uns zu segnen? Wir können es nicht fassen. Genau darum glauben wir Ihm Gott. Denn im Widerschein des Angesichts Jesu ahnen wir die Güte Gottes, dessen Wege wir nicht verstehen. Wie sollten wir auch? Hat Jesus Gott verstanden? Wer war sein Gegner, als er in der Furt kämpfte? Wer hielt ihn fest, als er seine Gottverlassenheit hinausschrie? Er betete mit Psalm 22: »Mein Gott, warum hast du mich verlassen?« Der Psalm ist ein Nachtgesicht, zu singen nach der Weise der Morgenröte. Auch dieser Beter hinkt gesegnet weiter:

»Die ihr den HERRN fürchtet, lobt ihn; all ihr Nachkommen Jakobs, rühmt ihn; erschauert vor ihm, all ihr Nachkommen Israels!

Denn er hat nicht verachtet, nicht verabscheut des Elenden Elend. Er hat sein Angesicht nicht verborgen vor ihm; er hat gehört, als er zu ihm schrie.«

2. SONNTAG NACH OSTERN (MISERIKORDIAS DOMINI) 1. PETRUS 5,1-4

Susanne Breit-Kessler

Die Ältesten unter euch ermahne ich, der Mitälteste und Zeuge der Leiden Christi, der ich auch teilhabe an der Herrlichkeit, die offenbart werden soll: Weidet die Herde Gottes, die euch anbefohlen ist, und achtet auf sie, nicht gezwungen, sondern freiwillig, wie es Gott gefällt, nicht um schändlichen Gewinns willen, sondern von Herzensgrund, nicht als solche, die über die Gemeinden herrschen, sondern als Vorbilder der Herde. So werdet ihr, wenn erscheinen wird der Erzhirte, die unverwelkliche Krone der Herrlichkeit empfangen.

Diese biblischen Worte bringen die Aufgabe von Führung und Leitung präzise auf den Punkt. Da wird nicht mit Phrasen jongliert. Es geht zur Sache. Einer mahnt die, die Posten haben, als Erstes auf die Menschen zu achten, mit denen sie es als Gemeindeleitende, als Chefs und Chefinnen in anderen »Unternehmen« zu tun haben. Da geht es nicht um Planerfüllung, um Quoten oder Gewinnmargen. Mitarbeitende, Menschen sind einem anbefohlen – was für ein schönes Wort, das an anvertraut erinnert. Da hat man für das kostbarste Gut zu sorgen, das es gibt: Kleine und Große, Junge und Alte, Starke und Schwache…

Miserikordias Domini heißt der zweite Sonntag nach Ostern, der als Sonntag des Guten Hirten bezeichnet wird. Längst ist das ehemals veraltete Bild des Menschen, der sich um eine Herde von Schafen kümmert, wieder modern. Fernsehen und Internet zeigen junge Frauen und Männer, die diesen Job zeitweise oder für immer übernehmen. Um mal für eine Zeit auszusteigen oder um ganz und gar das Leben anders als gewohnt zu gestalten. Ein schweres Amt: auf Böcke und Mutterschafe zu schauen, die wuseligen Lämmer im Auge zu behalten, mit den Hütehunden zu kommunizieren, sichere Rast- und Futterplätze zu finden – und alle wieder heil ans Ziel zu bringen.

Hirte, Hirtin sein im konkreten oder übertragenen Sinn: eine ehrenvolle Pflicht, die man nicht genervt oder gelangweilt ausüben sollte, sondern gerne und freiwillig. Mit Freude an den Einzelnen mit ihren anstrengenden Macken, mit vergnügter Neugier an der Gruppe und ihrer Dynamik. Wer Verantwortung für Menschen trägt, der weiß, dass das kein *Nine to Five*-Job ist. Man geht mit den Gedanken an die anvertrauten Menschen nach Hause, nimmt sie manchmal mit in den Schlaf. Morgens, wenn man sich erhebt, fallen einem die Gesichter ein, die man nachher gleich sehen wird – und ihre Geschichten, die sich in ihnen abzeichnet.

Verantwortung für andere fordert den ganzen Menschen. Deswegen kommen jetzt zwei Gegensatzpaare. Das erste beschreibt die potentielle Motivation des Chefs, der Chefin: Cash oder Zuneigung von Grund auf. Wer sich andere um des schnöden Mammons willen oder anderer mieser materieller Ziele willen »ans Bein bindet«, gar um dubioser persönlicher Bedürfnisse willen, der wird ihnen niemals gerecht werden. Denn Kinder und Erwachsene sind jeder und jede für sich ein eigener Kosmos, eine Welt für sich, die einem alles abverlangt. Sie wollen und müssen gesehen, gehört und verstanden werden. Sie brauchen Begleitung.

Natürlich muss man der Zeit und der Intensität, mit der man sich anderen zuwendet, Grenzen setzen. Andernfalls verliert man sich selbst und wird handlungsunfähig, unfähig auch zu wahrer Empathie. Es ist wie beim Sehen: Akkommodationsfähigkeit braucht es, die Fähigkeit des menschlichen Auges, anderes und andere in verschiedenen Entfernungen stets präzise und klar wahrnehmen zu können. Es braucht Elastizität der Augenlinse, um den Wechsel von Nah- auf Fernsicht überhaupt möglich zu machen. Die, die Menschen führen und leiten, benötigen geistige und seelische Mobilität, um so nah oder auch distanziert zu sein, wie es gerade erforderlich ist.

Das zweite Gegensatzpaar setzt die Lust am Herrschen der Vorbildfunktion gegenüber. Das geht nicht zusammen. Aber Vorsicht: Diejenigen, die stets neckisch abwinken, wenn man sie nach ihrer Position fragt, die schauen auch nicht gerade sorgfältig nach ihrer »Herde«. Die sind zu beschäftigt, ihre Minderwertigkeitsgefühle zu hegen, sind zugleich darauf aus, sich Bestätigung zu holen, so dass sie keinen wirklichen Sinn für andere haben. Es braucht schon Freude daran, Verantwortung zu übernehmen, Hirte, Hirtin zu sein und nicht allein Anerkennung, sondern auch das alles einzustecken, was man in solchen Funktionen an Angriffen und Kritik parieren muss.

Miserikordias Domini, der Sonntag des Guten Hirten. Noch ein Blick gefällig auf den, der verstanden hat, ungewöhnlich zu führen? Jesus von Nazareth. Was kann man von ihm für die eigenen Führungsaufgaben lernen? Man braucht eine spirituelle Existenz, die persönliche und »ausgesprochene« Werthaltung mit dem eigenen Leben stringent zur Deckung bringt. Nicht von Anpassung oder Dauerrevolution ist sie geprägt, sondern von ehrlicher Lebensfreude und aufrichtiger Wertschätzung der eigenen Person und der anderer. Wer so sein Hirtenamt ausfüllt, der oder die besitzt eine kommunikative Persönlichkeit. Der oder die übt sich in Selbstkritik, Selbst- und Fremdwahrnehmung.

Es braucht den Willen und den Wunsch, (wieder-) erkennbar zu bleiben und sich zugleich zu verändern und zu reifen. Die übertragene Macht muss man bejahen, hör- und redefähig sein. Wer das kann, der vermag auch Gaben und Schwächen anderer wahrzunehmen und differenziert darauf zu reagieren. Denke ich an Jesus und – mit Verlaub – an die »echten« jungen Hirten und Hirtinnen unserer Tage, dann geht es schon auch darum, realistisch und zuversichtlich in der Welt und im Beruf zu sein, mit Sympathie für alle »Schäfchen«, für die Anvertrauten.

Freiwillig, von Herzensgrund und als Vorbild für andere da zu sein, das gibt Mumm, energisch und kreativ gegen inhumane Strukturen und Verhaltensweisen anzugehen. Da ist kein Platz für Apathie, Ich-Bezogenheit und Angst vor Komplexität. Da ist Raum und Zeit für ein klares, menschenwürdiges Miteinander, das den größten Gewinn überhaupt bringt. Sogar materiell.

3. SONNTAG NACH OSTERN (JUBILATE)
JOHANNES 16,16-23a

Heike Springhart

Noch eine kleine Weile, dann werdet ihr mich nicht mehr sehen; und abermals eine kleine Weile, dann werdet ihr mich sehen. Da sprachen einige seiner Jünger untereinander: Was bedeutet das, was er zu uns sagt: Noch eine kleine Weile, dann werdet ihr mich nicht sehen; und abermals eine kleine Weile, dann werdet ihr mich sehen; und: Ich gehe zum Vater? Da sprachen sie: Was bedeutet das, was er sagt: Noch eine kleine Weile? Wir wissen nicht, was er redet.

Da merkte Jesus, dass sie ihn fragen wollten, und sprach zu ihnen: Danach fragt ihr euch untereinander, dass ich gesagt habe: Noch eine kleine Weile, dann werdet ihr mich nicht sehen; und abermals eine kleine Weile, dann werdet ihr mich sehen? Wahrlich, wahrlich, ich sage euch: Ihr werdet weinen und klagen, aber die Welt wird sich freuen; ihr werdet traurig sein, doch eure Traurigkeit soll zur Freude werden. Eine Frau, wenn sie gebiert, so hat sie Schmerzen, denn ihre Stunde ist gekommen. Wenn sie aber das Kind geboren hat, denkt sie nicht mehr an die Angst um der Freude willen, dass ein Mensch zur Welt gekommen ist. Auch ihr habt nun Traurigkeit; aber ich will euch wiedersehen, und euer Herz soll sich freuen, und eure Freude soll niemand von euch nehmen. Und an jenem Tage werdet ihr mich nichts fragen.

Ich bin ein Abschiedsmensch. Abschiede erlebe ich intensiv, in vollen Zügen und mit allen Aufs und Abs, die die Seele so zu bieten hat. Die vielen letzten Male lassen mich die Kostbarkeit der zu Ende gehenden Zeit spüren, als gäbe es kein Morgen. Meine Seele ist offener als sonst. Die Haut dünner. Die Seele ist empfänglicher für die großen Emotionen, nah am Wasser, aber auch ein bisschen näher am Himmelhochjauchzen.

Ich hatte in meinem Leben schon viele Abschiede. Von Orten und von Menschen. Immer hatte ich mir für die letzten Wochen zu viel vorgenommen. Immer blieb am Ende etwas offen. Das Kaffeetrinken, zu dem es dann doch nicht mehr kam. Die Schubladen, die jetzt unaufgeräumt umgezogen werden. Angesichts von Abschied ist Zeit besonders kostbar – und am Ende reicht sie nie.

Erträglich wurde der Abschiedsschmerz durch die Vorfreude auf das, was kommt. Die neue Wohnung. Die neue Aufgabe am Horizont. Das Gefühl von Aufbruch und die Chance, das Leben noch einmal neu zu sortieren.

Die intensivsten Abschiedszeiten entstehen, wenn der Tod an die Tür klopft. Wie vor Jahren bei Benita, der Freundin. Sie ist sehr bewusst auf ihren Tod zugegangen. Am Anfang ihrer Krankheitszeit hat sie lachend davon erzählt, wie sie beim Schuhkauf die Verkäuferin geschockt hat: »Ich brauche jetzt schöne Schuhe. Ich habe Krebs.« In E-Mails und WhatsApps hat sie einen großen Kreis von Freundinnen und Freunden teilhaben lassen an ihren ganz eigenen Verhandlungen mit dem Tod. Als es unumkehrbar war, dass sie nur noch eine kleine Weile hatte, sagte sie: »Jetzt will ich aber auch wissen, wie es dort drüben aussieht!« Sie wusste, wo sie hingeht. Und war neugierig, wie es dort sein würde. Trotzdem schrieb sie in ihrer letzten Mail seufzend: »Es ist noch eine Runde zu früh.«

Es ist noch eine Runde zu früh. Der Schmerz des Abschieds bleibt. Auch für die Jünger. Jesus weiß das. Er spürt ihr Fragen und ihr fassungsloses Unverständnis. Weder das eine noch das andere ist zu fassen. Weder die kurze Weile, bis sie ihn nicht mehr sehen, noch die kurze

Weile danach, bis sie ihn wiedersehen. Tod und Abschied mit Ansage, gar mit einer konkreten zeitlichen Nähe. Das macht die sprachlos, die danebenstehen.

Ich denke an den Kollegen, der aus heiterem Himmel die tödliche Diagnose bekam. »Mir bleibt nur, mich ganz und gar in Gottes gute Hand zu geben. Da jedoch fühle ich mich geborgen, bin meist gefasst, kann die Situation annehmen und muss nicht hadern. Die Diagnose Krebs hat mich unerwartet und hart getroffen, mich aus meinem bisherigen Leben gerissen und mir fast alle Zukunft geraubt. Ich kann dir versichern, dass ich nicht verzweifelt bin.« Die getrosten und klaren Zeilen in der Mail haben mir die Tränen in die Augen getrieben. Da schieben sich die Erinnerungen an alte Zeiten in die kaum fassbare Realität. Das Wissen darum, dass da einer – wie so viele in den Sterbezimmern dieser Welt – auf einen gnädigen Tod hofft und seiner Zukunft beraubt ist, während ich mein alltägliches Leben lebe. Das Unabänderliche steht am Horizont, die Zeit steht still und zerrinnt zugleich.

Der, der den Tod vor Augen hat, spricht mit einer Klarheit, die den Zurückbleibenden schleierhaft bleibt. Jesus sieht klar den Schmerz und die Trauer kommen. »Ihr werdet weinen und klagen, aber diese Welt wird sich freuen. Ja, ihr werdet traurig sein, aber eure Trauer wird sich in Freude verwandeln.« (V. 20) Mitten in der Trauer scheint die Vorläufigkeit des Todes auf. In Jesu Tod liegt der Anfang des Neuen. Der Weg zum Vater und die Aussicht auf das Wiedersehen.

»Es dauert nur noch eine kurze Zeit.« Dieser kleine Satz hat viele Färbungen. Mit dem Tod vor Augen hat er etwas Bedrohliches. Nur noch eine kurze Zeit, bis das Leben hier abbricht. Nur noch eine kurze Zeit für die kostbaren Begegnungen, für letzte Worte und unwiederholbare Erinnerungen.

Im nächsten Moment klingt er anders: »Es dauert nur noch eine kurze Zeit« – bis zum Wiedersehen. Bis dahin, dass sich Bedrückendes bessert. Bis zum Sieg des Lebens über den Tod. Der Satz schwankt zwischen Durchhalteparole und Hoffnungshorizont. Mit der sicheren Aussicht auf Leben am Ende macht er den Schmerz erträglich oder lässt ihn jedenfalls vergessen, so wie die Freude über die Geburt die Erinnerung an die Geburtswehen verblassen lässt.

Die schönste Vertonung der Worte aus dem Johannes-Evangelium stammt in meinen Ohren von Johannes Brahms. Zart und zerbrechlich singt die Sopranistin im Requiem: »Ihr habt nun Traurigkeit.« Die Töne schrauben sich sachte und unaufhörlich in die Höhe. Singen von Mühe und Arbeit und der Sehnsucht nach Trost. Unter aller Traurigkeit klingt der Chor durch: »Ich will euch trösten.« Darauf zielen die Worte Jesu. Auf den Trost angesichts des Endes. Darauf, dass mit dem Ende am Horizont der Lichtstrahl der Hoffnung wachgehalten wird.

Es dauert noch, bis aller Tod und aller Schmerz überwunden sein werden. Da wird nichts schöngeredet. »Ja, ihr werdet traurig sein!« (V. 20). Aber in die Aussichten auf das, was kommt, mischt sich die Aussicht auf neues Leben, auf Auferstehung, auf das Herz voller Freude, die niemand mehr nehmen kann. Und auf den Tag am Ende aller Zeiten, an dem alle Fragen gelöst sind.

4. SONNTAG NACH OSTERN (KANTATE)
1. SAMUEL 16,14-23

Ralph van Doorn

Der Geist des HERRN aber wich von Saul, und ein böser Geist vom HERRN verstörte ihn. Da sprachen die Knechte Sauls zu ihm: Siehe, ein böser Geist von Gott verstört dich. Unser Herr befehle nun seinen Knechten, die vor ihm stehen, dass sie einen Mann suchen, der auf der Harfe gut spielen kann, damit, wenn der böse Geist Gottes über dich kommt, er mit seiner Hand darauf spiele, und es besser mit dir werde. Da sprach Saul zu seinen Knechten: Seht nach einem Mann, der des Saitenspiels kundig ist, und bringt ihn zu mir. Da antwortete einer der jungen Männer und sprach: Ich habe gesehen einen Sohn Isais, des Bethlehemiters, der ist des Saitenspiels kundig, ein tapferer Mann und tüchtig zum Kampf, verständig in seinen Reden und schön, und der Herr ist mit ihm.

Da sandte Saul Boten zu Isai und ließ ihm sagen: Sende deinen Sohn David zu mir, der bei den Schafen ist. Da nahm Isai einen Esel und Brot und einen Schlauch Wein und ein Ziegenböcklein und sandte es Saul durch seinen Sohn David. So kam David zu Saul und diente ihm. Und Saul gewann ihn sehr lieb, und er wurde sein Waffenträger.

Und Saul sandte zu Isai und ließ ihm sagen: Lass David mir dienen, denn er hat Gnade gefunden vor meinen Augen. Wenn nun der Geist Gottes über Saul kam, nahm David die Harfe und spielte darauf mit seiner Hand. So erquickte sich Saul, und es ward besser mit ihm, und der böse Geist wich von ihm.

Eine Melodie lässt Mauern fallen

»Tränen öffnen Tore, aber eine Melodie lässt Mauern fallen.« Dieser Satz wird Rabbi Nachman von Bratzlav

(1771–1811, geboren und gestorben in der Ukraine) zugeschrieben. Nachman war ein wichtiger Vertreter des osteuropäischen Chassidismus. Chassidismus: Auf die unfassbaren Leiden, die den jüdischen Gemeinden Osteuropas ab 1648 zugefügt wurden, antworteten jüdische Frauen und Männer mit unbeschreiblicher Freude. Freude an und in Gott. Freude an Gottes Schöpfung, die in sich Lichtfunken SEINER schöpferischen Herrlichkeit trägt. Freude an der Verbundenheit aller mit allen und aller mit allem, was existiert. Die entscheidende lichtvolle Perspektive lautet: Die Welt in Gott lieben! Es gilt, Gott zurückzulieben. Denn dass es überhaupt etwas gibt, liegt an Gottes schöpferischer Liebeskraft. Diese Liebe (Chässäd) ist überschwenglich. Sie gebiert Melodien (Nigunim), die Mauern fallen lassen. Und: Ein Nigun – aus der Chässäd geboren – trägt in sich schlummernde Kräfte, die die Liebe zur Welt bringen und Welten verbinden. Mehr »DENNOCHUNDTROTZALLEDEM« ist kaum denkbar. Im Auge des Sturms der Vernichtung »entsteht« eine völlig neue Möglichkeit, das von Gott geschenkte höchste Gut »Leben« neu zu empfangen und zu gestalten. Ein Leben ist dies, das die Trennung in weltlich – materiell und geistlich – immateriell überwunden hat. Dem entspricht die dem Sonntag Kantate zu Grunde liegende Erfahrung des »DENNOCHUNDTROTZALLEDEM HOFFNUNG«, die sich beispielhaft im »Lied der Überwinder«, das in Offenbarung 15,3f überliefert wird, zeigt. Diese trotzige, sich mit der nackten Realität niemals abfindende Hoffnung wird durch Gottes Geistkraft getragen. Sie ist nicht verfügbar – aber in einem tiefen Sinn wahr.

Kann das wahr sein? Kommt nicht alles darauf an, wer solch einen rettenden Zusammenhang bezeugt? Ist es jemand, dem man vertrauen kann?

Ich wurde Zeuge, der über viele Jahre dem Zeugnis seines Lehrers Yehuda Aschkenasy (1924–2011) lauschend ausgesetzt sein wollte und war. Aschkenasy widerstand den Nazis. Er wollte Kinder retten. Dann: Verhaftung, Folter, Auschwitz. Yehuda überlebte und wurde – nach vielen Jahren – Hochschullehrer im Fach Talmudica an den Katholischen Universitäten von Amsterdam und Utrecht. In Hilversum eröffnete ein Lehrhaus. Er öffnete sich und sein Lehrhaus dann auch für Theologiestudierende aus Deutschland. Wir wurden Zeug:innen einer Versöhnungsarbeit, die, was Atmosphäre und Gehalt betrifft, kaum in Worte zu fassen ist. Am 7. Dezember 1989 bzw. am 9. Kislev 5750 hielt Yehuda Aschkenasy seine Abschiedsvorlesung. Diese Vorlesung begann er mit der Bitte an seine Zuhörer:innen, »für einen einzigen Augenblick der unsagbaren Katastrophe, deren Kehrseite das Versagen von Menschen und der Welt ist, in einer Bewegung« des eigenen Herzens zu gedenken. In diesem Zusammenhang ist mir der Satz begegnet: »Tränen öffnen Tore, aber eine Melodie lässt Mauern fallen.« Dann wurde der Nigun des Domsker Rebbe gespielt. Diese Melodie entstand in Treblinka. Danach Yehuda: »Nach der Befreiung, seit ich sie hörte, hat mich diese Melodie begleitet. Die Melodie hilft mir, die Scheu vor dem Wiederaufnehmen der geheiligten Worte zu überwinden, sonst würde nach der Shoa allein noch das stumme Schweigen übrigbleiben; jenes andere Schweigen, wovon der Kotsker Rebbe sagt: ›Das lauteste Schreien ist das Schweigen.‹«[1]

Verstört durch Gott, betört durch Gott

In Momenten größter Verzweiflung, die der gesalbte und dann doch verworfene König Saul durchzumachen hatte, spielte David, der ärgste Konkurrent, auf seiner »Wunderleier« (Erich Zenger) und siehe da: Da »wurde es Schaul wieder *geistgeräumig*« (Martin Buber); *wetow lo* – und es ward gut für ihn. Die heilige Musik wird dem verzweifelten Menschen für einen Moment zur rettenden Unterbrechung: Rettender Schöpfungsakt im »Irrsal und Wirrsal« – *tohu wabohu* – des im (durch Gott bewirkten) Sturmwirbel untergehenden Menschen. Saul widerfährt das reine Grauen. Auf bitterste Weise bewahrheitet sich Psalm 104,29 in voller Wucht an ihm: »Du birgst dein Antlitz, sie werden verstört, du ziehst ihren Geist ein, sie verscheiden und kehren zu ihrem Staub.« Leben, Familie, Amt und Werk – alles verwirkt. Saul hatte sich nicht ins Amt gedrängt. Sein Name deutet es an: Scha'ul, derjenige, der erfragt, erwünscht, erbeten wurde. Später – stieg ihm die Machterfahrung zu Kopfe? – nahm er es mit dem Hören auf Gottes Wort und Willen nicht mehr ganz so ernst. Damit verwirkte er alles. Hart bleibt es. DENNOCHUNDTROTZALLEDEM: Die Musik betört heilsam. Aber was da erzählt wird, verstört heftig. Es ist grausam. Denn: Gott bringt beides auf den Weg: »Als SEIN Geistbraus von Schaul hinweg gewichen war, begann ein böses Geisten von IHM aus ihn zu umgrausen.« (Buber) Gott nimmt seinen guten Geist von Saul, übergibt diesen Geist dem dadurch zum ärgsten Konkurrenten gewordenen David. David wiederum wird – Kraft des ihm geschenkten Geistes – Musik hervorbringen, die Sauls Verzweiflung heilsam unterbricht. Immerhin: Saul begegnet auch die tröstlich-tröstende Seite des ihn verwerfenden Gottes.

Jenseits von Eden –
und doch nicht ohne ein Zeichen der Liebe

Die verstörende Geschichte erinnert an die Vertreibung Adams und Evas aus dem »Garten der Üppigkeit« – auch Paradies genannt. Die Vertreibung wird nicht zurückgenommen. Und doch näht Gott für die Vertriebenen Röcke aus Fell. Warme, ggf. blendend schöne Kleidung – weitaus bequemer als die Schurze aus Feigenblätter, mit denen das Paar die Scham verdeckte.

Die Tendenz geht also Richtung Hoffnung. Chässäd gebiert Hoffnung, gebiert Melodien und Lieder, die Mauern fallen lassen. DENNOCHUNDTROTZALLEDEM!

[1] Yehuda Aschkenasy, Neuordnung der Theologie. Ein fortwährender Lernprozess. In: Lehren und Lernen in jüdisch-christlicher Tradition. Erfahrungen aus den Niederlanden, hrsg. von Uwe F. Bauer und Andreas H. Wöhle, Knesebeck 1995, S. 11-13.

5. SONNTAG NACH OSTERN (ROGATE)
1. TIMOTHEUS 2,1-6a

Karl-Heinz Bassy

So ermahne ich nun, dass man vor allen Dingen tue Bitte, Gebet, Fürbitte und Danksagung für alle Menschen, für die Könige und für alle Obrigkeit, damit wir ein ruhiges und stilles Leben führen können in aller Frömmigkeit und Ehrbarkeit. Dies ist gut und wohlgefällig vor Gott, unserm Heiland, welcher will, dass alle Menschen gerettet werden und sie zur Erkenntnis der Wahrheit kommen. Denn es ist ein Gott und ein Mittler zwischen Gott und den Menschen, nämlich der Mensch Christus Jesus, der sich selbst gegeben hat als Lösegeld für alle...

I

Rogate. Gibt es außerhalb der Mauern, die theologische Fakultäten und kirchliche Gremien umgeben, die vielbeschriebene »Krise des Gebets« überhaupt? Ich will gar nicht in Abrede stellen, daß dem aufgeklärten Gemüt zahlreiche Argumente einfallen, die gegen das Gebet sprechen. Nicht nur die sich trotz aller Gebete immer weiter verstärkende Klimakrise, nicht nur der Krieg in der Ukraine, nicht nur die zahllosen Todesfälle in Krankenzimmern und nicht nur die von Depressionen geplagten Menschen sprechen eine klare Sprache. Dennoch: Frage ich Konfirmanden (am besten anonym), schaue ich in das Heft in unserer »Kleinsten Kapelle am Niederrhein«, wird ein durchaus reges Gebetsleben offenbar! Selbst während Notfallseelsorgeeinsätzen in augenscheinlich durch und durch säkularem Umfeld kann ein angebotenes Gebet spätestens beim Vaterunser Dämme brechen lassen. Allen gescheiten theologischen Bedenken zum Trotz: Es wird gebetet! Oft genug im kindlichen Glauben an ein Wunder. Oft genug voller kindlichem Vertrauen. Oft genug in kindlicher Sprache. Selig die, die das noch können!

Rogate – mit diesem Sonntag beginnt die »Missionsopferwoche«. Was hat das Gebet, das doch gerne im »stillen Kämmerlein« etwas höchst Intimes ist, mit »Mission«, sagen wir mit »Werbung für Gott und Christus« zu tun? Was bewegen Gebete – wenn überhaupt? Sind sie nicht eher eine Art »meditativer Übung«, weil das Handeln doch viel bedeutsamer und auch christlicher ist? Doch, so meine Erfahrung, außerhalb der Christenheit geht es mitunter »christlicher« zu als innerhalb vieler Kirchenmauern. Anständig sein können auch überzeugte Atheisten. Ich bin überzeugt: Die Kirche ist in ihrem Wesen keine Moralagentur! Ob jemand Christ ist oder nicht, entscheidet sich – am Gebet, dieser fundamentalen Handlung eines Glaubenden.

II

Der erste Timotheusbrief: das Schreiben eines Paulusschülers mit autoritärem Anspruch, um mit einer sich verfestigenden christlichen Lehre und Gemeindestruktur im Geiste des Apostels gegen christliche Gnostiker Position zu beziehen. Geschrieben wohl in Ephesus und Umgebung um das Jahr 100. Bei der Zahl dämmert es: 96, domitianische Verfolgung, keine gute Zeit für Christen! Selbstfindungsstreitigkeiten nach innen, Bedrohungen von außen. Und was gebietet der Briefschreiber? Gebet für alle Menschen, selbst für den Kaiser. Gar für die Hitlers, Stalins, Putins und wie sie alle heißen? Für den prügelnden Ehemann, den mobbenden Mitschüler, den Menschenhändler und Zuhälter? Um Ruhe vor ihnen zu haben und ein »ruhiges und stilles«, vulgo: biedermeierliches Leben führen zu können? In der Hoffnung, daß auch brutalen verkorksten Seelen geholfen werde und sie zur Erkenntnis der Wahrheit kommen? Frage: Welcher? Der des zweifelhaften Pilatus? Der des Geldes und der Gewalt, die sich bisweilen »Realpolitik« nennt? Nein: der, daß Befreiung möglich ist aus den zahllosen Fesseln dieser Welt. Daß niemand so denken muß, wie er es tut, daß Veränderung zum Guten möglich ist!

III

Ja, es gibt Ekeltypen. In den Schaltzentralen von Politik und Wirtschaft, in der Nachbarschaft und sogar in der eigenen Familie. Menschen und Umstände, die alle Lebenskräfte aussaugen: Vampirtypen und Vampirlagen. Und da soll man beten? Ausgerechnet?! Ausgerechnet! Denn es bewahrt den letzten Rest der Empfindsamkeit (wenn man sich die noch leisten will)! Wie kann ich jemanden hassen, wenn ich für ihn die Hände falte? Wie kann ich jemanden aufgeben, wenn ich seinen Namen fürbittend vor Gott trage? Und ja: Das Gebet, so es ernstlich ist, hält uns zur Ehrlichkeit an. Offenbart unsere Ohnmacht, zeigt die grundsätzliche Ambivalenz und Schwäche all unseres Denkens und Handelns. Und läßt uns – wenn man sich Zeit zum Beten nimmt – Abstand gewinnen vom Weltgeschehen! Vom Leben, vom Elend. Und der ist wichtig, um nicht unterzugehen in der Not des Augenblicks. Bitte: Beten braucht Zeit und Raum. Und bedeutet auch zu schweigen, damit Gottes Geist (selig, wer mit dem noch rechnet) uns in irgendeiner Weise füllen kann – sei es mit einem klugen Gedanken, einem neuen Mut (gottweißwoher), einem neuen Kraftimpuls. Beten, Ehrlichkeit und Freiheit hängen untrennbar zusammen, und jeder Diktator würde vieles geben, wenn er die Gebete seiner Unterdrückten hören könnte.

Das Danken nicht vergessen. Ich zähle nichts auf und erwähne ausdrücklich nicht das vielbeschworene »kleine

Glück«, auf das man meist erst nach überstandener Krankheit aufmerksam wird. Also: Beten öffnet das Bewußtsein! Die Sensibilität für den Augenblick. Ist eine Haltung. Zuletzt und immer. Und wenn es das geworden ist, strahlt es aus. Man spürt es Räumen und Menschen ab, ob sie ein Gebetsleben haben. Gebete ersetzen keine Taten, aber Taten erwachsen aus Gebeten. Und zwar Taten, die den Geist des Vertrauens, Hoffens und Liebens atmen. Die sich nicht mit den Gegebenheiten abfinden, weil sie auf ein Mehr hoffen. Auf etwas ganz Unwahrscheinliches. Auf ein Wunder. – Auch auf das Wunder der Wahrheit: Daß es einen Gott gibt, daß das Leben gehalten ist und sinnvoll, daß man geliebt und gewollt ist und lieben und wollen darf, daß es zu leben lohnt, weil es den Sinn-Gott gibt und das Schöne, die Kunst der Natur und der Menschen und die sich immer wieder bahnbrechende Liebe der Geschöpfe. Wer an der Macht des Gebetes zweifelt, der verpaßt vieles.

»Die Hände, die zum Beten ruhn, / die macht er stark zur Tat. / Und was der Beter Hände tun, / geschieht nach seinem Rat.« (Jochen Klepper)

»Man muß beten, als ob alles Arbeiten nichts nützt, und arbeiten, als ob alles Beten nichts nützt.« (Martin Luther)

CHRISTI HIMMELFAHRT
LUKAS 24,(44-49)50-53

Jörg Uhle-Wettler

[Er sprach aber zu ihnen: Das sind meine Worte, die ich zu euch gesagt habe, als ich noch bei euch war: Es muss alles erfüllt werden, was von mir geschrieben steht im Gesetz des Mose und in den Propheten und Psalmen. Da öffnete er ihnen das Verständnis, dass sie die Schrift verstanden, und sprach zu ihnen: So steht's geschrieben, dass der Christus leiden wird und auferstehen von den Toten am dritten Tage; und dass gepredigt wird in seinem Namen Buße zur Vergebung der Sünden unter allen Völkern. Von Jerusalem an seid ihr dafür Zeugen. Und siehe, ich sende auf euch, was mein Vater verheißen hat. Ihr aber sollt in der Stadt bleiben, bis ihr angetan werdet mit Kraft aus der Höhe.]

Er führte sie aber hinaus bis nach Betanien und hob die Hände auf und segnete sie. Und es geschah, als er sie segnete, schied er von ihnen und fuhr auf gen Himmel. Sie aber beteten ihn an und kehrten zurück nach Jerusalem mit großer Freude und waren allezeit im Tempel und priesen Gott.

...da sandte das kybernetische Megahirn eine entmaterialisierte Elektronenwolke herab. Vor den Augen seines gebannt starrenden Teams betrat Commander Jesus das Kraftfeld und beamte sich zurück in die fünfte Dimension... – so wird die Himmelfahrt von der Generation »Star Wars« verstanden. Wer aber so mit der Zeit geht, der geht mit der Zeit.

Die Himmelfahrt stellt die Dinge wieder auf die Füße, die mit Gottes Menschwerdung auf den Kopf gestellt wurden. Nun heißt es wieder warten. Auf die Selbsterschließung, auf sein Kommen im Heiligen Geist.

Wer Gott nicht mehr in den Händen hat, der kann ihn den Menschen auch nicht um die Ohren schlagen.

Der Heilige Geist wirkt in, außerhalb und manchmal trotz der Kirche.

Der Himmel ist offen und bleibt, damit wir uns in den Gassen zurechtfinden.

Nur Lukas berichtet über die Himmelfahrt. Mit dem heutigen Predigttext endet das Evangelium, von dem gern gesagt werden darf, es ist das sozialste der vier Evangelien.

Lukas, der Arzt, nimmt besonders die Armen, die Kranken, Geschundenen, Verlorenen in den Blick und erzählt, wie sie geheilt und aufgerichtet werden.

Himmelfahrt ist Ende und Neubeginn gleichermaßen. Abschied und Anbruch, Trennung und Halt, Verlust und Leere – und ein ganz neuer Raum für den Geist.

Ein großes Privileg geht für die Apostel verloren. Sie haben ihn nicht mehr bei sich. Dem Meister nahe zu sein und zu bestimmen, wer vorgelassen wird, ist schon ein Privileg.

Jetzt sind sie dran. Sagt ihr mein Wort. Die Frauen und Männer sind die Zeugen, bis auf den heutigen Tag.

Die Frauen und Männer in der Nachfolge Jesu werden auf den Weg gerufen – auf seinen Weg, ausgestattet mit seinem Geist und einer befreienden Botschaft. Leute des Weges sollen sie sein und Zeugen auf dem Weg, bis zum Jüngsten Tag. Aus ihnen sind wir geworden. Wir sollen heute öffentlich sagen, was wir gehört haben und was uns berührt, wovon unser Herz voll ist:

Gerettet zu sein aus dem scheinbar unausweichlichen Schicksal der Todesverfallenheit.

Seine Worte auf Erden weitersagen. Ich denke an Klöster – in Einöden gebaut –, an Gefangenenlager und Sterbebetten, an Wandermönche und Pilgerväter, an Galeeren und Missionsstationen.

In Hunderten von Sprachen werden die Worte weitergesagt und weitergegeben.

Wenn man im Magdeburger Dom direkt vor dem Lettner steht, schaut man nach oben in den gemalten Himmel. 184 Sterne auf dunkelblauem Grund, kunstvoll restauriert, strahlen bei Tag und Nacht.

Über dem Himmel ist das Lesepult, von dem an den hohen kirchlichen Feiertagen das Evangelium gelesen wird.

Über dem Himmel das Wort. Der Himmel ist also ein Abgrund, der trägt. Ehre sei Gott in der Tiefe!

6. SONNTAG NACH OSTERN (EXAUDI)
1. SAMUEL 3,1-10

Kathrin Oxen

Und zu der Zeit, als der Knabe Samuel dem HERRN diente unter Eli, war des HERRN Wort selten, und es gab kaum noch Offenbarung. Und es begab sich zur selben Zeit, dass Eli lag an seinem Ort, und seine Augen fingen an, schwach zu werden, sodass er nicht mehr sehen konnte. Die Lampe Gottes war noch nicht verloschen. Und Samuel hatte sich gelegt im Tempel des HERRN, wo die Lade Gottes war.

Und der HERR rief Samuel. Er aber antwortete: Siehe, hier bin ich!, und lief zu Eli und sprach: Siehe, hier bin ich! Du hast mich gerufen. Er aber sprach: Ich habe nicht gerufen; geh wieder hin und lege dich schlafen. Und er ging hin und legte sich schlafen. Der HERR rief abermals: Samuel! Und Samuel stand auf und ging zu Eli und sprach: Siehe, hier bin ich! Du hast mich gerufen. Er aber sprach: Ich habe nicht gerufen, mein Sohn; geh wieder hin und lege dich schlafen. Aber Samuel kannte den HERRN noch nicht, und des HERRN Wort war ihm noch nicht offenbart. Und der HERR rief Samuel wieder, zum dritten Mal. Und er stand auf und ging zu Eli und sprach: Siehe, hier bin ich! Du hast mich gerufen. Da merkte Eli, dass der HERR den Knaben rief. Und Eli sprach zu Samuel: Geh wieder hin und lege dich schlafen; und wenn du gerufen wirst, so sprich: Rede, HERR, denn dein Knecht hört. Samuel ging hin und legte sich an seinen Ort.

Da kam der HERR und trat herzu und rief wie vorher: Samuel, Samuel! Und Samuel sprach: Rede, denn dein Knecht hört.

Wie habe ich mir gewünscht, dass mir das auch einmal passieren würde. Denn gegenüber dem mir etwa gleichaltrigen Samuel hatte ich durch die sehr aufmerksame Lektüre meiner Kinderbibel einen großen Vorteil: Ich hätte im Fall der Fälle genau gewusst, was ich sagen muss, wenn ich im Schlaf die Stimme höre. Beim Einschlafen dachte ich ein bisschen darüber nach, ob eigentlich auch Mädchen berufen werden können. Und ich dann vielleicht besser mit »Deine Magd hört« antworten sollte? Leider wachte ich morgens immer unberufen auf.

Die Geschichte von der Berufung Samuels habe ich als Kind wie keine andere geliebt. Außer ihrem kindlichen Helden hatte sie noch mehr zu bieten, vor allem viel Drama. Seine arme Mutter Hanna, die wegen ihrer Kinderlosigkeit viel auszustehen hatte. Und es trotzdem fertigbrachte, ihren so heiß ersehnten Sohn im Tempel abzugeben, kaum dass er entwöhnt war. Nur einmal im Jahr durfte sie ihn besuchen und brachte ihm jedes Mal etwas Neues zum Anziehen mit, was mich besonders rührte. Dann die wirklich bösen und ruchlosen Söhne des Priesters Eli, über deren Verkommenheit selbst in der Kinderbibel-Version kein Mäntelchen gebreitet wurde. Der alte, blinde Eli selbst, der offenbar nur noch mit brüchiger Stimme vom Bett aus letzte Hinweise geben konnte, was man tun muss, wenn man die Stimme Gottes im Schlaf hört. Dazu die insgesamt eher düstere Atmosphäre des Tempels, dessen vom flackernden Kerzenschein erhelltes Inneres bei der Bundeslade ich mir ähnlich wie das Grab des Tutanchamun vorstellte. Zur gleichen Zeit, als ich die Kinderbibel las, interessierte ich mich nämlich gerade auch sehr für Ägypten.

Wie gesagt, ich bin stets unberufen aufgewacht. Und denke heute, Jahrzehnte später, dass diese Geschichte mir trotzdem eine Vorstellung davon gegeben hat, was es heißt, berufen zu sein. Zuerst einmal: Ich bin tatsächlich

Pfarrerin geworden. Es geht also auch bei Mädchen. Man kann das lernen, hauptberuflich etwas mit Gott zu machen. Es dauert einige Jahre, und in denen wächst man in manches hinein und aus manchem auch wieder heraus, so wie Samuel aus seinen Jahr für Jahr zu klein gewordenen Gewändern. Meine Erfahrung, der von Samuel auch nicht unähnlich: Lange Zeit ist man die Anfängerin. Überdurchschnittlich lange wird man auch noch jenseits der Lebensmitte für jung gehalten, vielleicht weil einen so viele ältere Männer umgeben. Und manchmal tröstet man sich daran, dass deren Zeit langsam, aber sicher zu Ende geht. Während man selbst hoffentlich noch einiges vor sich hat.

Ehrlicherweise kann einem auch die Kirche in ihrer institutionellen Form und manche Gemeinde in ihr vorkommen wie das Grab des Tutanchamun. Etwas stickig darin, an den Wänden der tote Glanz vergangener Zeiten. Selten das Wort Gottes und kaum noch Offenbarung. Die Letzten werden dann irgendwann die Lichter ausmachen müssen. »Relevanzverlust« nennt man das auf Religionssoziologisch. Und genau wie bei Samuel ist das religiöse Personal vielerorts nicht unschuldig daran. Es sind nicht nur all die schlimmen Verfehlungen. Es ist auch fehlender Mut zur Veränderung, besonders an der eigenen beruflichen Rolle und der damit verbundenen Haltung. Ein Sich-Einrichten in der Stickigkeit.

Die Geschichte von Samuel macht mir heute Mut. Was damals in Israel dringend nötig war, ein religiös-institutioneller Neuanfang, verkörpert in der Prophetengestalt des Samuel, ist heute ebenso nötig. Denn ich sehe, dass die Lampe Gottes noch nicht erloschen ist. Es gibt immer noch Menschen, sogar junge, die beruflich etwas mit Gott machen wollen. Und Menschen, die wie ich die Lebensmitte schon erreicht haben und sich jetzt noch berufen fühlen, das zu tun. Oft scheuen sie weder Kosten und

Mühen, um noch eine theologische Ausbildung zu machen. Das Wort »Berufung« hat in vielen kirchlichen Kontexten aber keinen guten Klang. Das Engagement der sogenannten »Spätberufenen« wird gelegentlich mit Misstrauen beäugt. Man sollte besser nicht erwähnen, dass man irgendwann so etwas Ähnliches wie der kleine Samuel erlebt und eine Stimme gehört hat in der Nacht. Und sogar darauf geantwortet. Vielleicht, weil so ein eingefahrenes System religiöser Beruflichkeit hinterfragt wird? Oder plötzlich eine Leidenschaft spürbar wird, die in langen Jahren von Studium, praktischer Ausbildung und Berufserfahrung manchem Pfarrer und mancher Pfarrerin verloren gegangen ist? Die gerne gezogenen Grenzen zwischen Haupt- und Ehrenamtlichen werden sich in den kommenden Jahren jedenfalls stärker verwischen, und das ist gut so. Die Kirche ist kein Pharaonengrab, in dem von einem religiösen Beamtentum nur noch eingeübte Rituale vollzogen werden.

Ich denke an den kleinen Samuel im Tempel, meinen Freund aus der Kinderbibel. An dieses ersehnte Kind, dessen Namen man mit »Gott hat erhört« übersetzen kann. Und das mit den feinen Ohren der Kinder dann selbst auf Gott hört. Eine Stimme, die man offenbar leicht verwechseln kann. Die aber nicht aufhört, uns zu rufen. Und eine Antwort von uns will.

TAG DER AUSGIESSUNG DES HEILIGEN GEISTES – PFINGSTSONNTAG
1. KORINTHER 2,12-16

Frank Otfried July

Wir aber haben nicht empfangen den Geist der Welt, sondern den Geist aus Gott, damit wir wissen, was uns von Gott geschenkt ist. Und davon reden wir auch nicht mit Worten, welche menschliche Weisheit lehren kann, sondern mit Worten, die der Geist lehrt, und deuten geistliche Dinge für geistliche Menschen. Der natürliche Mensch aber nimmt nicht an, was vom Geist Gottes ist; es ist ihm eine Torheit und er kann es nicht erkennen; denn es muss geistlich beurteilt werden. Der geistliche Mensch aber beurteilt alles und wird doch selber von niemandem beurteilt. Denn »wer hat des Herrn Sinn erkannt, oder wer will ihn unterweisen«? (Jes 40,13) Wir aber haben Christi Sinn.

Pfingsten ist ein Schmelzpunkt menschlicher Kategorien. Das Verstehensbesteck menschlichen Geistes mit seinen Deutungsversuchen wird aus der Hand genommen. Die Feuerflammen aus der Apostelgeschichte verbrennen bisherige Kommunikationsgewohnheiten und erleuchten, um die Welt mit Geistesgegenwart zu erfüllen. Geistesgegenwart Gottes, die Verständigung ermöglicht und im Hör- und Sprachgeschehen eines je eigenen Verstehens einwandert.

Ein Fest, das in einer kommunikationsverzerrten, polarisierten und vom babylonischen Nichtverstehenwollen geprägten Welt seltsam quersteht und gerade deshalb in besonderer Weise gefeiert werden sollte.

Ja, es gibt das Vor-Urteil, Pfingsten sei ein eher abstraktes Fest und die Anschaulichkeit von Weihnachten und Ostern fehle. (Ist Ostern wirklich anschaulich?) Und: Wer will schon Feuerzungen auf seinem Haupt?

Dennoch – und das haben wir von den Philosophen gelernt – braucht es manchmal die Abstraktion, um dann vielfach anschaulicher zu werden. Feiern wir also mit Inbrunst Pfingsten, um die Zeichen der Zeit in der von Gott zugesagten Geistesgegenwart zu entziffern und zu lesen.

Gehen wir bei Paulus in die Schule, der in diesem Abschnitt durchaus abstrakt zur Sache geht.

Der Geist der Welt versus den Geist aus Gott. Dieser Geist aus Gott erst ermöglicht das Verstehen, das Wissen, was Gott uns schenkt. Er nimmt uns die eigene Deutungshoheit weg, verbietet uns den oftmals so angewöhnten menschlichen Herrschaftsdiskurs. Das fällt schwer.

Ich denke. Ich glaube. Ich frage. Ich zweifle. Ich bete. Ich spreche – zu meinen Bedingungen. In meinen Kategorien. In meiner Lebensgrammatik. In meiner Lieblingsgrammatik.

Da stellt sich Paulus quer: In Geist reden wir mit Worten, die Gott lehrt. Er beendet die Wortklauberei menschlicher Kategoriensuche. Diesen Querdenker lasse ich mir gerne gefallen.

Vielleicht fällt es auch leichter, wenn wir in die Pfingstvolkshochschule des Heiligen Geistes gehen – mit angeschlossener Wohngemeinschaft mit dem dreieinigen Gott.

Ein Text, der mich immer wieder beeindruckt, versucht die äußere (menschliche) Struktur von Kirche zu beschreiben, um sie dann in die von Gott geschenkte Dimension von Geistesgegenwart hineinzutauchen. Da geschieht dann das, was Paulus das Wahrnehmen des geistlichen Menschen beschreibt.

Der orthodoxe Metropolit Ignatios Hazim von Latakia hat bei einem ökumenischen Treffen (1968) über die

Geistesgegenwart gesagt: »Ohne den Heiligen Geist ist Gott fern, bleibt Christus in der Vergangenheit, ist das Evangelium toter Buchstabe, ist die Kirche eine bloße Organisation, ist Autorität nur Herrschaft, ist Mission nur Propaganda, Liturgie nicht mehr als Geisterbeschwörung und christliches Handeln eine Sklavenmoral...« Und fährt fort (ich verkürze etwas): »...doch im Heiligen Geist ist der Kosmos erhöht und seufzt in der Geburt des Reiches Gottes, ... Christus ist gegenwärtig, das Evangelium ist Lebenskraft, die Kirche Zeichen der dreifaltigen Gemeinschaft, ... die Mission ein Pfingstereignis, die Liturgie Gedächtnis und Vorwegnahme...«

»Der geistliche Mensch aber beurteilt alles und wird doch selber von niemandem beurteilt.« Dieser Satz kann aufregen, in der Begegnung oder der Erinnerung an Begegnungen mit Menschen, deren behauptete Unmittelbarkeit des Geistesbesitzes und die damit kundgegebene Beurteilungsvollmacht eher zu Kommunikationsstörungen und Nichtverstehen geführt hat.

Da fand kein Pfingsten statt, die Sprachverwirrung wurde nicht beendet.

Das Wort des orthodoxen Patriarchen führt mich an dieser Stelle weiter: Im Offenbarungsgeist des dreieinen Gottes beginnen auch schon bestehende, aber bisher an das Vorfindliche gebundene Kommunikationsstrukturen neu zu atmen, Leben und Geist zu entfalten.

Der geistliche Mensch kann im Bestehenden lesen, weil er die neue Grammatik der Offenbarung Christi in dessen Geistesgegenwart anwenden kann.

Die Botenstoffe des Geistes erfüllen den Leib Christi mit Leben: »Wir aber haben Christi Sinn.«

Einen solchen stetigen »Sinnes-Wandel« brauchen die Kirchen. Pfingstkirchen sein und immer wieder werden. Aber nicht in der Selbstbegnügung der Habenden und der Wissenden. Die eigene Vorläufigkeit geht immer mit.

Einen solchen Moment des Sinnes-Wandels habe ich bei der Vollversammlung des lutherischen Weltbundes in Stuttgart 2010 erlebt. Die Lutheraner, die in der Reformationszeit und auch noch danach die (Wieder-)Täufer vertrieben oder z. T. verfolgten, hatten nach vielfältigen Gesprächen (auch abstrakter theologischer Diskussionen!) das tiefe Verlangen, eine der aus der Täuferbewegung hervorgegangenen Kirchengemeinschaften konkret um Vergebung und Versöhnung zu bitten. Dies geschah in Stuttgart. Die Delegierten gingen im Konferenzsaal auf die Knie und beteten. Danach wurde Gottesdienst und Abendmahl gefeiert.

Pfingsten ist ein Schmelzpunkt menschlicher Kategorien. Das wurde damals erlebt. »Wir aber haben Christi Sinn.« Auch heute.

Mehr ist nicht zu sagen.

PFINGSTMONTAG
JOHANNES 4,19-26

Friedrich Kramer

Die Frau spricht zu ihm: Herr, ich sehe, dass du ein Prophet bist. Unsere Väter haben auf diesem Berge angebetet, und ihr sagt, in Jerusalem sei die Stätte, wo man anbeten soll. Jesus spricht zu ihr: Glaube mir, Frau, es kommt die Zeit, dass ihr weder auf diesem Berge noch in Jerusalem den Vater anbeten werdet. Ihr betet an, was ihr nicht kennt; wir beten an, was wir kennen; denn das Heil kommt von den Juden. Aber es kommt die Stunde und ist schon jetzt, dass die wahren Anbeter den Vater anbeten werden im Geist und in der Wahrheit; denn auch der Vater will solche Anbeter haben. Gott ist Geist, und die ihn anbeten, die müssen ihn im Geist und in der Wahrheit anbeten. Spricht die Frau zu ihm: Ich weiß, dass der Messias kommt, der da Christus heißt. Wenn dieser kommt, wird er uns alles verkündigen. Jesus spricht zu ihr: Ich bin's, der mit dir redet.

12 Uhr mittags – ein Mann und eine Frau

Eine merkwürdig schillernde Geschichte – nicht nur wegen der flirrenden Hitze des Mittags. Hier treffen sich zwei, die mittags hier nicht sein sollten. Zum einen ein Mann, der an seiner Kleidung mit den Quasten als Jude erkennbar ist. Juden machen um Samaria zur Zeit Jesu normalerweise einen großen Bogen, denn die Samaritaner sind Feinde und mit ihnen hat man keinerlei Kontakt. Nicht so Jesus. Er geht mitten hindurch und macht allein Pause am Brunnen, während seine Jünger Essen besorgen. Zum anderen die Frau. Am Morgen und am Abend gehen Frauen zum Brunnen, aber nicht am Mittag und nicht allein. Anders hier die Samaritanerin, sie kommt in der Mitte des Tages. Vielleicht, um den anderen Frauen auszuweichen, vielleicht weil sie ausgegrenzt wird?

Und dann bittet der Mann die Frau um Wasser. Am Jakobsbrunnen tritt die Brautwerbungsszene für Isaak, Jakobs Vater, aus 1. Mose 24 vor das innere Auge. Die dort Wasser gibt, heißt Rebekka und wird mit hineingenommen in die Verheißung, wird Isaaks Frau. Und hier? Auch Jesus redet mit der Frau und wirbt. Es geht um mehr als um Wasser. Es geht um das Heil. Und dann wird er sehr persönlich und direkt: »Denn fünf Männer hast du gehabt, und der, den du jetzt hast, ist nicht dein Mann; das hast du recht gesagt.« Ein Satz, für ein ganzes Leben und doch ohne Urteil. Sie ist weder beleidigt noch geschockt, sondern erkennt in ihm den Propheten. Es beginnt ein geistliches Gespräch. Jesus nimmt sie ernst und erfährt, was sie über den Messias weiß und dass sie sich auskennt. Und dann offenbart er sich ihr als dieser Messias: »Ich bin's, der mit dir redet.«

Auch die Jünger wundern sich, als sie zurückkommen, über das merkwürdige Gespräch von Mann und Frau am Brunnen, und was sie nicht fragen, wird ausdrücklich erzählt. Für die Jünger ist es eine schillernde Szene mittags um zwölf.

Doch für uns Leserinnen und Leser des Evangeliums ist längst klar und deutlich, dass hier das geschieht, was Paulus im Galaterbrief 3,28 formuliert hat: »Es spielt keine Rolle mehr, ob ihr Juden seid oder Griechen, Sklaven oder freie Menschen, Männer oder Frauen. Denn durch eure Verbindung mit Christus Jesus seid ihr alle wie ein Mensch geworden.« (Basisbibel)

Anbetung zwischen Verunsicherung und Befreiung – ein interreligiöses Gespräch

Die Samaritanerin geht im interreligiösen Gespräch zwischen dem Juden und der Samaritanerin gleich auf die

Differenz ein. So wie wir das auch kennen. Ihr Juden betet in Jerusalem und wir Samaritaner auf dem Garizim. So einfach.

Und Jesus? Er macht eine Weissagung, dass eine Zeit kommen wird, wo der Vater weder dort noch hier angebetet wird. Damit führt er den Vater ein. Und weil sie vielleicht irritiert schaut, fährt er fort, dass die Samaritaner ja gar nicht wissen was sie anbeten, denn das Heil kommt von den Juden.

»Das Heil kommt von den Juden« – was für ein klarer Satz. Unentbehrlich für unseren christlichen Blick auf das erwählte Volk.

Aber hier im Gespräch beschreibt dieser Satz den Unterschied. Hier könnte das Gespräch vorbei sein. Alles klar, nur in Jerusalem wird richtig angebetet. Aber Jesus geht weiter und sagt, dass schon jetzt eine neue Haltung des Anbetens des Vaters möglich ist und geschieht: »Gott ist Geist, und die ihn anbeten, die müssen ihn im Geist und in der Wahrheit anbeten.« Das klingt so einfach und klar. Aber wie bete ich in Geist und Wahrheit an?

Da ist zuerst die Verunsicherung, denn die gewohnten Orte werden nebensächlich. Es geht nicht mehr um Garizim oder Jerusalem, sondern überall kann diese neue geistliche Haltung praktiziert werden. Und das ist befreiend. Nicht an den festen Orten mit uralten Ritualen, nicht mehr in klaren Hierarchien von Hohepriestern, Priestern und Leviten, wo jeder weiß, was er wie zu sagen und zu tun hat – nur Männer im Einsatz. Nein, jetzt kann jede und jeder direkt Gott in Geist und Wahrheit anbeten. Das bedeutet vor allem das Ende des Opferkultes. Mit Christus endet das Opfer. Kein Tier-, kein Brand-, kein Schlachtopfer mehr. Christus ist das letzte Opferlamm. Statt Opfer Anbetung in Geist und Wahrheit.

Wie beten wir in Geist und Wahrheit an?
Da sind die einen, die schon wissen, wie es geht, und die in Anbetungsgottesdiensten und im Lobpreis täglich üben, wahre Anbeterinnen und Anbeter zu werden. Letztlich geht es hier um Achtsamkeit für das Wirken des Geistes und Kritikfähigkeit für das geistliche Selbstbelügen und um ein freies kraftvolles Gebet.

Und da sind die anderen, die die in Geist und Wahrheit formulierten Gebete der Geschwister vor ihnen einüben und mit Psalmen und Cantica anbeten in Achtsamkeit der Sprache und Klarheit.

Und da sind die, die hier eine Infragestellung aller Sicherheiten des Gebetes sehen und sich fragen, bin ich in Geist und Wahrheit, wenn ich einfach so zu Gott bete? Bin ich da nicht zu viel bei mir und meinen Bedürfnissen, also nicht in der Wahrheit Gottes?

Jesus lehrt beten. Das Gebet soll knapp und elementar sein. Zuerst einmal nicht viel plappern wie die Heiden. Dann gilt es den Vater als unseren Vater anzurufen, also gemeinsam zu beten. Anbetung in Geist und Wahrheit ist also immer gemeinsames Gebet. Und drittens lehrt Christus nicht zuerst für uns, sondern für Gott zu beten und uns zuerst im Geist auf ihn, seinen Willen und seinen Namen und sein Reich einzustimmen und Gott zu preisen und anzubeten. Nur in der Liebe wird in Wahrheit und im Geist angebetet.

Lebendiges Wasser
Jesus bittet um Wasser, aber wir erfahren nicht, ob er getrunken hat. Der Krug bleibt stehen. Aber Jesus ist voll von lebendigem Wasser, und diese Quelle sprudelt in unserem Text hin zum Anbetungsgebet in Geist und Wahrheit.

Lied und Gebet: Gott Vater, dir sei Dank gesagt und Ehre (EG 160)

TAG DER HEILIGEN DREIFALTIGKEIT – TRINITATIS
JESAJA 6,1-8(9-13)

Kristian Fechtner

In dem Jahr, als der König Usija starb, sah ich den Herrn sitzen auf einem hohen und erhabenen Thron und sein Saum füllte den Tempel. Serafim standen über ihm; ein jeder hatte sechs Flügel: Mit zweien deckten sie ihr Antlitz, mit zweien deckten sie ihre Füße und mit zweien flogen sie. Und einer rief zum andern und sprach: Heilig, heilig, heilig ist der HERR Zebaoth, alle Lande sind seiner Ehre voll! Und die Schwellen bebten von der Stimme ihres Rufens und das Haus ward voll Rauch.

Da sprach ich: Weh mir, ich vergehe! Denn ich bin unreiner Lippen und wohne unter einem Volk von unreinen Lippen; denn ich habe den König, den HERRN Zebaoth, gesehen mit meinen Augen. Da flog einer der Serafim zu mir und hatte eine glühende Kohle in der Hand, die er mit der Zange vom Altar nahm, und rührte meinen Mund an und sprach: Siehe, hiermit sind deine Lippen berührt, dass deine Schuld von dir genommen werde und deine Sünde gesühnt sei.

Und ich hörte die Stimme des Herrn, wie er sprach: Wen soll ich senden? Wer will unser Bote sein? Ich aber sprach: Hier bin ich, sende mich! [Und er sprach: Geh hin und sprich zu diesem Volk: Höret und verstehet's nicht; sehet und merket's nicht! Verfette das Herz dieses Volks und ihre Ohren verschließe und ihre Augen verklebe, dass sie nicht sehen mit ihren Augen noch hören mit ihren Ohren noch verstehen mit ihrem Herzen und sich nicht bekehren und genesen.

Ich aber sprach: Herr, wie lange? Er sprach: Bis die Städte wüst werden, ohne Einwohner, und die Häuser ohne

Menschen und das Feld ganz wüst daliegt. Denn der HERR wird die Menschen weit wegführen, sodass das Land sehr verlassen sein wird. Auch wenn nur der zehnte Teil darin bleibt, so wird es abermals kahl gefressen werden, doch wie bei einer Terebinthe oder Eiche, von denen beim Fällen noch ein Stumpf bleibt. Ein heiliger Same wird solcher Stumpf sein.]

HIER BIN ICH!

Vorspann

Schwellen beben, mächtig thront die Herrschaft Gottes über allem. Rauch vernebelt die Szenerie, Stimmen tönen: heilig, heilig, heilig. Engelwesen mit glühender Kohle in der Hand, verbrannte Lippen. Und angekündigt werden wüste Städte, Häuser ohne Menschen, kahles Land. Nur ganz am Ende, von der Macht und Zerstörung überblendet, ein unscheinbarer Nachsatz von einem Baumstumpf, der noch einmal austreiben wird. Und mittendrin Jesaja, der all dies sieht und hört und am eigenen Leibe zu spüren bekommt. Den heutigen Leser, die heutige Leserin befremdet die Vision Jesajas, welche die hebräische Bibel als Ich-Bericht überliefert und uns zumutet. Als nachgeboren-aufgeklärtem Protestanten verstören mich die mythischen Bilder und gewalttätigen Worte ebenso wie die Vorstellungen, die damit einhergehen: religiöse Ehrfurcht und Schaudern, die heiligen Mächte des Himmels, das Entsühnungsritual mit Feuer und die Verwüstung des Menschlichen. Ist dies der Alptraum eines religiös Hochsensiblen, den nachts schlimme Bilder plagen? Oder sind es, der Kinogängerin gar nicht so unvertraut, der Stoff und die Motive, aus deren Reservoir sich Fantasyfilme speisen, in denen archaische Mächte und

Gewalten ihr Wesen treiben? Womöglich sind uns die biblischen Verse des Jesajabuches nicht mehr ganz so fremd, wenn wir sie mit eigenen inneren Bildern oder cineastischen Bildwelten abgleichen, in denen sich der Schrecken der Seele artikuliert. Beunruhigend sind sie allemal.

Nüchterner entschlüsselt die alttestamentliche Wissenschaft »Jesajas Erleben« (Karl Budde). Der Visionsbericht begründet die Berufung von Jesaja zum Propheten und seine Beauftragung, auszusprechen, was ist, und die Zeichen der Zeit zu deuten. Die Dramaturgie des Berichts folgt einem gängigen Muster prophetischer Sendungsberichte: Entrückung an einen heiligen Ort und Kontakt zur göttlichen Sphäre, tödliche Bedrohung im Angesicht Gottes, Reinigung und persönliche Beauftragung. Was uns Heutigen abständig erscheint, sind die mythischen Bilder, sie waren für die Damaligen in ihrer Symbolik vertraut, denn sie stammen aus der religiösen Anschauungswelt des Alten Testamentes und seiner Umwelt. Die visionäre Schau des göttlichen Thronsaales und das Hören der göttlichen Stimme legitimieren die Gerichtsbotschaft des Propheten und die sich darin ausdrückende theologische Deutung geschichtlicher Ereignisse. So weit, so exegetisch.

Im Fokus: eine Lebensentscheidung

»Hier bin ich, sende mich!« Jesaja trifft eine persönliche Entscheidung. Nun ist es nicht ungewöhnlich, dass sich Menschen aus Überzeugung in Dienst nehmen lassen. Politisch oder familiär, für eine soziale Aufgabe oder ein religiöses Amt. Propheten werden in der Bibel gemeinhin berufen. Das Besondere an Jesaja jedoch ist: Es ergeht zunächst gar kein Ruf Gottes ad personam an ihn. Modern gesprochen: Die Stelle wird offen und allgemein ausgeschrieben bzw. ausgerufen. Wer will sie übernehmen, wer steht dafür bereit, wer traut es sich zu? Wenn es darum geht, sich für eine Sache zur Verfügung zu stellen, dann gibt es unterschiedliche Temperamente und Wege: Hier der Zögerliche, der den eigenen Widerstand spürt. Vielleicht dann doch lieber nicht. Dort die Bedächtige, die alles mehrfach abwägt. Nun ja. Dort der Forsche, der den Reiz spürt und sich rasch gewinnen lässt. Yupp, da bin ich sofort dabei. Hier die Selbstgewisse, die weiß, was sie will und dass sie die Richtige ist. So wie Jesaja: »Hier bin ich, sende mich!« Er wägt nicht lange ab. Große und existentielle Entscheidungen – und um eine solche geht es hier – kommen nicht durch Kalkül zustande, sie lassen sich nicht rational rechnen. Pro- und Contra-Listen kann man machen, wenn es um Urlaubsziele oder Automarken geht. Vielleicht noch als Entscheidungshilfe zwischen zwei Arbeitsmöglichkeiten: Bleib ich oder geh ich? Bei der Frage jedoch, wofür ich einstehen will und kann und was ich zu meiner Herzenssache mache, führt rationales Abwägen kaum weiter. Dies bedeutet nicht, dass es hier keine Gründe gibt und Vernunft keine Rolle spielt. Aber die Entscheidung selbst erfolgt intuitiv. Jesajas Bekundung, sich zur Verfügung zu stellen, ist ein Wagnis.

nachher/vorher

Dies zeigt sich unmittelbar danach. Er wird ein Prophet sein, vor dessen Botschaft die Menschen Ohren, Augen und Herz verschließen. Ob er, wenn er das gewusst hätte, sich anders entschieden hätte? Ob Entscheidungen nur dann richtig sind und stimmen, wenn sie anschließend von Erfolg gekrönt sind? Dass man nachher klüger ist, ist eine Binse. Bei Jesaja ist das Vorher wichtig, er ist ja sehenden Auges und mit offenem Ohr zu seinem »Hier bin ich, sende mich!« gekommen. Denn jede existentielle Entscheidung, die intuitiv getroffen wird, bahnt sich an; sie hat einen Vorlauf und birgt in sich Erfahrungen. Als religiöse Empfindungen nähren und speisen sie sich aus dem Unterbewussten. In den Bildern von der Macht Gottes drückt sich eine Ahnung davon aus, dass das Geheimnis des Lebens selbst undurchdringlich ist und zugleich alles Lebendige durchdringt: »Aller Lande sind seiner Ehre voll.« Diese Empfindung geht ins »emotionale Erfahrungsgedächtnis« (Gerhard Roth) ein; sie geht mit. Und zu der Fähigkeit, sich zur Verfügung zu stellen und die eigene Aufgabe anzunehmen, gehört auch die Erfahrung, schmerzhaft berührt und verletzt worden zu sein. Wie glühende Kohlen an den Lippen brennt es. Zur Sensibilität und Wahrheit des Propheten gehört ein leibhaftes Schmerzgedächtnis; die wichtigsten Erinnerungen stecken im Körper.

Nachspann

Kann und darf ich mir Jesaja als einen glücklichen Menschen vorstellen? Nun ja. Jedenfalls als einen, der vom Leben ergriffen ist und eine starke Entscheidung treffen kann: »Hier bin ich!«

1. SONNTAG NACH TRINITATIS
1. JOHANNES 4,(13-16a)16b-21

Martin Laube

[Daran erkennen wir, dass wir in ihm bleiben und er in uns, dass er uns von seinem Geist gegeben hat. Und wir haben gesehen und bezeugen, dass der Vater den Sohn gesandt hat als Heiland der Welt. Wer nun bekennt, dass Jesus Gottes Sohn ist, in dem bleibt Gott und er in Gott. Und wir haben erkannt und geglaubt die Liebe, die Gott zu uns hat:] Gott ist Liebe; und wer in der Liebe bleibt, der bleibt in Gott und Gott in ihm.

Darin ist die Liebe bei uns vollendet, auf dass wir die Freiheit haben, zu reden am Tag des Gerichts; denn wie er ist, so sind auch wir in dieser Welt. Furcht ist nicht in der Liebe, sondern die vollkommene Liebe treibt die Furcht aus. Denn die Furcht rechnet mit Strafe; wer sich aber fürchtet, der ist nicht vollkommen in der Liebe. Lasst uns lieben, denn er hat uns zuerst geliebt. Wenn jemand spricht: Ich liebe Gott, und hasst seinen Bruder, der ist ein Lügner. Denn wer seinen Bruder nicht liebt, den er sieht, der kann nicht Gott lieben, den er nicht sieht. Und dies Gebot haben wir von ihm, dass, wer Gott liebt, dass der auch seinen Bruder liebe.

Der 1. Johannesbrief stammt unzweideutig aus der »johanneischen Schule« und wird vermutlich um 95 n. Chr. – also nach dem 2. und 3. Johannesbrief, aber vor dem Johannesevangelium – in Ephesus verfasst worden sein. Auch wenn sich der Brief im Einzelnen nur mühsam gliedern lässt, ist doch sein beherrschendes Thema die – in der Sendung Jesu Christi dem Menschen zuteil gewordene – Heilsgabe der Liebe, welche uns mit Gott verbindet und zugleich in der tätigen Geschwister- und Nächstenliebe ihren Ausdruck findet. Insbesondere die im gesamten Neuen Testament einzigartige Bestimmung Gottes selbst als Liebe (vgl. 1. Joh 4,8.16) hat die Christentumsgeschichte nachhaltig geprägt; sie bildet die biblische Grundlage für den entsprechenden klassischen dogmatischen Wesensbegriff Gottes.

Ein kurzer Blick auf den vorliegenden Text. In der exegetischen Forschung wird der Passus 4,7-21 zumeist als gedankliche Einheit betrachtet; auf Hans-Josef Klauck geht die treffende Charakterisierung als »johanneisches Hohelied der Liebe« zurück. Den Ausgangspunkt bildet die Liebe Gottes, die in der Hingabe seines eingeborenen Sohnes zur Versöhnung für unsere Sünden erkennbar und wirksam geworden ist (vgl. 4,9f.). Im Glauben an Christus finden sich die Menschen in den Geist dieser Liebe aufgenommen (vgl. 4,15f.). Sie äußert sich in der Praxis christlicher Geschwister- und Nächstenliebe (14,19-21).

Einen besonderen Akzent bietet die Bestimmung der Liebe als Parrhesia – als Redefreiheit oder »Mut zur Wahrheit« – in 4,17. Entsprechende Wendungen finden sich in 2,28, 3,21 und 5,14. Fraglich ist, ob es um die freimütige Rede vor Gott (am Tag des Jüngsten Gerichts) oder vor der Welt geht. Rudolf Bultmann vermutet hier eine nachträgliche Redaktion; ursprünglich sei die Freiheit gemeint, in und vor der Welt freimütig die Wahrheit zu bezeugen. 4,17f. will dann darauf hinaus, dass sich die Gabe der Liebe darin vollendet, furchtlos den Mut zur freien Rede zu finden. Im Anschluss leiten 4,19-21 zur Geschwister- und Nächstenliebe über. Zu ihr gehört offenbar der Geist des freien Wortes.

Für die homiletische Besinnung bietet dieser dichte und gedankenreiche Text eine Fülle von Anknüpfungsmöglichkeiten. So bietet es sich zunächst an, die wirkmächtige Bestimmung Gottes als Liebe aufzunehmen. Wichtig ist hier, deutlich zwischen dem Begriff Gottes als Liebe einerseits und der infantilisierenden Rede von einem »lieben Gott« andererseits zu unterscheiden. Auf der einen Seite gilt, dass Gott nicht nur – neben anderen Eigenschaften – auch die Eigenschaft der Liebe hat, sondern vielmehr selbst das ausstrahlende Geschehen der Liebe ist. Auf der anderen Seite jedoch darf die Bestimmung Gottes als Liebe nicht gegen die Freiheit und Heiligkeit Gottes ausgespielt werden. Die Rede von der Liebe Gottes führt stets die Gefahr einer vereinseitigenden Trivialisierung mit sich, die es dann erschwert, auch die »negativen« Erfahrungen von Leid, Schmerz und Tod im Horizont des Gottesverhältnisses zu deuten. Doch auch in anderer Weise gibt die Bestimmung Gottes als Liebe Anlass zum Nachdenken: Wird so eigentlich Gott durch die Liebe oder umgekehrt die Liebe durch Gott bestimmt? Letzteres könnte zu dem Missverständnis verleiten, als ginge Gott gleichsam im Geschehen zwischenmenschlicher Liebe auf, oder als könne gar ein solches Geschehen umstandslos als »göttlich« qualifiziert werden. Ersteres wiederum nötigt zur Vorsicht, nicht unter der Hand anthropomorphe Vorstellungen und Denkmuster in den Begriff Gottes einzutragen. Das gilt insbesondere für die hintergründige Tendenz zur Übergriffigkeit, die der Liebessemantik eingeschrieben ist. Die kirchliche Debatte um sexualisierte Gewalt hat eine neue Sensibilität dafür geschaffen, dass gerade die christlich-kirchliche Rede von dem liebend dem Menschen zugewandten Gott auch zur »Aushebelung« menschlicher Zurückhaltung und Selbstbestimmung missbraucht werden kann. Hier könnte über die Ambivalenz nachgedacht werden, dass die »selbstlos«-ohnmächtige Hingabe an den Geliebten doch zugleich mit dem Begehren verbunden ist, von diesem selbst wiedergeliebt zu werden – und also erst in einer wechselseitigen Hingabe ihre Erfüllung findet.

Mit dem Motiv der Parrhesia verbindet eine zweite Gedankenlinie. Die Liebe treibt die Furcht aus und versetzt in die Freiheit, unerschrocken vor der Welt das Wort zu ergreifen. Das bedeutet: Die Liebe Gottes erschöpft sich nicht in einem gefühligen Angenommensein, sondern gibt dem Menschen Kraft, stellt ihn auf die Beine, eröffnet ihm die innere Unabhängigkeit, das zu sagen, was zu sagen ist. Wer in und aus der Liebe Gottes lebt, lebt aus einem Grund, der es erlaubt, sich aus unguten Bindungen, Verwicklungen und Verstrickungen zu lösen, Abstand zu gewinnen und mit klarem, unbestechlichem Blick für das einzutreten, was ihr und ihm als das Richtige erscheint.

Damit verbindet sich schließlich eine dritte Anregung. Die Liebe Gottes verwirklicht sich in tätiger Geschwister- und Nächstenliebe. Hier wird ein aktivischer Grundzug sichtbar: Der Glaube entnimmt nicht aus dem Tun, sondern verhilft zum Tun. Für den Verfasser des 1. Johannesbriefes besteht der Glaube nicht in hochgeistiger Spekulation, auch nicht in selbstgenügsamer Spiritualität, sondern lebt in einer die Liebe weitertragenden, sie Wirklichkeit werden lassenden Hinwendung zum Nächsten. Natürlich besteht hier sogleich die Gefahr des Umschlags in gesetzliche Moralität, auch des Rückfalls in das Klischee des christlichen »Gutmenschen«. Gerade vor dem Hintergrund des gegenwärtig gereizten gesellschaftlichen Klimas und angesichts der weltpolitischen Großwetterlage besteht die anspruchsvolle Aufgabe darin, den Aufruf des 1. Johannesbriefes zur tätigen Liebe so zu entfalten, dass er nicht zur Karikatur eines einfältig-frömmelnden Moralappells verkommt.

2. SONNTAG NACH TRINITATIS
LUKAS 14,(15)16-24

Robert Leicht

[Da aber einer das hörte, der mit zu Tisch saß, sprach er zu Jesus: Selig ist, der das Brot isst im Reich Gottes!] Er aber sprach zu ihm: Es war ein Mensch, der machte ein großes Abendmahl und lud viele dazu ein. Und er sandte seinen Knecht aus zur Stunde des Abendmahls, den Geladenen zu sagen: Kommt, denn es ist schon bereit! Da fingen sie alle an, sich zu entschuldigen. Der erste sprach zu ihm: Ich habe einen Acker gekauft und muss hinausgehen und ihn besehen; ich bitte dich, entschuldige mich. Und ein andrer sprach: Ich habe fünf Joch Ochsen gekauft und ich gehe jetzt hin, sie zu besehen; ich bitte dich, entschuldige mich. Wieder ein andrer sprach: Ich habe eine Frau geheiratet; darum kann ich nicht kommen.

Und der Knecht kam zurück und sagte das seinem Herrn. Da wurde der Hausherr zornig und sprach zu seinem Knecht: Geh schnell hinaus auf die Straßen und Gassen der Stadt und führe die Armen und Verkrüppelten und Blinden und Lahmen herein. Und der Knecht sprach: Herr, es ist geschehen, was du befohlen hast; es ist aber noch Raum da. Und der Herr sprach zu dem Knecht: Geh hinaus auf die Landstraßen und an die Zäune und nötige sie hereinzukommen, dass mein Haus voll werde. Denn ich sage euch: Keiner der Männer, die eingeladen waren, wird mein Abendmahl schmecken.

Bei der ersten Lektüre schon ein gelindes Entsetzen: »...dass keiner der Männer, die eingeladen waren, mein Abendmahl schmecken wird.« Wie oft bin ich nicht zum

Abendmahl gegangen, ja, nicht einmal zur Kirche – und das nicht einmal mit einer einigermaßen plausiblen Entschuldigung? Ein paar Verse weiter fallen harsche, gar vernichtende Urteile über solche Leute wie mich und... Was wird erst mit all jenen, die derlei nie zu hören bekommen, weil sie nie zur Kirche gehen?

Dazu fällt mir eine ganz andere Geschichte ein: Kirchentag 1999 in Stuttgart. Morgens klingelt das Telefon, es meldet sich Angela Merkel, damals gerade erst Generalsekretärin ihrer Partei. Sie habe am nächsten Tag in der Stiftskirche eine Bibelarbeit zu halten und würde es vorziehen, wenn der entsprechende Bibeltext abschnittsweise mit einer anderen Stimme vorgetragen würde, ob ich das übernehmen könnte. Noch während ich nach meinem Kalender greife, fährt sie, nicht ohne einen ironisch-strengen Unterton fort: »Oder haben Sie etwas *Wichtigeres* vor?« – Ja, was gäbe es eigentlich Wichtigeres, als zu einem Akt der biblischen Verkündigung Beihilfe zu leisten?

Genau um das Wichtige und um das Wichtigere geht es in unserem Text. Wir gestatten uns dazu einen Seitenblick auf den unserem Text vorausgehendem Gesprächs-Abschnitt, auf die Verse 7-14. Hier geht es zunächst um die Frage: Wie wichtig nehme ich mich, darf ich mich nehmen? Jesus sagt zu einer Tischrunde im Hause eines Pharisäers: Setze dich nicht obenan, es könnte noch jemand Wichtigeres kommen – und dann wirst du beschämt und musst schließlich weiter unten sitzen; setze dich lieber unten hin, vielleicht kommt der Gastgeber und bittet dich weiter nach oben! »Denn wer sich selbst erhöht, der soll erniedrigt werden; und wer sich selbst erniedrigt, der soll erhöht werden.« Dieser Rat könnte durchaus in unser gesellschaftliches Leben passen: Man kennt das, wenn Leute in den Saal kommen und suchend an einem vorbei nach weiter vorne streben, wo sie dann leider die »Reserviert«-Schilder vorfinden und enttäuscht etwas weiter zurück ein Plätzchen suchen. Dann aber folgt ein Rat, der nicht zu den Gebräuchen unserer Society passt, in der wir gerne von gleich zu gleich, vielleicht auch zu etwas weiter nach oben verkehren: Ausgerechnet der Gast Jesus sagt zum gastgebenden Pharisäer: Du solltest überhaupt nicht Deinesgleichen einladen, nur, weil die dich dann wieder einladen (so, wie wir es doch weithin tun) – sondern lade Underdogs ein, Arme, Verkrüppelte, Lahme und Blinde; Leute also, von denen du keine Gegeneinladung und keinen gesellschaftlichen Mehrwert erwarten kannst. Nicht hier, sondern im Himmelreich wird dir das vergolten...

Wie wichtig darf ich mich klugerweise nehmen? Freilich schon im letzten Vers dieses ersten Abschnitts (und im ersten Vers des uns angehenden) kippt das Gespräch um in unseren eigentlichen Predigttext: Was ist überhaupt wichtig? Oder haben sie etwas *Wichtigeres* vor? Wieder ein Gastgeber, wieder lauter Einladungen, übrigens merkwürdigerweise unter Seinesgleichen; dann aber hagelt es nur Absagen von Leuten, die etwas *Wichtigeres* vorhaben. Nun wird der einladende Gastgeber zornig und tut erst dann das, was er nach Jesu Rat an den Pharisäer schon gleich hätte tun sollen: Er schickt den Knecht zu den bereits vorher erwähnten Armen, Verkrüppelten, Blinden und Lahmen und – als noch Raum frei war – sogar weiter hinaus zu den wohnsitzlosen Wegelagerern.

Und die Lehre aus dieser doppelten Geschichte? Zum einen: Nimm dich selber nicht zu wichtig. Zum anderen aber: Wenn etwas wirklich Wichtiges vor dir steht, wenn das existentiell Entscheidende bevorsteht, dann rede dich nicht mit etwas (vermeintlich) Wichtigerem heraus. Ob wir diesem Rat wirklich gewachsen sein werden?

Ein Letztes: Dauernd rumort in meinem Bewusstsein die Frage, wann jemals – was ja, siehe oben, sozusagen nur evangeliumsgemäß oder sozialbewusst wäre – laden wir Bedürftige und Benachteiligte zu Tische, anstatt nur Unseresgleichen; vielleicht der eine oder andere etwa zu Weihnachten, ansonsten lieber eine Spende für »Brot für die Welt«. Und schon fällt mir immer wieder jener Heilige Abend in den siebziger Jahren ein. Wir waren im bayerischen Oberland noch kurz zum Langlaufen und hatten das Auto in einer, wie es schien, gottverlassenen und menschenleeren Ecke an einer brüchigen Scheune abgestellt. Doch als wir nach Einbruch der Dunkelheit zurückkamen, schien mattes Licht aus den Bretterritzen. Ein alter, ärmlich aussehender Mann kam vor die Tür – und lud uns zu sich ein in seine arg bescheidene Behausung, in deren einer Ecke seine noch viel ältere Mutter saß: Ein Schnapserl oder zwei... Der anrührendste Heilige Abend unserer Erinnerung! Wie ungewöhnlich es wäre, wenn wir die Zurückgesetzten und Ausgegrenzten einlüden? Aber wie erst, wenn die Bedürftigen und Ärmsten *uns* einladen?

3. SONNTAG NACH TRINITATIS
JONA 4,1-11

Matthias Elsermann

Das aber verdross Jona sehr, und er ward zornig und betete zum Herrn und sprach: Ach, Herr, das ist's ja, was ich dachte, als ich noch in meinem Lande war. Deshalb wollte ich ja nach Tarsis fliehen; denn ich wusste, dass du gnädig, barmherzig, langmütig und von großer Güte bist und lässt dich des Übels gereuen. So nimm nun, Herr, meine Seele von mir; denn ich möchte lieber tot sein als leben. Aber der Herr sprach: Meinst du, dass du mit Recht zürnst?

Und Jona ging zur Stadt hinaus und ließ sich östlich der Stadt nieder und machte sich dort eine Hütte; darunter setzte er sich in den Schatten, bis er sähe, was der Stadt widerfahren würde. Gott der Herr aber ließ einen Rizinus wachsen; der wuchs über Jona, dass er Schatten gab seinem Haupt und ihn errettete von seinem Übel. Und Jona freute sich sehr über den Rizinus.

Aber am Morgen, als die Morgenröte anbrach, ließ Gott einen Wurm kommen; der stach den Rizinus, dass er verdorrte. Als aber die Sonne aufgegangen war, ließ Gott einen heißen Ostwind kommen, und die Sonne stach Jona auf den Kopf, dass er matt wurde. Da wünschte er sich den Tod und sprach: Ich möchte lieber tot sein als leben.

Da sprach Gott zu Jona: Meinst du, dass du mit Recht zürnst um des Rizinus willen? Und er sprach: Mit Recht zürne ich bis an den Tod. Und der Herr sprach: Dich jammert der Rizinus, um den du dich nicht gemüht hast, hast ihn auch nicht aufgezogen, der in einer Nacht ward und in einer Nacht verdarb, und mich sollte nicht jammern Ninive, eine so große Stadt, in der mehr als hundertzwanzigtausend Menschen sind, die nicht wissen, was rechts oder links ist, dazu auch viele Tiere?

Da ist jemand stinksauer. Damit geht es los: Jona ist ärgerlich, verdrossen! Denn er hatte es ja kommen sehen! Von Anfang an! Darum wollte er auch nicht gehen bzw. wollte nur weg, weit weg, raus aus dem Einflussbereich dieses EINEN, dieses Gottes, der so »gnädig, barmherzig, langmütig und von großer Güte« ist und sich »des Übels gereuen« (Jona 4,2) lässt. Jona hat dieses Glaubensbekenntnis gekannt, das Mose bei der Gottesbegegnung und erneutem Bundesschluss ausruft (Ex 34,6). Er wird die Gnadenformel gesprochen haben, so wie Psalmbeter es taten und tun (vgl. Ps 86,15; 103,8). Und er wird auch um die Reue JHWHs gewusst haben (vgl. Ex 32,14), die IHN sich abkehren lässt von dem angekündigten Unheil hin zur Vergebung. Aber Jona ist trotzdem stinksauer: Denn es ist das eine, etwas zu wissen und zu glauben – und das andere, es im konkreten Handeln zu erleben und umzusetzen. Jona steigert sich so sehr in seinen Verdruss hinein, dass er sich wünscht, Gott möge ihn lieber sterben lassen (Jona 4,3).

Dieses emotionsgeladene Gebet eröffnet das Schlusskapitel der wunderbaren Novelle des Jonabuches. Es bringt Jonas Empfinden auf den Punkt nach den vorausgegangenen Ereignissen: JHWHs Auftrag zur Strafpredigt gegen Ninive, Jonas Flucht – fort aus dem Einflussbereich JHWHs. Aber es gelingt ihm nicht: weder im fernen (wenn auch nie erreichten) Tarsis noch in den Tiefen der Meere, jenseits der Riegel der Erde (vgl. Jona 3,7) ist er außerhalb des Machtbereiches JHWHs. So lässt er sich darauf ein, in der fernen Fremde Ninives der Bußprediger Gottes zu sein. Und als er noch nicht einmal ein Drittel der Stadt mit seiner Predigt durchquert hatte, als gerade einmal ein Vierzigstel der Umkehrfrist vergangen war, »glaubten die Leute von Ninive an Gott und riefen ein Fasten aus und zogen alle, Groß und Klein, den Sack zur Buße an« (Jona 3,4-5). Und Jona: Er hat es kommen sehen, schon wieder ist JHWH »gnädig, barmherzig, langmütig und von großer Güte«. Und Jona, der sich so identifiziert hatte mit dem Zorn Gottes und vermutlich Schreckensbilder der Vernichtung im Kopf hatte, erlebt das Erbarmen Gottes und sieht vor seinen Augen Hoffnungsbilder der Veränderung. Diese erlebte Umkehr der anderen blockiert seine eigene Umkehr: Statt sich über die Einsicht der Menschen Ninives zu freuen und das fortdauernde Leben zu begrüßen, verkriecht er sich irgendwo außerhalb der Stadt und verschließt sich in seinem Zorn.

Sah er Gottes Macht erschüttert, dass sie nicht im Untergang Ninives bewiesen wurde?

Sah er Gottes Freiheit eingeschränkt, weil er in Abhängigkeit von dem Handeln der Menschen in Ninive von seinem Plan ablassen muss?

War es für ihn persönlich ein Gesichtsverlust, weil er nicht als der Rechtbehaltende triumphieren durfte?

Diese emotionsgeladene Spannung der Beziehung Jonas zu JHWH bringt Dynamik in das Nachdenken über JHWH und unsere Vorstellung von ihm. Aber sie führt ebenso zum Nachdenken über den Menschen und den Umgang mit seinen Urteilen und Prinzipien.

Wie geht Gott um mit Jonas Zorn auf ihn? Gibt es Zurechtweisung? Kritik? Einen Rüffel? Ganz der gnadentheologischen Linie der Erzählung treu bleibend wirbt JHWH um Jona, um seine Einsicht, um seine Umkehr – um sein Ja zur Barmherzigkeit Gottes! Gott lädt Jona ein zum Perspektivwechsel: ›Schau dir Ninive, schau dir die Welt, schau dir das Leben an mit den Augen des Schöpfers!‹ Gott macht Jona nicht klein wegen seines Verdrusses, sondern lädt ihn ein, mit göttlicher Größe auf die Welt zu schauen, damit auch er zur Einsicht und Umkehr finde. Barmherzigkeit und Gnade Gottes sind kein Verrat an seiner Gerechtigkeit und Freiheit. Vielmehr offenbaren sich seine Gerechtigkeit und Freiheit in Barmherzigkeit und

Gnade. Verzicht auf angedrohte Strafe ist nicht Schwäche, sondern Stärke. Nachgeben bedeutet keinen »Gesichtsverlust« für DEN, der »sein Antlitz über uns leuchten lässt« (vgl. Num 6,25) und der im freundlichen Angesicht des betrogenen und verlorenen, aber wiedergewonnenen Bruders gesehen wird (vgl. Gen 33,10).

Jona hat es gewusst: JHWH würde das angedrohte Übel bereuen, und er würde dumm dastehen. Eigentlich ein Paradox – Jona müsste sich doch freuen, dass das Äußerste nicht eingetreten ist! Aber er fühlt sich offensichtlich blamiert, schwach, seiner Rolle beraubt. Aus der Seelsorge kenne ich solche Paradoxien: Eltern brechen die Beziehung zu einem Kind ab aus prinzipiellen Gründen – welche auch immer dies sein mögen – und leiden zutiefst daran. Aber es gelingt ihnen nicht, über ihren Schatten zu springen und einen Neuaufbau der Beziehung zu suchen. Dies gilt aber auch im gesellschaftlichen und politischen Bereich: Da wird mit scharfen Konsequenzen gedroht – und darüber nimmt man sich die Freiheit zu Kompromissen.

Der Predigttext endet offen. Das Kapitel – wie das ganze Jonabuch – endet offen: Aber es endet mit einer weit geöffneten Tür, die Jona einlädt, aus seinem Verdruss, aus seinem Zorn herauszutreten und die geöffnete Tür zu durchschreiten. Wird er es tun?

Gerade weil das Jonabuch darauf keine Antwort gibt, liest es sich immer wieder neu voller Spannung und Freude! Die am Ende offenstehende Tür lädt ein, sie ermutigt zum Durchschreiten – auch heute!

Wird es geschehen?

P.S.: Eine Predigt zu diesem Text steht in der Gefahr, zu breit auf die vorangegangene Geschichte Jonas einzugehen und darüber die vielfältigen Impulse dieses Kapitels nicht aufgreifen zu können.

4. SONNTAG NACH TRINITATIS
1. PETRUS 3,8-17

Peter Rohde

Endlich aber seid allesamt gleich gesinnt, mitleidig, brüderlich, barmherzig, demütig. Vergeltet nicht Böses mit Bösem oder Scheltwort mit Scheltwort, sondern segnet vielmehr, weil ihr dazu berufen seid, auf dass ihr Segen erbt. Denn »wer das Leben lieben und gute Tage sehen will, der hüte seine Zunge, dass sie nichts Böses rede, und seine Lippen, dass sie nicht betrügen. Er wende sich ab vom Bösen und tue Gutes; er suche Frieden und jage ihm nach. Denn die Augen des Herrn sehen auf die Gerechten, und seine Ohren hören auf ihr Gebet; das Angesicht des Herrn aber sieht auf die, die Böses tun« (Ps 34,13-17).

Und wer ist's, der euch schaden könnte, wenn ihr dem Guten nacheifert? Und wenn ihr auch leidet um der Gerechtigkeit willen, so seid ihr doch selig. Fürchtet euch nicht vor ihrem Drohen und erschreckt nicht; heiligt aber den Herrn Christus in euren Herzen. Seid allezeit bereit zur Verantwortung vor jedermann, der von euch Rechenschaft fordert über die Hoffnung, die in euch ist, und das mit Sanftmut und Ehrfurcht, und habt ein gutes Gewissen, damit die, die euch verleumden, zuschanden werden, wenn sie euren guten Wandel in Christus schmähen. Denn es ist besser, wenn es Gottes Wille ist, dass ihr um guter Taten willen leidet als um böser Taten willen.

»Zeitenwende« – seit ein paar Tagen kommt dieses Wort mit veränderter Bedeutung aus vielen Lautsprechern. Bisher kannte ich es als den »Beginn der christlichen Zeitrechnung«, als das Jahr von Christi Geburt. Heißt uns diese neuerliche Wendezeit nun, dass wir uns von dem abwenden sollten, was dem »Neuen Testament« zufolge geglaubt, geliebt und gehofft wurde? Weil wir jetzt in ein neues Zeitalter geworfen sind, in der eine Nachfolge Christi naiv und überholt geworden ist? Weil, wie es im Gesangbuchlied heißt, von nun an gilt: »Recht wird durch Macht entschieden« und: »Wer lügt, liegt obenauf«?

So sehr, dass wir angesichts der Umwertungen als Christen unser Testament machen können, weil ein christlicher Glaube gegen die Zeitbomben des neuen Zeitgeistes nicht einmal mehr der Rede wert ist? So sehr, dass Reden und das Wort in einer Zeit der verschworenen Meinungen und falschen Zeugnisse schon als solches nichts mehr wert ist, weil banale Faktizität sich selbst interpretiert? Weil etwa die Sprache der Waffen und Konfrontation, alles, was Frontantrieb in sich hat, als viel bezwingender gelten muss als Worte und Kooperation, die wenigstens noch versuchen, das Ausmaß von Zerstörung nicht in gegenseitiger Überbietung zu steigern und zu vervielfachen?

Ohnmächtiges Fragen treibt mit mir Spott: Was wird aus der »Ehrfurcht vor dem Leben«, wenn der böse Nachbar »in einer anderen Welt wohnt« und diese Gesinnung auf verhöhnende Weise schändet und Mitmenschen aus für ihn sicherer Ferne hyperschallschnell zu erdolchen droht? Was kann da noch Verantwortung heißen, die zu den Waffen ruft, um Gräuel sofort zu stoppen, wenn die Folgenabschätzung ihres Tuns kaum mehr sein kann als eine mutmaßende Projektion ins Unabsehbare?

Als eine eindringliche Mahnung, im bösen Konfliktfall nicht symmetrisch zu reagieren, nicht mit Vergeltung zu eskalieren, begegnet mir der Text.

Von gemeinsam verbindlicher Gesinnung jedenfalls redet gleich der erste Satz: »Seid allesamt gleich gesinnt.« Stimmt euch also untereinander ab, wo es ums notwendige Handeln geht, das seine handlungsleitenden Absichten vernünftig überdenken und verständlich mitteilen kann.

Dann folgen Tugenden, vorbildliche Grundhaltungen, die in dieser Zusammenstellung außerchristlich nicht überall selbstverständlich sind:

Seid *mitfühlend*, wobei das griechische Wort mehr »sympathische« Zuneigung anklingen lässt, als das das lutherisch übersetzte »mitleidig«. *Geschwisterlich* – auf Augenhöhe verbunden, weder herablassend-besserwisserisch noch herrisch-geringschätzend. *Barmherzig* – spontan aus dem Bauch heraus hilfsbereit und fürsorglich, nicht verkopft-kalt berechnend. *Demütig* – heiter sich in realistischer Selbsteinschätzung seiner Stärken und Schwächen bewusst, nicht verzweifelt ums Bedeutend-Sein bemüht.

Und gegenüber dem Bösen nicht bloß in der gleichmachenden »Auge um Auge«-Logik auf zunächst begrenzte Rache bedacht, sondern im Ausstieg aus der Reiz-Reaktionsspirale. Der Goldenen Regel zufolge liegt Segen und heilvolle Wirkung darauf, selbst initiativ so zu handeln, wie man »geschwisterlich« selbst behandelt werden möchte oder als wäre man »mitfühlend« selbst davon betroffen.

Denn wollte ich das Böse, das Leben Zerstörende, noch rascher und radikaler mit Bösem, mit Leben Zerstörendem, auf eigene Faust beseitigen, würde Böses ja nicht dadurch gut, dass es von mir getan wird. Es ergäbe nur die Fortsetzung des Zerstörerischen mit anderen Tätern.

»Wer das Leben lieben und gute Tage sehen will«, den warnt der herbeizitierte Psalm vor der Gefährlichkeit des Mundwerks: Denn Worte deuten Taten und Untaten. Sie deuten an, was von ihnen zu halten und im Weiteren zu erwarten ist. Darum soll die eigene Schlag-Fertigkeit im Zaum gehalten werden können, wo Hassrede mit Hieb-

und Stichworten darauf aus ist, andere herabzuwürdigen und schlecht dastehen zu lassen.

Wo früher eine Einzelstimme kaum über den Horizont des Stammtisches hinausreichen konnte, da bekommt sie mittlerweile in den »sozialen« Netzwerken durch ungesiebte Weiterleitung eine so rasante Verbreitungsmöglichkeit, dass sich vervielfältigt wiederholte Meinungen wuchtiger auswirken als vorliegende Tat-Sachen. Fatal wird's da, wo mit einer Flut von Falschnachrichten gezielt ein täuschender Anschein erzeugt werden soll.

»Die Wahrheit macht frei« – wäre es anders, warum sollten dann Despoten das Aussprechen der Wahrheit mit Gewalt unterdrücken wollen?

»Suche Frieden und jage ihm nach.« Das Leiden um der Gerechtigkeit willen kommt damit gleich in den Blick. Leiden, wenn auch ganz anderer Art, begegnet uns auch dort, wo dem Unrecht und Verbrechen nicht mit den gleichen, blutvergießenden Mitteln begegnet wird. In diesen Tagen ist noch offen, ob es mit Wirtschaftssanktionen rasch genug gelingen kann, militärischer Brutalität den Nachschub auszutrocknen und den Widerstand der Unzufriedenen zu mobilisieren, die Mangel leiden.

Auch hier im Land ist das frühere »Wir schaffen das«-Vorschussvertrauen längst einem »Wir halten das nicht durch«-Zweifel gewichen, der seine Zeitgenossen so einschätzt, dass ein am eigenen Leib abverlangter Verzicht durch erhebliche materielle Einschränkungen bald in Unmut und Ablehnung derer kippen kann, mit denen man sich solidarisch zeigen wollte.

Jedoch könnten wir andere kostenlos »strafen«, ohne dadurch selbst in spürbare Mitleidenschaft gezogen zu werden, dann steht zu befürchten, dass auch wir gefühl- und gnadenlos zu weit gingen.

»Und das mit Sanftmut und Ehrfurcht« – möge uns trotz allem auch künftig bleiben.

Denn sanfter Freimut, der es wagt, gewaltfrei und unerschrocken ein Protestplakat in die Fernsehkamera der Abendnachrichten zu halten, ist allemal bewundernswürdiger als jeder viel gewaltigere, aber feige befohlene Angriff aus sicherem Hinterhalt.

Und der Respekt gegenüber dem Lebendigen, dem es nicht bloß ums eigene Leben geht, das partout leben will, muss auch die Interessen des heutigen Gegners mitbedenken. Denn auch er liebt seine Kinder und will bekommen, was er zum Leben braucht. Diese Berücksichtigung wird es auch nach einem Waffenstillstand wieder brauchen, wenn Kompromisse gefunden und Vereinbarungen getroffen werden sollen, die eine gemeinsame Zukunft gewährleisten können.

Leider scheint es stets so zu sein, dass auch nach dem Schweigen verheerender Waffen über wenig anderes verhandelt werden wird als über das Strittige, worüber schon vor dem einander ruinierenden Krieg ernsthaft und hörbereit hätte geredet werden müssen. »Suche Frieden…« Rechtzeitig.

5. SONNTAG NACH TRINITATIS
JOHANNES 1,35-51

Jakob Mertesacker

Am nächsten Tag stand Johannes abermals da und zwei seiner Jünger; und als er Jesus vorübergehen sah, sprach er: Siehe, das ist Gottes Lamm! Und die zwei Jünger hörten ihn reden und folgten Jesus nach. Jesus aber wandte sich um und sah sie nachfolgen und sprach zu ihnen: Was sucht ihr? Sie aber sprachen zu ihm: Rabbi – das heißt übersetzt: Meister –, wo wirst du bleiben? Er sprach zu ihnen: Kommt und seht! Sie kamen und sahen's und blieben diesen Tag bei ihm. Es war aber um die zehnte Stunde.

Einer von den zweien, die Johannes gehört hatten und Jesus nachgefolgt waren, war Andreas, der Bruder des Simon Petrus. Der findet zuerst seinen Bruder Simon und spricht zu ihm: Wir haben den Messias gefunden, das heißt übersetzt: der Gesalbte. Und er führte ihn zu Jesus. Als Jesus ihn sah, sprach er: Du bist Simon, der Sohn des Johannes; du sollst Kephas heißen, das heißt übersetzt: Fels.

Am nächsten Tag wollte Jesus nach Galiläa ziehen und findet Philippus und spricht zu ihm: Folge mir nach! Philippus aber war aus Betsaida, der Stadt des Andreas und des Petrus. Philippus findet Nathanael und spricht zu ihm: Wir haben den gefunden, von dem Mose im Gesetz und die Propheten geschrieben haben, Jesus, Josefs Sohn, aus Nazareth. Und Nathanael sprach zu ihm: Was kann aus Nazareth Gutes kommen! Philippus spricht zu ihm: Komm und sieh!

Jesus sah Nathanael kommen und sagt von ihm: Siehe, ein rechter Israelit, in dem kein Falsch ist. Nathanael spricht zu ihm: Woher kennst du mich? Jesus antwortete und sprach zu ihm: Bevor Philippus dich rief, als du unter dem Feigenbaum warst, habe ich dich gesehen. Nathanael antwortete ihm: Rabbi, du bist Gottes Sohn, du bist der König von Israel! Jesus antwortete und sprach zu ihm: Du glaubst, weil ich dir gesagt habe, dass ich dich gesehen habe unter dem Feigenbaum. Du wirst noch Größeres sehen als das. Und er spricht zu ihm: Wahrlich, wahrlich, ich sage euch: Ihr werdet den Himmel offen sehen und die Engel Gottes hinauf- und herabfahren über dem Menschensohn.

KOMMT UND SEHT SELBST

Szenen, in denen Jesus seine zukünftigen Jünger gewinnt, gehören zu denjenigen Erzählungen des Neuen Testaments, die mir so vertraut sind, dass ich fast nicht mehr hinhöre: Vermeintlich weiß ich schon, was gesagt oder was nicht gesagt wird. In diesem Gefühl der Vertrautheit geht verloren, dass es sich um höchst spannungsvolle Situationen handelt, die erzählt werden. Die von Jesus angesprochenen Personen sind nach dieser Ansprache – so hat man es im Ohr – sofort bereit, alles aufzugeben und ihm nachzufolgen: Familie, Beruf und Heimat – alle bedeutsamen Bindungen.

Die Episode aus dem Johannesevangelium ist dabei etwas Besonderes: Jesus ist in diesem Text nicht so forsch wie in den anderen Evangelien und fordert hier nicht unmittelbar zur Nachfolge auf. Vielmehr richtet er eine Frage an die Jünger: »Was sucht ihr?«

Jesus ermöglicht den Jüngern mit seiner dann folgenden Einladung »Kommt und seht!« eine Begegnung mit ihm, deren Inhalt den Lesenden verborgen bleibt. Diese Begegnung scheint so beeindruckend zu sein, dass Andreas seinem Bruder Simon danach ganz sicher mitteilen kann, dass er den Messias gefunden habe. Als Jünger des Täufers geht Andreas nicht völlig unvoreingenommen in diese Begegnung. Möglicherweise hat er erwartet, dass

Johannes selbst der Messias ist. Dann war es für ihn wahrscheinlich eine Enttäuschung, dass der Täufer immer wieder von sich wegverwiesen hat, wenn andere ihn Messias genannt haben.

Nach dem abstrakten Johannesprolog und einer kurzen Szene, in der Johannes der Täufer nach einer Begegnung mit Jesus bezeugt, dass dieser der Sohn Gottes sei, stellt diese Frage die ersten Worte Jesu im Evangelium dar. Den Lesenden geht es also ähnlich wie den Protagonisten, die Jesus begegnen: Sie haben bisher nur durch das Zeugnis anderer erfahren, dass Jesus der Messias sein soll. Er selbst offenbart sich noch lange nicht.

Damit ergeht dieselbe Einladung, »Kommt und seht!«, auch an die Lesenden. Man kann das so verstehen, dass es eine Einladung zum Lesen des ganzen folgenden Johannesevangeliums ist, in dem Jesus sich durch Zeichen und Wunder als Messias offenbart. Nach dem fulminanten Start im Prolog des Evangeliums kann es auch eine Enttäuschung sein, dass die ersten Worte desjenigen, der »Gnade und Wahrheit« bringt, eine Frage sind.

Wie die Jünger in der Szene treffen diese Worte die Lesenden nicht völlig naiv: Einige Bezüge lassen sich bereits herstellen. Zudem werden Lesende, die mit den Kulturräumen der Antike vertraut sind, sofort einige Phänomene bemerken. So tragen die beiden namentlich genannten Männerpaare jeweils einen griechischen und einen semitischen Namen: Andreas und Simon, Philippus und Nathanael. Nicht nur die Stelle des Textes im Evangelium liegt zwischen der Lebenswelt des Täufers und der von Jesus, sondern auch die Handlung wird zwischen den Welten, zwischen den Kulturen verortet.

Insgesamt bleibt bei mir jedoch der Eindruck, dass ich zwar Anklänge wahrnehme, aber noch nichts verstehe. Vielleicht geht es mir dabei auch ähnlich wie den Männern des Textes, bei denen eine Vertrautheit mit Jesus erst im Entstehen begriffen ist. Fast wirkt es, als durchbricht Jesus immer wieder die Erwartungen an ihn und verweist die Menschen, die ihm begegnen, auf ihre eigene noch ausstehende Erfahrung mit ihm. Philippus erklärt Nathanael nicht, warum er überzeugt ist, dass Jesus der Messias ist. Er lädt Nathanael ein, eigene Erfahrungen zu machen: »Komm und sieh!«

Es lohnt sich, genau hinzusehen und sich nicht vorschnell von eigenen Erinnerungen an ähnliche Situationen leiten zu lassen. Das Einlassen auf neue Begegnungen heißt immer auch, Leerstellen dafür offen zu lassen, dass mein Gegenüber eine ganz andere Person sein könnte, als ich es erwarte.

Ganz ohne Konzepte, ohne Schubladen, ohne Diagnosen wird keine Begegnung möglich sein. Die Wirklichkeit ist zu kompliziert, als dass man sich völlig davon frei machen könnte oder sollte. Aber es bedarf ein Stück weit eines geplanten, methodischen Zweifels an den eigenen Einordnungen. Ich sollte damit rechnen, dass alles ganz anders ist, als ich es mir gedacht habe. Dazu muss ich offen für weitere Erfahrungen sein und sehen, hören und wahrnehmen, was noch geschieht. Im Johannesevangelium ist es ist mir überlassen, in der Begegnung mit den weiteren Erzählungen meine eigenen Erfahrungen mit Jesu Wirken zu machen. Ein zu schnelles Verstehenwollen könnte da sogar hinderlich sein. Es könnte weitere Erfahrung übertönen und echter Begegnung, zu der auch ein gewisses Maß an Skepsis gehört, entgegenstehen.

Nathanael verkörpert eine solche Skepsis im Text: »Was kann aus Nazareth Gutes kommen?« Er lässt sich von Philippus' Überzeugung nicht gleich beeindrucken. Auch auf Jesu Worte reagiert er zunächst skeptisch. Ihm wird am Ende verheißen, dass er noch »Größeres« sehen wird. Das erste Zeichen Jesu wird auf der Hochzeit zu

Kana geschehen, die im Evangelium direkt nach dieser Episode erzählt wird. Nathanael stammt aus Kana und wird möglicherweise bei der wundersamen Dorfhochzeit anwesend sein. Die Lesenden werden die Herkunft Nathanaels erst viel später erfahren, nämlich im einundzwanzigsten Kapitel des Evangeliums. Es lohnt sich, neugierig zu bleiben.

6. SONNTAG NACH TRINITATIS
JESAJA 43,1-7

Reinhard Mawick

Und nun spricht der Herr, der dich geschaffen hat, Jakob, und dich gemacht hat, Israel: Fürchte dich nicht, denn ich habe dich erlöst; ich habe dich bei deinem Namen gerufen; du bist mein! Wenn du durch Wasser gehst, will ich bei dir sein, und wenn du durch Ströme gehst, sollen sie dich nicht ersäufen. Wenn du ins Feuer gehst, wirst du nicht brennen, und die Flamme wird dich nicht versengen. Denn ich bin der Herr, dein Gott, der Heilige Israels, dein Heiland. Ich gebe Ägypten für dich als Lösegeld, Kusch und Seba an deiner statt. Weil du teuer bist in meinen Augen und herrlich und weil ich dich lieb habe, gebe ich Menschen an deiner statt und Völker für dein Leben. So fürchte dich nun nicht, denn ich bin bei dir. Ich will vom Osten deine Kinder bringen und dich vom Westen her sammeln, ich will sagen zum Norden: Gib her!, und zum Süden: Halte nicht zurück! Bring her meine Söhne von ferne und meine Töchter vom Ende der Erde, alle, die mit meinem Namen genannt sind, die ich zu meiner Ehre geschaffen und zubereitet und gemacht habe.

»Es ist mein Taufspruch!«, durchzuckte es mich, als ich den Briefumschlag geöffnet hatte und mein Blick auf die Todesanzeige meines lieben Onkels fiel: »Fürchte dich nicht, denn ich habe dich erlöst; ich habe dich bei deinem Namen gerufen; du bist mein!« Und ja, dieser erste Vers ist wirklich etwas von der Wiege bis zur Bahre. Auch als Konfirmationswort bestens geeignet und oft gehört und, ja, viel besser als viele andere Sätze und Sprüche, die uns sonst bei solchen Gelegenheiten ereilen, am allerschlimmsten solche wie »Ich schäme mich des Evangeliums nicht; denn es ist eine Kraft Gottes, die selig macht alle, die glauben…«

(Ein von mir sehr verehrter evangelischer Prominenter unserer Tage von bestechender theologischer und ethischer Urteilskraft hängt sehr an diesem eben zitierten Wort aus Römer 1,18 und – dieser Exkurs sei gestattet, bevor wir zu Jesaja zurückkehren – führte es öfter zu mehr oder minder passenden Gelegenheiten im Munde. Es passt zu ihm durchaus, denn er trägt an Deutung und Auslegung immer so viel zusammen, dass so ein aktivistisches »Ich«-Wort angemessen ist oder zumindest in Bewunderung akzeptiert werden kann.)

Bei Jesaja beziehungsweise Deuterojesaja ist das ganz anders: kein »Ich-Wort«, sondern ein »Dich-Wort«! Dich, dich habe ich erlöst, und deshalb musst du erstmal nichts tun, außer dass du dich eben nicht zu fürchten brauchst. Herrlich! Welch ein guter Startschuss für das Leben, das zumindest bei mir und meinen Kindern noch ganz traditionell mit der Taufe begann – ob das bei unseren Enkeln auch so sein wird, ist nicht gewiss. Andere Baustelle…

»Es ist mein Taufspruch!« Ich sagte es dann auch meiner Tante im Trauergespräch vor der Beerdigung, die ich zu halten hatte. Sie nannte gleich das Problem, das sie und auch ihre Söhne mit diesem Vers hatten, obwohl sie ihn schließlich doch über die Anzeige gesetzt hatten: »Dieses ›du bist mein‹ – das klingt wie ein Raub…«, sagte sie. Ach, guck, dachte ich, soweit ist der Individualismus dann doch schon vorgerückt, dass es als übergriffig erscheint, vielleicht nicht, dass wir von Gott kommen, aber dass wir dann auch wieder zu ihm gehen, dass wir »sein« sind und nicht unserem Nachruhm gehören. Aber so hatte sie es bestimmt nicht gemeint, und ich gab mein Bestes, es ihr zu erklären, wie dieser »Raub« doch so sehr wünschenswert sei, und sprach: »Was heißt das? Das heißt: Gott selbst erlöst uns, Gott selbst kennt uns beim Namen und verspricht: Du gehörst jetzt zu mir, denn ich kenne deinen Namen und deine Sorgen. Du bist bei mir geschützt, geborgen und am Ende befreit vom Leid, kurz: ›Du bist mein.‹«

Meine Tante konnte wohl damit leben, aber mir dünkte mehr und mehr, dass in diesem »Du bist mein« doch mehr steckt als die in unseren Zeiten stark und stärker strapazierte Assoziation eines Gottes, der »nur« umfassend und unendlich lieb ist. *Zuspruch sine finem*. Stimmt das? Hat »Fürchte dich nicht« nicht auch etwas von einem mutigen Pfeifen im Walde, ist »Fürchte dich nicht!« das Gegenstück zu »Sei lieber vorsichtig!«? Sicherlich auch. Aber noch etwas: »Du bist mein« weist auf das ganze Anspruchsportfolio hin, das von alters her eigentlich mit der Taufe verbunden ist. Warum ließ sich Kaiser Konstantin erst auf dem Sterbebett taufen? Weil er das Leben eines frommen Christen nicht führen wollte beziehungsweise als Kaiser und Imperator auch gar nicht führen konnte.

Klar, der erste Vers ist der stärkste. In ihm ist alles gesagt, zumindest, was das »nicht fürchten« angeht. Das führt der zweite Vers schön aus: »Wenn du durch Wasser gehst, will ich bei dir sein, und wenn du durch Ströme gehst, sollen sie dich nicht ersäufen. Wenn du ins Feuer gehst, wirst du nicht brennen, und die Flamme wird dich nicht versengen.« Im Wasser kommst du nicht um. Und im Feuer kommst du nicht um. Du bist mein. Punkt. Mehr geht nicht, oder?

Aber dann lese ich im weiteren Verlauf etwas, was mich befremdet: »Weil du teuer bist in meinen Augen und herrlich und weil ich dich lieb habe, gebe ich Menschen an deiner statt und Völker für dein Leben.« (V. 4) Wo geraten wir denn jetzt hin? Anderes Leben für mich, für Israel? Wie wäre der Kontext heute? »Ich gebe die Ukraine für dich als Lösegeld, Moldawien und Georgien an deiner statt«, so mag man es sich in anderen Sphären zurechttexten. Stop it – hier droht toxische Konkretion.

Ergo: Erlösen ist eine ganz schön harte Arbeit. Für Gott, aber auch für mich als zu Erlösenden.

PS: Wer sich ein (Hör-)Bild davon machen will, der höre unseren Vers, wie ihn Johann Sebastian Bach in seiner herrlichen doppelchörigen Motette (BWV 228) vertont hat: Quälend, chromatisch, auch stimmlich anstrengend, je nach Verfassung, immerhin tun sich beide Chöre zusammen. Merke: Für die Erlösung müssen alle Kräfte mobilisiert werden. Ja, es ist ein trotzig und verzagt Ding mit der Erlöstheit, so spricht und klingt es aus dieser Motette, die dann am Ende aber enthusiastisch in Gottes Arme und Schoß springt: »Du bist mein« – drei Takte am Schluss für die Ewigkeit in A-Dur. Für den fröhlichen Teil hat der große Bach auch »Verstärkung« aus dem Folgekapitel vorgeschaltet (41,10): »Weiche nicht, denn ich bin dein Gott. Ich stärke dich, ich helfe dir auch, ich halte dich durch die rechte Hand meiner Gerechtigkeit.«

7. SONNTAG NACH TRINITATIS
APOSTELGESCHICHTE 2,41-47

Niklaus Peter

Die nun sein Wort annahmen, ließen sich taufen; und an diesem Tage wurden hinzugefügt etwa dreitausend Menschen.

Sie blieben aber beständig in der Lehre der Apostel und in der Gemeinschaft und im Brotbrechen und im Gebet. Es kam aber Furcht über alle, und es geschahen viele Wunder und Zeichen durch die Apostel. Alle aber, die gläubig geworden waren, waren beieinander und hatten alle Dinge gemeinsam. Sie verkauften Güter und Habe und teilten sie aus unter alle, je nachdem es einer nötig hatte. Und sie waren täglich einmütig beieinander im Tempel und brachen das Brot hier und dort in den Häusern, hielten die Mahlzeiten mit Freude und lauterem Herzen und lobten Gott und fanden Wohlwollen beim ganzen Volk. Der Herr aber fügte täglich zur Gemeinde hinzu, die gerettet wurden.

Dieser kurze Bericht in Apostelgeschichte 2,41-47 erinnert mich an alte Familienfotos, mit einer bewährten Leica aufgenommen und deshalb von einer Prägnanz, wie man sie fast nur auf Schwarz-Weiß-Abzügen in Silbergelatinepapier noch sehen kann: Da steht oder sitzt die christliche Urgemeinde wie eine Großfamilie zusammen, einig in dem, was das von österlichem und pfingstlichem Geist beflügelte Evangelium ist, beständig in ihrer Gemeinschaft, die sich in jenem symbolisch so kraftvollen, Erinnerung und Gegenwart verdichtenden Akt des Brotbrechens erneuert. Also keine Eigenbrötler, aber auch keine Spaßkompanie und keine Saufkumpanen. Sondern eine Gemeinschaft, die durch Gotteswort, Abendmahl und Gebet verbunden ist. Und gewiss, wie in allen Prozessen von Erinnerung, wirkt dieses Gruppenbild sorgfältig komponiert, um nicht zu sagen: arrangiert, und wie stets bei solchen Erinnerungsfotos ist das nicht zu sehen, was in der urchristlichen Gemeinde an Konflikten, Ängsten und Ungewissheiten für Rumpeln und Wackeln sorgte – stillgestanden, es ist eine Fotografie fürs Album, fürs Familienarchiv!

Das kann man dekonstruieren oder ironisieren – aber dieser ikonische Text hat durch die ganze Kirchengeschichte hindurch immer wieder radikale Impulse ausgesendet und Menschen inspiriert. Und auch wenn die heutigen Realitäten und Erfahrungen von Kirchgemeinden völlig andere sind und als solche reflektiert werden müssen: Ohne dieses scharfgezeichnete Schwarz-Weiß-Bild hätten akademische Kirchenexperten, Kirchenbürokratien mit ihren Rechtsabteilungen, autoritäre Sakramentalisten und auch postmoderne Selbstsucher ein leichteres Spiel in christlichen Landen. Man könnte eine Geschichte der radikalen Bewegungen schreiben, die hier ihren ersten Impuls empfangen haben, hier ein Feuer unter der Asche wiederentdeckt und weitergetragen haben.

Die monochrome Prägnanz hilft in Erinnerung zu halten, dass hier Lehre (ich würde lieber Bekenntnis sagen), dass Gemeinschaft (und nicht milieusensibel und urban neuausgerichtete »Spiritualitätsangebote«) wichtig sind, dass es einen ernsten und gemeinschaftsbildenden Kern im Brotbrechen gibt, in jener Erinnerung an den hellen und dunklen Weg des Jesus von Nazaret, an seine Passion und an das Licht, das von Ostern her auf dieses Geschehen fällt.

Und deshalb habe ich bewusst das Wort »Utopie« vermieden, das reflexartig in solchen Zusammenhängen fällt: Es ist ein ikonisches Bild, das in seiner Verdichtung etwas festzuhalten versucht, was in kirchlichen Inkulturationsprozessen verloren zu gehen droht. Es ist überdeutlich, dass hier ein Bezug zum Tempel – zur Geschichte Israels – ebenso wichtig ist wie die kleinen Einheiten in Häusern, also ein soziales Bauprinzip, das seine Wurzeln in der Familie und in Solidaritätsvereinen der Spätantike hat – daher die Bereitschaft in ihrer DNA, zu teilen und zusammenzuhalten (wie Zürcher Bibel schlicht und schön übersetzt: »sie hielten zusammen«). Deshalb ist Ernst Troeltschs Prägung vom »religiösen Liebeskommunismus« in den »Soziallehren« mit seiner Ergänzung, es sei »lediglich ein Kommunismus der Konsumption« (also kein ökonomisches Totaltransformationsprojekt), zutreffend, wenn auch begrifflich allzu sehr der damaligen Diskurslage geschuldet. Keine Utopie also, aber eine sehr lebendige Erinnerung daran, dass Eigentum und Besitzverhältnisse nicht den Status von »christlich fundierten Werten«, sondern von rechtlichen Regelungen komplexer Gesellschaften haben. Diese müssen so gestaltet sein, dass auch arme Menschen partizipieren können. Genau das wird in Kirchgemeinden symbolisch und oft auch real gelebt, in der Bereitschaft von Teilgabe, die anderen die Teilnahme ermöglicht.

Herbert Meier, ein Schweizer Schriftsteller und Christ, hat in seiner Vaduzer Laien-Predigt aus dem Jahr 1969 (neben einer knappen Auslegung der Semiotik und Pragmatik des Abendmahls) nach Hinweisen in biblischen Texten für künftiges Kirchesein gefragt und geantwortet: »Die kleine Gruppe als Zelle und Ferment der Kirche. Gemeinde, wie wir sie heute verstehen, als kleinere oder größere Agglomeration solcher Gruppen. Wohnungen, private Räume als Orte, wo man sich trifft. … Ein Organismus, in dem der eine für dies, der andere für jenes bestimmt ist. Die Bestimmung des Einzelnen ist seine Gabe: das, was er für die andern sein kann, sein psychisches Potential, sein Können, seine Einsichten. Kirche: eine Ökonomie der Gaben und ihrer Praxis, nicht der etablierten Ämter und deren Theorie.«

8. SONNTAG NACH TRINITATIS
MATTHÄUS 5,13-16

Christian Stäblein

Ihr seid das Salz der Erde. Wenn nun das Salz nicht mehr salzt, womit soll man salzen? Es ist zu nichts mehr nütze, als dass man es wegschüttet und lässt es von den Leuten zertreten.

Ihr seid das Licht der Welt. Es kann die Stadt, die auf einem Berge liegt, nicht verborgen sein. Man zündet auch nicht ein Licht an und setzt es unter einen Scheffel, sondern auf einen Leuchter; so leuchtet es allen, die im Hause sind. So lasst euer Licht leuchten vor den Leuten, damit sie eure guten Werke sehen und euren Vater im Himmel preisen.

Wir haben ziemlich viel Salz. Man gehe nur an den Regalen bei Edeka oder Aldi entlang. Brezeln, Salzstangen, Chips. Unsere Ernährung müsste, so empfehlen es alle Ernährungsratgeber, salzärmer sein. Wir haben auch ziemlich viel Licht zumindest in urbanen Zentren, bis hin zum in der Antike gewiss unbekannten Phänomen der Lichtverschmutzung. Viel Salz, viel Licht – und doch zu wenig Christentum, zu wenig christlichen Glauben. Ich beginne auf dieser *via negativa*, weil ein Entschlacken der Metaphern die würzige, nicht lasche Auslegung ermöglichen könnte. Uns fehlt ja heute der Zugang zu Umständen, in denen man eine halbe Stunde brauchte, um Licht zu entfachen. Wie kostbar war das dann! Und wie, mit Verlaub, bekloppt also, es dann nicht als Licht zu nutzen, sondern dort zu platzieren, wo es im Zweifelsfall sofort wieder verlischt: unter dem Scheffel. Uns fehlt erst recht der Zugang zu jener Lebenswirklichkeit, in der Salz als Kostbarkeit von den Rändern des Toten Meeres gewonnen wurde und im Haus zentral platziert als Wärmedämmung diente, bis es ausgeglüht irgendwann vor der Tür gerade noch zur Fußreinigung verwendet werden konnte. Ob Jesus gelacht hat, wie es ein Ausleger vermutet, gelacht über mögliche Dummheiten der Menschen, als er jene Sprüche gebildet hat: Ihr seid das Salz der Erde, das Licht der Welt. Und ihr seid doch nicht blöd, oder?

Wie so oft bei Metaphern des Alltags muss man darauf achten, dass sie nicht unter Banalitäten zertreten werden. Zumal wenn sie, wie die Ausleger von Mt 5,13-16 betonen, in sich erstmal inhaltsleer scheinen. Die Stelle ist im Kontext der Bergpredigt eine Art Scharnier. Vorher die Seligpreisungen – selig sind, die um der Gerechtigkeit willen verfolgt werden, selig sind die Frieden stiften, die *peacemaker*, wie es im Bibelenglisch gut nachvollziehbar heißt, was brauchten wir sie doch gerade heute: die *peacemaker* aus dem Wort Jesu heraus. Und nach dem Scharnier die, ich sage mit aller Vorsicht und eingedenk der Einsichten christlich-jüdischer Bibelauslegung der letzten Jahre, sogenannten »Antithesen«: Vom Vergelten oder eben nicht Vergelten, von der Feindesliebe. Wenn das die überzeugenden Gehalte christlichen Glaubens jesuanischer Provenienz sind, beschränkt sich Mt 5,13-16 wohl eher auf Form und Gestalt. Dass die Form aber nicht eine »bloße« ist, das haben uns gerade die letzten Jahre der digital-medialen Revolution wieder neu gelehrt. *The medium is the message* ist eine vergleichsweise alte medientheoretische Einsicht, die sich mit unserer Perikope neu durchbuchstabieren lässt. Was ist die Botschaft ihrer Medien Salz und Licht? Oder beschränkt sie sich in Wahrheit auf das »Ihr« – Ihr seid das!? Adolf Jülicher, einer der Urahnen moderner Gleichnisforschung (sein 85. Todestag am 2.8.2023 nur drei Tage nach unserem Sonntag), war dieser Meinung: Das Vergleichsmoment sei nur das »Ihr« im Spannungsfeld von Güte und Unbrauchbarkeit, weshalb man auch »Ihr seid die Steinkohle der Erde« oder »der Zucker der Erde« sagen könnte. Das ist so schön absurd, dass es mir beim Verstehen des Ineinander von Medium und Botschaft hilft. Bei Steinkohle würden wir wohl eher die Frage nach dem Ablaufdatum der Nutzung christlichen Glaubens assoziieren – 2030? 2038? 2060? Und die Frage, ob Glaube »nur« der Zuckerguss auf einer oft untröstlichen Lebenswirklichkeit ist, rührt an beste religionskritische Einwürfe. Nein, die Rede von Salz und Licht ist kein Zufall – und also im Ineinander von Medium und Botschaft weder zu trennen noch fälschlich zu identifizieren oder zu materialisieren (bitte kein Salz auf die Kanzeln mitnehmen!). Würzen, reinigen, haltbar machen – die drei Eigenschaften des Salzes sind zentrale Analogien, vor allem aber die Verdichtung der drei in jener Eigenschaft, auf die es im Bild wohl ankommt: wirken durch Selbstauflösung, durch Selbsthingabe; so aus sich heraustreten und anderes Gutes zu Kraft und Geschmack bringen. So steckt im Medium Salz der ganze Gehalt jesuanischer Botschaft, lässt sich von da bestens in die Welt hinein denken. Wenn Salz eines nicht tut, dann ist es: bei sich bleiben wollen, Klumpen bilden hinter verschlossenen Fässern und Kirchentüren. Ungenießbar dann, unbrauchbar, unwirksam.

Weshalb es schließlich auch auf das »Ihr« ankommt und die Gestalt, die sich das moderne christliche Gemeinschafts-Ihr als Kirche(n) gibt. Nicht zufällig sind neuere Kirchen- und Gemeindemodelle mit diesem Wort aus Mt 5,13f verbunden. In diesen Modellen gehört ganz entscheidend beides zusammen: Das Sicht- und Spürbarwerden christlicher Glaubensüberzeugung durch ihre Akteurinnen und Akteure – Licht der Welt, Stadt auf dem Berge – und ihre bis in der Hingabe wirkende Medialität

– Salz der Erde. Dabei müssen beide Metaphern gut matthäisch rechtfertigungstheologische Fehlschlüsse gar nicht erst aufkommen lassen. Es wird nichts »gemacht« bei den guten Werken, sie sind, die Metaphern zeigen das, in Herkunft und Wirkweise immer im besten Wortsinn selbstverständlich. Das ist doch Zucker, wie wir umgangssprachlich manchmal sagen, wenn sich etwas besonders gut trifft. Das ist doch Zucker, dass wir (wie) Salz der Erde sind. Zucker und Salz sehen sich eben doch furchtbar ähnlich, wer hat sie nicht schon mal verwechselt. Mt 5,13-16 ist hingegen unverwechselbar. So sehr, dass ich mir gut vorstellen kann, dass Jesus bei diesen Worten gelacht hat. Wer kann denn übersehen, wie Glaube wirkt und was Ihr seid. Gerade heute, wo die Gesellschaft Sinn für Medien hat. Und also: Wir, ja Ihr seid dran.

9. SONNTAG NACH TRINITATIS
1. KÖNIGE 3,5-15(16-28)

Wolf Krötke

Und der Herr erschien Salomo zu Gibeon im Traum des Nachts, und Gott sprach: Bitte, was ich dir geben soll! Salomo sprach: Du hast an meinem Vater David, deinem Knecht, große Barmherzigkeit getan, wie er denn vor dir gewandelt ist in Wahrheit und Gerechtigkeit und mit aufrichtigem Herzen vor dir, und hast ihm auch die große Barmherzigkeit erwiesen und ihm einen Sohn gegeben, der auf seinem Thron sitzen sollte, wie es denn jetzt ist. Nun, Herr, mein Gott, du hast deinen Knecht zum König gemacht an meines Vaters David statt. Ich aber bin noch jung, weiß weder aus noch ein. Und dein Knecht steht mitten in deinem Volk, das du erwählt hast, einem Volk, so groß, dass es wegen seiner Menge niemand zählen noch berechnen kann. So wollest du deinem Knecht ein gehorsames Herz geben, dass er dein Volk richten könne und verstehen, was gut und böse ist. Denn wer vermag dies dein mächtiges Volk zu richten?

Das gefiel dem Herrn, dass Salomo darum bat. Und Gott sprach zu ihm: Weil du darum bittest und bittest weder um langes Leben noch um Reichtum noch um deiner Feinde Tod, sondern um Verstand, auf das Recht zu hören, siehe, so tue ich nach deinen Worten. Siehe, ich gebe dir ein weises und verständiges Herz, sodass deinesgleichen vor dir nicht gewesen ist und nach dir nicht aufkommen wird. Und dazu gebe ich dir, worum du nicht gebeten hast, nämlich Reichtum und Ehre, sodass deinesgleichen keiner unter den Königen ist zu deinen Zeiten. Und wenn du in meinen Wegen wandeln wirst, dass du hältst meine Satzungen und Gebote, wie dein Vater David gewandelt ist, so will ich dir ein langes Leben geben.

Und als Salomo erwachte, siehe, da war es ein Traum. Und er kam nach Jerusalem und trat vor die Lade des Bundes des Herrn und opferte Brandopfer und Dankopfer und machte ein großes Festmahl für alle seine Großen.

[Zu der Zeit kamen zwei Huren zum König und traten vor ihn. Und die eine Frau sprach: Ach, mein Herr, ich und diese Frau wohnten im selben Hause, und ich gebar bei ihr im Hause. Und drei Tage nachdem ich geboren hatte, gebar auch sie. Und wir waren beieinander, und kein Fremder war mit uns im Hause, nur wir beide. Und der Sohn dieser Frau starb in der Nacht; denn sie hatte ihn im Schlaf erdrückt. Und sie stand in der Nacht auf und nahm meinen Sohn von meiner Seite, als deine Magd schlief, und legte ihn in ihren Arm, und ihren toten Sohn legte sie in meinen Arm. Und als ich des Morgens aufstand, um meinen Sohn zu stillen, siehe, da war er tot. Aber am Morgen sah ich ihn genau an, und siehe, es war nicht mein Sohn, den ich geboren hatte. Die andere Frau sprach: Nein, mein Sohn lebt, doch dein Sohn ist tot. Jene aber sprach: Nein, dein Sohn ist tot, doch mein Sohn lebt. Und so redeten sie vor dem König.

Und der König sprach: Diese spricht: Mein Sohn lebt, doch dein Sohn ist tot. Jene spricht: Nein, dein Sohn ist tot, doch mein Sohn lebt. Und der König sprach: Holt mir ein Schwert! Und als das Schwert vor den König gebracht wurde, sprach der König: Teilt das lebendige Kind in zwei Teile und gebt dieser die Hälfte und jener die Hälfte. Da sagte die Frau, deren Sohn lebte, zum König – denn ihr mütterliches Herz entbrannte in Liebe für ihren Sohn – und sprach: Ach, mein Herr, gebt ihr das Kind lebendig und tötet es nicht! Jene aber sprach: Es sei weder mein noch dein; lasst es teilen! Da antwortete der König und sprach: Gebt dieser das Kind lebendig und tötet's nicht; die ist seine Mutter.

Und ganz Israel hörte von dem Urteil, das der König gefällt hatte, und sie fürchteten den König; denn sie sahen, dass die Weisheit Gottes in ihm war, Gericht zu halten.]

Es ist nicht falsch, wenn Martin Luther übersetzt hat, dass der König Salomo sich im Traume von Gott ein »*gehorsames* Herz« wünschte. Denn den Geboten Gottes Gehorsam zu leisten war für den König Israels das erste notwendige Erfordernis. Man könnte diese Übersetzung aber auch bevorzugen, weil es mit diesem Gehorsam bei Salomo faktisch gar nicht so weit her war und er deshalb darum bat. In Vers 4 klingt deutlich Kritik daran an, dass er noch auf den »Höhen von Gibeon« opferte. Dort wurde auch anderen Göttern (»Götzen«) geopfert. Salomos Opferpraxis benachbarte den Gott Israels durch diese Opferpraxis faktisch bei diesen Göttern. Doch das wird ihm hier nicht weiter angelastet. Der Text hat durch seine verschiedenen Redaktionsstufen hindurch die deutliche Tendenz, ihn bei seinem Regieren und Richten als vorbildlichen König darzustellen, »obwohl er auf den Höhen opferte«.

Dazu passt die wörtliche Übersetzung von Salomos Wunsch, die auch die Basisbibel bevorzugt: Salomo wünscht sich von Gott ein »*hörendes* Herz« und nicht ein langes Leben, Reichtum und den Tod seiner Feinde. Dafür lobt ihn Gott und schenkt ihm sogar zusätzlich »Reichtum und Ehre«. Er macht den »kleinen, jungen Mann« (V. 7) so über die geschenkte Weisheit hinaus zu einem großen bedeutenden Mann in Israels Geschichte. Entscheidend aber bleibt: Auf das »Herz« kommt es beim Königsein an. Es ist im biblischen Denken das »Person-Zentrum« von Menschen. Das bedeutet: In ihm ist alles konzentriert, was Menschen im Innersten bewegt. Vernunft und Wille, Gefühle und Gewissen sind Angelegenheiten des »Herzens«. Vor allem aber gehört in Israel dazu auch »Weisheit«. Die Antwort Gottes auf Salomos Bitte versteht das »hörende Herz« als ein »weises und verständiges Herz« (V. 12).

Wie »Weisheit« gemeinhin erworben wird, ist klar. Sie verdankt sich dem aufmerksamen Achten und Hören auf menschliches Verhalten, aber auch auf die Natur. Sie wird vornehmlich *alten Menschen* zugesprochen. Denn wer solche Weisheit erlangen will, braucht Lebenszeit. Die hatte Salomo jedoch noch nicht, als er König wurde. Er hatte zu wenig Erfahrungen, um »weise« über Gut und Böse urteilen zu können. Was er also brauchte, war Zeit für Erfahrungen. Seine Bitte um das »hörende Herz« zielt darum darauf, *im Voraus zu bekommen*, was man normalerweise erst nach einem langen Leben erwirbt. In der Beziehung auf Gott will Salomo mit *Gottes* »hörendem« Herzen verbunden sein und von seinen Erfahrungen profitieren.

Eine solche Verbindung ist nötig. Denn es ist nicht selbstverständlich, dass Menschen in einem langen Leben »weise« werden. Das Leben von Menschen ist zu allen Zeiten voll von Irrtümern, falschen Deutungen von Phänomenen und verkehrten Schlussfolgerungen aus Erfahrungen, um von der absichtlichen Verbreitung von *fake news* zu schweigen. Außerdem hat die durch Erfahrung gewonnene Weisheit auch eine Tendenz, das Hören auf die aktuelle Situation von Menschen zu blockieren. »Da habe ich meine Erfahrungen« – mit diesem Satz verweigern Menschen immer wieder ein neues Hören auf die reale Situation von Menschen. Um wirklich lebensdienliche Weisheit zu erlangen, bedarf es darum nach gesamtbiblischer Einsicht der Orientierung des aktuell »hörenden Herzens« durch Gott.

Wenn man die archaisch-fremdartige Geschichte vom »Salomonischen Urteil« denn überhaupt mit in die Predigt hineinnehmen will, so ist es das *Ungewöhnliche* und *Überraschende* von Salomos Urteilsfindung, das hier illustriert werden soll. Es wurde als »Göttliche Weisheit« (V. 28) verstanden. Für den christlichen Glauben an Gott aber hat das Christuszeugnis des Neuen Testaments den

Zugang zur Überlieferung von Salomos »hörenden Herzen« in seiner Weisheit gebahnt.

Denn der von den Römern verspottete »König der Juden« (Mt 27,29) wurde nach Ostern als »König aller Könige« (1. Tim 6,15) bekannt. In ihm »liegen alle Schätze der Weisheit und der Erkenntnis verborgen« (Kol 3,2). Sein Wirken hat die christliche Lehre unter Verwendung der Königstraditionen des Alten Testaments als sein »königliches Amt« verstanden. Der »König der Ehren« wird in der geistlichen Musik und im Evangelischen Gesangbuch auf vielfältigste Weise besungen (vgl. z. B. EG 45,2). Karl Barth hat Jesus einen »königlichen Menschen« genannt, weil uns in seiner Menschlichkeit das begegnet, was Gottes Zuwendung zu uns auszeichnet. Dazu gehört, dass er mir jeden Morgen »selbst das Ohr« weckt (Jochen Klepper, EG 452).

So wie Salomo also das »hörende Herz« für sein Regieren brauchte, so brauchen wir es mit geöffneten Ohren für unser Leben. Dann können wir die Menschen so wahrnehmen und ihnen beistehen, wie Jesus Christus sie in seiner Liebe zu uns mit seinem »Herzen« wahrnimmt und ihnen beisteht. Dabei muss uns die Königsterminologie nicht schrecken, in der das ausgedrückt wird. Damit soll kein antiker Untertanengeist befördert werden. Im Gegenteil! Wir werden in dieser Gemeinschaft befähigt, mit »hörendem Herzen« selbst über Gut und Böse urteilen zu können. Wir können dann selber ein »königliches Priestertum« (1. Petrus 2,9) genannt werden oder auch – sage ich –: Königinnen und Könige der »hörenden Herzen«.

10. SONNTAG NACH TRINITATIS (ISRAELSONNTAG): KIRCHE UND ISRAEL 5. MOSE 4,5-20

Jörg Ulrich

Sieh, ich habe euch gelehrt Gebote und Rechte, wie mir der HERR, mein Gott, geboten hat, dass ihr danach tun sollt im Lande, in das ihr kommen werdet, um es einzunehmen. So haltet sie nun und tut sie! Denn darin zeigt sich den Völkern eure Weisheit und euer Verstand. Wenn sie alle diese Gebote hören werden, dann müssen sie sagen: Was für weise und verständige Leute sind das, ein herrliches Volk! Denn wo ist so ein herrliches Volk, dem Götter so nahe sind wie uns der HERR, unser Gott, sooft wir ihn anrufen? Und wo ist so ein großes Volk, das so gerechte Ordnungen und Gebote hat wie dies ganze Gesetz, das ich euch heute vorlege? Hüte dich nur und bewahre deine Seele gut, dass du nicht vergisst, was deine Augen gesehen haben, und dass es nicht aus deinem Herzen kommt dein ganzes Leben lang. Und du sollst deinen Kindern und Kindeskindern kundtun den Tag, da du vor dem HERRN, deinem Gott, standest an dem Berge Horeb, als der HERR zu mir sagte: Versammle mir das Volk, dass ich sie meine Worte hören lasse und sie mich fürchten lernen alle Tage ihres Lebens auf Erden und ihre Kinder lehren. Da tratet ihr herzu und standet unten an dem Berge; der Berg aber stand in Flammen bis in den Himmel hinein, und da war Finsternis, Wolken und Dunkel. Und der HERR redete mit euch mitten aus dem Feuer. Den Klang der Worte hörtet ihr, aber ihr saht keine Gestalt, nur eine Stimme war da. Und er verkündigte euch seinen Bund, den er euch gebot zu halten, nämlich die Zehn Worte, und schrieb sie auf zwei steinerne Tafeln. Und der HERR gebot mir zur selben Zeit, euch Gebote und Rechte zu lehren, dass ihr danach tun sollt in dem Lande, in das ihr zieht, es einzunehmen.

So hütet euch um eures Lebens willen – denn ihr habt keine Gestalt gesehen an dem Tage, da der HERR mit euch redete aus dem Feuer auf dem Berge Horeb –, dass ihr euch nicht versündigt und euch irgendein Bildnis macht, das gleich sei einem Mann oder einer Frau, einem Tier auf dem Land oder Vogel unter dem Himmel, dem Gewürm auf der Erde oder einem Fisch im Wasser unter der Erde. Hebe auch nicht deine Augen auf zum Himmel, dass du die Sonne sehest und den Mond und die Sterne, das ganze Heer des Himmels, und fallest ab und betest sie an und dienest denen, die der HERR, dein Gott, zugewiesen hat allen Völkern unter dem ganzen Himmel. Euch aber hat der HERR angenommen und aus dem Schmelzofen, nämlich aus Ägypten, geführt, dass ihr sein Erbvolk sein sollt, wie ihr es jetzt seid.

1. Zukunft braucht Erinnerung. Das fünfte Buch Mose ist eine Abschiedsrede. Eine ziemlich lange. Vielleicht die längste Abschiedsrede der Weltgeschichte. Mose, alt und lebenssatt, verabschiedet sich mit dieser Rede vom Volk Israel. In das verheißene Land, in dem Milch und Honig fließen, wird er selbst nicht mehr hineingelangen. Aber Israel wird schon bald in diesem Land leben. Es wird in diesem Land seine Zukunft haben. Und damit es diese Zukunft gestalten kann, blickt Mose in seiner Abschiedsrede nicht voraus, sondern zurück. Und erinnert sich und die anderen wieder und wieder an das, was sie in den letzten vierzig Jahren erlebt haben: an den Auszug aus Ägypten, an den Bundesschluss, an die Gabe der Tora, an die Gebote, an den Gehorsam und den Ungehorsam gegen Gott. Er erinnert daran, dass Israel Gottes Volk ist, ein Volk voller Weisheit und Verstand. So rüstet er Israel

für das Leben in dem Land zu, das Gott ihnen geben wird. *Bewahre deine Seele gut, dass du nicht vergisst, was deine Augen gesehen haben.*

2. Zukunft braucht Erinnerung. Aber das mit dem Erinnern ist eine brüchige Sache. Mose warnt vor dem Vergessen: Hüte dich, dass es nicht aus deinem Herzen herauskommt dein ganzes Leben lang! Mose will, wie wir heute sagen würden, Erinnerungskultur aufbauen. Wer zukunftsfähig sein will, muss die ganze Geschichte Gottes mit seinem Volk kennen, muss die Tora vom Sinai und ihr Herzstück, die zehn Gebote, lernen, immer wieder von neuem. Und sie weitergeben von Generation zu Generation. Wer zukunftsfähig sein will, muss vom Glauben reden – ohne die eigenen Zweifel zu verstecken, aber eben auch nicht ausweichend, wenn dein Kind dich morgen fragt. *Und du sollst deinen Kindern und Kindeskindern kundtun den Tag, da du vor dem Herrn, deinem Gott, standest am Berg Horeb, als der Herr zu mir sprach.*

3. Zukunft braucht Erinnerung: Das kann die christliche Gemeinde vom Volk Israel lernen. Und wie Israel soll sie reden von den großen Taten Gottes, die zuerst an den Juden, aber dann auch an den Heiden geschehen sind. Dabei werden die christlichen Väter und Mütter und Ältesten einander an nichts anderes erinnern als an das, was Mose in seiner Abschiedsrede seinem Volk erzählt hat. Sie werden erinnern an den Auszug aus Ägypten, an den Bundesschluss, an die Gabe der Tora, an die Gebote, an den Gehorsam und den Ungehorsam gegen Gott. Aber sie werden darüber hinaus einander und ihren Kindern erzählen von dem jüdischen Nachfahren des Mose, von Jesus, dem Christus, der uns darin gewiss gemacht hat, dass Gott auch uns angenommen und auch uns zu seinem Volk gemacht hat, so wie wir es jetzt sind.

4. Zukunft braucht Erinnerung. 2000 Jahre Geschichte des Mit- und Gegeneinanders beider Religionen sind voll von Leid, das Christen Juden zugefügt haben, und voll von Schuld, die Christen auf sich geladen haben. Es ist um der Zukunft willen gut, sich dieser Schuld zu erinnern. Es ist um der Zukunft willen gut, um Vergebung zu bitten und sich für ein neues Miteinander einzusetzen. Möge der Gott Israels und Gott Jesu Christi es geben, dass es Christen und Juden gelingt, einander von ihren Erinnerungen zu erzählen, von den gemeinsamen und unterschiedlichen, von den heutigen und denen von damals, von den hellen und von den dunklen. Möge der Gott Israels und Gott Jesu Christi es geben, dass Juden und Christen ihre Zukunft gestalten, indem sie als Kinder Gottes, als Schwestern und Brüder, einander an die großen Taten Gottes erinnern und sich austauschen über die Hoffnung, die in ihnen ist.

10. SONNTAG NACH TRINITATIS (ISRAELSONNTAG): GEDENKTAG DER ZERSTÖRUNG JERUSALEMS RÖMER 11,17-24

Hans-Joachim Simm

Wenn nun einige von den Zweigen ausgebrochen wurden, du aber, der du ein wilder Ölzweig bist, in den Ölbaum eingepfropft wurdest und Anteil bekommen hast an der Wurzel und dem Saft des Ölbaums, so rühme dich nicht gegenüber den Zweigen. Rühmst du dich aber, so sollst du wissen: Nicht du trägst die Wurzel, sondern die Wurzel trägt dich.

Nun wirst du sagen: Die Zweige sind ausgebrochen worden, damit ich eingepfropft werde. Ganz recht! Sie wurden ausgebrochen um ihres Unglaubens willen; du aber stehst fest durch den Glauben. Sei nicht überheblich, sondern fürchte dich! Hat Gott die natürlichen Zweige nicht verschont, wird er auch dich nicht verschonen. Darum sieh die Güte und die Strenge Gottes: die Strenge gegenüber denen, die gefallen sind, die Güte Gottes aber dir gegenüber, sofern du in der Güte bleibst; sonst wirst auch du abgehauen werden. Jene aber, sofern sie nicht im Unglauben bleiben, werden eingepfropft werden; denn Gott vermag sie wieder einzupfropfen. Denn wenn du aus dem Ölbaum, der von Natur aus wild war, abgehauen und wider die Natur in den edlen Ölbaum eingepfropft worden bist, um wie viel mehr werden die natürlichen Zweige wieder eingepfropft werden in ihren eigenen Ölbaum.

Für die frühen Völker des Mittelmeerraums spielte der Ölbaum, neben Wein- und Weizenanbau, eine existentielle Rolle, und das seit Jahrtausenden. Auf Kreta wuchsen der wilde ebenso wie der kultivierte Olivenbaum, und für Jericho gibt es Hinweise auf sein Vorkommen um etwa 4000 v. Chr. Olivenöl wurde nicht nur bei der Zubereitung von Speisen oder als Brennstoff genutzt, sondern auch zur Reinigung und Wundheilung, kultisch zur Salbung von Gästen und Königen. Darüber hinaus war es ein begehrtes Handelsgut.

Paulus wählt das Ölbaumgleichnis daher nicht von ungefähr. Das Motiv knüpft überdies an zahlreiche Passagen des Alten und des Neuen Testaments an. Am Anfang der Erzelterngeschichten markiert der von einer Taube gebrachte Olivenzweig das Ende der Sintflut, Frieden und neu entstehendes Leben auf der Erde. Es ist ein Zeichen des Gerichts, wenn die fruchtbaren Bäume vernichtet werden, wie Jeremias klagt, und es ist ein Zeichen für Wohlergehen, wenn sie gedeihen. Auch in die Metaphorik hat der Baum Einzug gehalten. So gleicht der Gerechte einem immergrünen Baum, der Frevler dagegen einem, der keine Früchte trägt. »Messias« bedeutet bekanntlich »der Gesalbte«, und bei religiösen Zeremonien wird heiliges Salböl verwendet.

Dennoch ist es ein irritierendes, sogar ein paradoxes Bild, das sich Paulus hier ausgedacht hat. Denn es steht im Widerspruch zur üblichen Gärtnerpraxis, bei der umgekehrt edle Zweige auf einem Stamm angebracht werden. Hier aber wurden aus dem kultivierten Ölbaum Zweige offenbar ausgebrochen, weil sie verdorrt waren. Der Baum wird erneuert durch das Aufpfropfen von Zweigen der wilden Variante. Wenn einige aus dem Volk Israel den Weg zur Christusgläubigkeit noch nicht beschritten haben, so kann der Stamm, der wachsen und alle tragen soll, aus fremden Völkern ergänzt werden, die bereits auf dem Weg zu Christus sind. Auf diese Weise wird der Stamm wieder tragfähig und die Wurzel Abraham bleibt das Fundament zu neuem Leben. Es verbietet sich jedoch für die neu Hinzugekommenen, auf die Älteren verächtlich herabzublicken, sich gar für besser zu halten. Die »Neuen« sollen sich vor Überheblichkeit und Hochmut hüten. Paulus sagt nicht nur: »Sei nicht überheblich«, er warnt deutlich: »Fürchte dich!« Denn Gott, der die natürlichen Zweige nicht verschont hat, vermag auch die neuen Zweige wieder herauszubrechen. »Darum, wer meint, er stehe, soll zusehen, dass er nicht falle.« Aus Hochmut wächst Verachtung, aus Verachtung wächst Hass, aus Hass wächst vernichtende Gewalt.

Wenn in Vers 19 der Angesprochene behauptet, dass die alten, unfruchtbaren Zweige herausgebrochen worden seien, nur damit er – das heißt die wilden Zweige – angebracht werden könne, so irrt er, sofern er den Glauben außer Acht lässt. Recht hat er, wenn er den Grund für die Operation in der eigenen ernsthaften Gläubigkeit sieht, die den anderen vermeintlich verlorengegangen ist. Diese sollen eifersüchtig gemacht werden auf jene, die zum Glauben gefunden haben. Niemand aber soll dauerhaft verstoßen werden. Wenn Gott in der Lage ist, wilde Zweige aufzupfropfen, wie viel mehr ist er dann fähig, die ursprünglichen wieder einzusetzen. Paulus ist überzeugt, dass die Juden aufgrund ihrer älteren Tradition noch immer den Vorrang haben; sie sind die natürlichen Zweige, die einst wieder eingesetzt werden. Denn die Verwerfung wird nicht immer dauern, und die segensreiche Wiedereinsetzung wird Leben für die Welt bedeuten. Gott will, dass alle teilhaben an den Segnungen, die mit der Wurzel und dem Stamm verbunden sind.

Glauben ermöglicht den Neubeginn. Die existentielle Verlorenheit des Menschen wird durch die universelle Erlösungstat Christi aufgehoben. Das Neue aber braucht das Alte, das Moderne die Tradition, Vergangenheit ist immer präsent. Die Gegenwart braucht Erinnerung, um für die Zukunft bereit zu sein. Erinnerung ist die Wurzel, sie gibt Halt. Recht verstandene und praktizierte Erinnerung führt zu gegenseitiger Achtung und zu Respekt, zu Rücksichtnahme und Toleranz, ja zu Ehrfurcht und Demut. Das heißt nicht, dass man sich nicht rühmen darf, wohl aber heißt es, dass auch die Herkunft und die Traditionen anderer anzuerkennen sind. In einer demokratischen Gesellschaft gilt das auch für Meinungen, sofern die gegebenen Regeln beachtet werden. Das Fremde bereichert, indem es Neues mitbringt. Aber auch das wird gesagt: Achtung ist keine Einbahnstraße, sie beruht auf Gegenseitigkeit. Das Wissen um das Eingebundensein in größere Zusammenhänge kann verhindern, dass fremde Traditionen und Lebensformen missachtet werden. Das gilt auch für das Verhältnis des Menschen zu anderen Lebewesen und zur Natur. Es gibt nur eine Menschheit auf dieser einen Erde, und nur im friedlichen Miteinander wird sie bestehen. Der Satz »Mein Haus wird ein Bethaus heißen für alle Völker« aus dem Buch Jesaja kann durchaus interreligiös verstanden werden. Paulus geht es, über die Religionszugehörigkeit hinaus, um die Grundfragen des menschlichen Zusammenlebens, der Gemeinschaft der Staaten und Nationen. Unnötig zu sagen, dass sein Ölbaumgleichnis heute besonders aktuell ist.

11. SONNTAG NACH TRINITATIS
LUKAS 7,36-50

Markus Witte

Es bat ihn aber einer der Pharisäer, mit ihm zu essen. Und er ging hinein in das Haus des Pharisäers und setzte sich zu Tisch. Und siehe, eine Frau war in der Stadt, die war eine Sünderin. Als die vernahm, dass er zu Tisch saß im Haus des Pharisäers, brachte sie ein Alabastergefäß mit Salböl und trat von hinten zu seinen Füßen, weinte und fing an, seine Füße mit Tränen zu netzen und mit den Haaren ihres Hauptes zu trocknen, und küsste seine Füße und salbte sie mit dem Salböl.

Da aber das der Pharisäer sah, der ihn eingeladen hatte, sprach er bei sich selbst und sagte: Wenn dieser ein Prophet wäre, so wüsste er, wer und was für eine Frau das ist, die ihn anrührt; denn sie ist eine Sünderin. Jesus antwortete und sprach zu ihm: Simon, ich habe dir etwas zu sagen. Er aber sprach: Meister, sag es! Ein Gläubiger hatte zwei Schuldner. Einer war fünfhundert Silbergroschen schuldig, der andere fünfzig. Da sie aber nicht bezahlen konnten, schenkte er's beiden. Wer von ihnen wird ihn mehr lieben? Simon antwortete und sprach: Ich denke, der, dem er mehr geschenkt hat. Er aber sprach zu ihm: Du hast recht geurteilt.

Und er wandte sich zu der Frau und sprach zu Simon: Siehst du diese Frau? Ich bin in dein Haus gekommen; du hast mir kein Wasser für meine Füße gegeben; diese aber hat meine Füße mit Tränen genetzt und mit ihren Haaren getrocknet. Du hast mir keinen Kuss gegeben; diese aber hat, seit ich hereingekommen bin, nicht abgelassen, meine Füße zu küssen. Du hast mein Haupt nicht mit Öl gesalbt; sie aber hat meine Füße mit Salböl gesalbt. Deshalb sage ich dir: Ihre vielen Sünden sind vergeben, denn sie hat viel geliebt; wem aber wenig vergeben wird, der liebt wenig. Und er sprach zu ihr: Dir sind deine Sünden vergeben. Da fingen die an, die mit zu Tisch saßen, und sprachen bei sich selbst: Wer ist dieser, der auch Sünden vergibt? Er aber sprach zu der Frau: Dein Glaube hat dir geholfen; geh hin in Frieden!

Schon beim ersten Satz gerate ich ins Stocken: »Es bat ihn aber einer der Pharisäer…« – Warum nennt der Erzähler keinen Namen? Mich irritiert vor allem die Namenlosigkeit der Frau, die in eine der jüdischen Tora verpflichtete Männergesellschaft hineinplatzt. Im Gegensatz zu Jesus, dessen Name im weiteren Verlauf einmal genannt wird, und zu dem Pharisäer, der während seines Gesprächs mit Jesus den Namen Simon, in dem das hebräische Wort »hören« steckt, erhält, gibt der Erzähler der Frau bis zum Ende keinen Namen. Ebenso wenig legt er ihr Worte in den Mund, sie bleibt durchgehend namenlos und sprachlos, aber keineswegs gesichtslos und noch viel weniger tatenlos.

Ich sehe Bilder dieser Frau, Bilder aus der mittelalterlichen und der modernen Kunst, Bilder, in denen Hinweise aus dem Text mit realen Gesichtern verflochten sind, Gesichter, in denen sich Hoffnung und Sehnsucht, Trauer und Schmerz, Liebe und Tod spiegeln. Picassos *Weinende Frau* verleiht der Namenlosen ebenso ein Gesicht wie die Sulamith des Hohelieds, deren wild herabhängendes Haar den Geliebten verzaubert. »Liebe ist stark wie der Tod« (Hld 8,6) – dies weiß die namenlose Frau, die mit Konventionen bricht, die Tränen der Liebe und der Trauer vergießt und die Jesus salbt. Lukas erzählt nur noch einmal von solch einer Salbung: bei Jesu Grablegung (Lk 23,56).

Diese Erzählung ist eine Liebesgeschichte. Ihr erstes Wort klingt im griechischen Urtext an das Wort »Eros« an. In der Deutung des Geschehens stellt Lukas die Vergebung von Sünden ausdrücklich mit der Liebe in Zusammenhang (V. 47). In dem Moment, da der Erzähler die Räume immer weiter verengt hat – von der Stadt über das Haus zum Tisch –, lässt er den Pharisäer sagen, diese Frau habe Jesus angefasst (V. 39). Ich spüre, wie sie sich auf Jesus zubewegt, wie sie hinter ihm steht, ihn berührt. Ihre Berührung ist Ausdruck dichtester Begegnung, einer Begegnung, aus der Heilung und Heil fließen. Immer wieder vermerkt Lukas, dass Menschen sich zu Jesus hinbewegen, ihn berühren und von ihm verwandelt werden. Liebe setzt in Bewegung, sie sucht Nähe und verwandelt.

In sieben Schritten ist die namenlos und wortlos Liebende tätig. Die Tat ersetzt Namen und Worte. Sieben Schritte geht sie, nachdem sie von der Ankunft Jesu erfahren hat. Sieben Schritte sind es vom Bringen des Öls bis zur Salbung. Mir klingt im Ohr: »Über sieben Brücken musst du gehn« – Sieben Mal war sie die Asche, sie, die sichtbar und doch unsichtbar den Stempel »Sünderin« trägt; am »Ende ist sie der helle Schein«. Unmittelbar danach berichtet Lukas von der Nachfolge der Maria Magdalena, »von der sieben Dämonen ausgefahren waren« (Lk 8,2). Die spätere Tradition hat die beiden Frauen miteinander verbunden: Aus der Namenlosen wurde Maria Magdalena, aus der allgemein als Sünderin Bezeichneten eine Hure. Als solche hat sie Karriere gemacht, in Bild und Ton, wie in Jean Bérauds Gemälde *La Madeleine chez Pharisien* (1891) oder in Maria Magdalenas Lied »I don't know how to love Him« in der Rockoper *Jesus Christ Superstar* (1970/1971).

Ich lese die Erzählung noch einmal. Nun stolpere ich über die wechselnden Themen und die logischen Brüche. Die Frage nach der Identität der Frau wird abgelöst von der Frage nach der Identität Jesu. Im Nachdenken des Pharisäers (»Wenn dieser ein Prophet wäre«, V. 39), in dessen Anrede Jesu als »Meister« (V. 40), im Erstaunen der Tischgesellschaft (»Wer ist dieser, der Sünden vergibt?«, V. 49) wird sie auf den Punkt gebracht: Wer ist Jesus?

Dann ein Gleichnisgespräch: Könnte es nicht für sich stehen? Es beinhaltet einen in sich schlüssigen Gedanken. Wie zur Bestätigung dieser Geschlossenheit lässt der Erzähler Jesus im Stil eines Lehrers das vom Pharisäer Gesagte als »recht« beurteilen (V. 43). Die Verknüpfung der Erzählung mit dem Gleichnis bleibt nicht aus. Das Motiv der Vergebung der Sünden und der aus der Vergebung fließenden Liebe bildet das Scharnier. Aber halt, stimmt die Reihenfolge? Hat die als Sünderin gebrandmarkte Frau nicht erst an Jesus die Zeichen ihrer Liebe erwiesen, bevor ihr die Sünden – welche auch immer das gewesen sein mögen, die Rezeptionsgeschichte verweist auf Verfehlungen im Bereich der antiken jüdischen Sexualmoral – vergeben wurden? Sind ihre Taten der Liebe nun Grund oder Folge der Vergebung?

Schließlich fällt noch das Stichwort des Glaubens, der geholfen, besser gerettet hat, und ganz zum Schluss ertönt ein Friedensgruß (V. 50). Wie passt all das zusammen? Die Erzählung einer Zeichenhandlung, ein Gleichnis über die gleiche Behandlung zweier Ungleicher und deren ungleiche Reaktionen, grundlegende Fragen, wer Jesus sei, ein Glaubenssatz und ein Segenswort: Verschachtelungen, Gedankensprünge, Leerstellen, Vorwegnahmen. Das ist der literarische Spiegel einer verkehrten Welt.

Von einer Welt, in der gesellschaftliche Ordnungen auf den Kopf gestellt, Rollen neu bestimmt und weiter Raum zum Leben geschenkt werden, kann prosaisch wohl nur so gesprochen werden, wenn man nicht lyrisch werden will:

»Der Spiegel sagt mir: ich bin schön!
Ihr sagt: zu altern, sei auch mein Geschick.
Vor Gott muss alles ewig stehn,
In mir liebt ihn, für diesen Augenblick.«

(Johann Wolfgang Goethe,
West-östlicher Divan, 1819/1827: Suleika spricht)

12. SONNTAG NACH TRINITATIS
JESAJA 29,17-24

Katrin Göring-Eckardt

Wohlan, es ist noch eine kleine Weile, so soll der Libanon fruchtbares Land werden, und was jetzt fruchtbares Land ist, soll wie ein Wald werden. Zu der Zeit werden die Tauben hören die Worte des Buches, und die Augen der Blinden werden aus Dunkel und Finsternis sehen; und die Elenden werden wieder Freude haben am HERRN, und die Ärmsten unter den Menschen werden fröhlich sein in dem Heiligen Israels. Denn es wird ein Ende haben mit den Tyrannen und mit den Spöttern aus sein, und es werden vertilgt werden alle, die darauf aus sind, Unheil anzurichten, welche die Leute schuldig sprechen vor Gericht und stellen dem nach, der sie zurechtweist im Tor, und beugen durch Lügen das Recht des Unschuldigen.

Darum spricht der HERR, der Abraham erlöst hat, zum Hause Jakob: Jakob soll nicht mehr beschämt dastehen, und sein Antlitz soll nicht mehr erblassen. Denn wenn sie sehen werden die Werke meiner Hände – ihre Kinder – in ihrer Mitte, werden sie meinen Namen heiligen; sie werden den Heiligen Jakobs heiligen und den Gott Israels fürchten. Und die, welche irren in ihrem Geist, werden Verstand annehmen, und die, welche murren, werden sich belehren lassen.

Der Text liest sich unter dem Eindruck des Angriffskrieges Putins auf die Ukraine im Februar/März 2022 gänzlich anders und neu. Natürlich ist meine Arbeit, meine Hoffnung und mein Gebet darauf gerichtet, dass dieser Überfall auf die Ukraine dann, wenn diese »Denkskizze«

angeschaut wird (im Sommer 2023), nicht nur längst beendet ist, sondern dass auch das Unrecht, die Brutalität, die Tränen und Verzweiflung aufgearbeitet sind oder – realistischer – aufgearbeitet werden (können). Aber ich kann diesen Text heute auch nicht abstrakt lesen, »als sei nichts geschehen«. Darum bedenke ich das Grundsätzliche; und wie hoffnungsvoll wird dieser eine Satz des Jesaja heute und überall dort gelesen, wo Unrecht und Gesetzlosigkeit herrschen: »Denn es wird ein Ende haben mit den Tyrannen und mit den Spöttern aus sein, und es werden vertilgt werden alle, die darauf aus sind, Unheil anzurichten.« (Jes 29,20)

Es ist eine große Verheißung, diese Zukunft im Diesseits, diese Hoffnung über das Gegenwärtige und Vordergründige hinaus. In Not und Bedrängnis lädt sich solch ein Text auf mit unserer ganzen Hoffnung und Sehnsucht. Wenn es doch nur so kommen könnte, spricht meine Seele und mein Herz – nicht nur für die Ukraine, sondern für alle, die in Angst und Unrecht leben müssen. Aber natürlich weiß mein Verstand zugleich: Faktisch ist dieses Ende der Tyrannei noch nie wirklich dauerhaft eingetreten. Ja, es gab Zeiten und Orte, die weniger bedrückend waren als andere, aber dieses ersehnte Ende aller Tyrannei gab und gibt es bisher nie und nirgends. Und gerade die Geschichte Israels und des jüdischen Volkes ist ein grausamer Beleg dafür, dass diese Verheißung einer »großen Transformation« nicht erfüllt wird. Widerlegt das diesen Hoffnungstext?

Israel hat durch die Jahrhunderte hindurch immer auch gegen alle brutale Realität diesen Text gelesen und gegen alles Leiden an dieser Hoffnung festgehalten; was also kann dieser Text? Warum sollte er immer wieder gelesen, bedacht und gepredigt werden? Meines Erachtens steht er exemplarisch für drei Dimensionen unseres Glaubens, der ohne solche Texte gleichsam ausdörrte und vertrocknete:

Zuerst macht solch ein Hoffnungstext die Welt groß und die Hoffnung weit; der Glaube wird erinnert daran, dass die schwere, brutale, mitunter grausame Realität in der Gegenwart nicht das einzige und nicht das letzte Wort haben müssen. Unter dem Eindruck einer übermächtigen Militärmaschinerie der russischen Angreifer wird diese Erinnerung an die Möglichkeiten Kraft und Mut schenken – und das ist gut so.

Sodann stärkt solch ein Sehnsuchtstext nach der großen Wandlung meine Seele, es ist, als redete Gott an gegen alle Verzweiflung, als führte er einen Kampf gegen alles Einstimmen in die Resignation. Solch ein Text lässt meine Seele freier atmen und meinen »inneren Menschen« lässt er aufrechter gehen. Wir haben uns leider angewöhnt, jede Innerlichkeit für gefährlich zu halten, aber im Kern gilt auch für jeden kämpfenden, bedrohten, gefährdeten Menschen: Ohne einen starken inneren Menschen wird auch der äußere Mensch nicht gewappnet sein können gegen alles Unheil.

Zuletzt erinnert solch ein Text immer auch an Gottes Majestät, seine unermessliche Größe und unendliche Macht. Solch ein Zukunftstext lässt mich aufsehen zu einem Gott, der nicht nur meinen Interessen, meinen Wünschen oder auch guten Taten entspricht. Wir müssen und wir sollen als Glaubende von Gott nicht zu klein denken; denn es gibt Größeres in unserem Leben als nur das Sichtbare und Vordergründige, das Erwartbare und Naheliegende, das Machbare und Schaffbare. Gott ist mächtig und groß, und deswegen ist es noch lange nicht ausgemacht, dass es nicht doch eine große Wandlung geben kann, sodass »die, welche irren in ihrem Geist, … Verstand annehmen, und die, welche murren, … sich belehren lassen« (Jes 29,24).

13. SONNTAG NACH TRINITATIS
1. JOHANNES 4,7-12

Jens Schröter

Ihr Lieben, lasst uns einander lieb haben; denn die Liebe ist von Gott, und wer liebt, der ist aus Gott geboren und kennt Gott. Wer nicht liebt, der kennt Gott nicht; denn Gott ist Liebe. Darin ist erschienen die Liebe Gottes unter uns, dass Gott seinen eingebornen Sohn gesandt hat in die Welt, damit wir durch ihn leben sollen. Darin besteht die Liebe: nicht dass wir Gott geliebt haben, sondern dass er uns geliebt hat und gesandt seinen Sohn zur Versöhnung für unsre Sünden.

Ihr Lieben, hat uns Gott so geliebt, so sollen wir uns auch untereinander lieben. Niemand hat Gott jemals gesehen. Wenn wir uns untereinander lieben, so bleibt Gott in uns, und seine Liebe ist in uns vollkommen.

[Anmerkung der Redaktion: Auf Wunsch des Autors folgt hier seine Übersetzung des Bibeltextes:]
Geliebte, lasst uns einander lieben, denn die Liebe ist aus Gott, und jeder, der liebt, ist aus Gott gezeugt und kennt Gott. Wer nicht liebt, kennt Gott nicht, denn Gott ist Liebe.

Darin ist erschienen die Liebe Gottes unter uns, dass Gott seinen einzigen Sohn gesandt hat in die Welt, damit wir durch ihn leben. Darin besteht die Liebe: nicht, dass wir Gott geliebt haben, sondern dass er uns geliebt hat und gesandt hat seinen Sohn als Sühnopfer für unsere Sünden.

Geliebte, wenn Gott uns so geliebt hat, sind auch wir verpflichtet, einander zu lieben. Niemand hat Gott jemals gesehen. Wenn wir einander lieben, bleibt Gott in uns und seine Liebe ist in uns vollendet.

Wie ein engmaschiges Netz legen sich Begriffe vom Wortfeld »Liebe« über diesen Text und halten ihn zusammen. Geradezu überschwänglich zieht der Verfasser alle Register, um in einer dichten Beschreibung auszubreiten, warum die »Liebe« (Agape) grundlegend ist für das Gelingen des Lebens, für eine heilvolle Welt. »Geliebte« (im Griechischen steht an der Stelle das Partizip passiv!), »lieben«, »Liebe«, »geliebt«, so klingt es durch die Sätze. Ein hohes Lied der Liebe, ein Liebesgedicht. Liebe ist das Band zwischen Gott und den Menschen, es ist die Kraft, die uns trägt, und es soll die Grundlage sein für den Umgang von uns Menschen miteinander.

Das stößt sich hart an der Realität, die unter uns Menschen herrscht und die auch dem Verfasser dieses Textes nicht unbekannt war. Hass, Feindseligkeit, Konkurrenz, Neid, manchmal Schlimmeres, sind nicht zu übersehen. Wie ist dieser Kontrast auszuhalten?

Ein Weg, mit all der Brutalität und Widerwärtigkeit zurechtzukommen, die es in der Welt gibt – ich schreibe diesen Text während der russischen Invasion in der Ukraine, gerade sind die Massaker von Butscha ans Tageslicht gekommen –, besteht darin, den Blick nicht dafür zu verlieren, wo die Liebe erfahrbar wird, die der Text so eindrücklich preist. Das fällt oft schwer, aber anders geht es nicht. *Gott selbst können wir nicht sehen.* Wo Menschen liebevoll, rücksichtsvoll, sensibel miteinander sind, wird Gott sichtbar. Dann zeigt Gottes Liebe ihr freundliches, hilfsbereites Gesicht, auch und gerade im Erschrecken über sinnlose Gewalt und Zerstörung.

Viel zu oft kommt im Alltäglichen zu kurz, wofür ich Grund habe, dankbar zu sein. Für die Freiheit, in der ich leben darf, für die Liebe, die mir jeden Tag entgegengebracht wird, für so vieles, das mein Leben reich und lebenswert macht. Ja, ich darf mich angesprochen fühlen als *Geliebter.* Aus der Liebe Gottes leben wir. Der Text begründet das mit einem für den christlichen Glauben schlechterdings zentralen theologischen Gedanken: *Gottes Liebe hat sich darin gezeigt, dass sein Sohn für unsere Sünden gestorben ist.* Die Zwiespältigkeit unseres Lebens, das Unabgegoltene, nicht Gelungene, unser Scheitern und das Schuldigwerden an unseren Mitmenschen – Gott will es nicht mehr ansehen. Er schenkt uns die großartige Möglichkeit, als neue Menschen vor ihm zu stehen, unbelastet von alldem, was wir auf uns geladen haben. *So hat Gott uns geliebt.*

Ein guter Bekannter, der gerade in den Ruhestand gegangen ist, ist sofort im Anschluss mehrfach an die ukrainisch-polnische Grenze gefahren, hat seinen gemieteten Kleinbus mit geflüchteten Menschen vollgeladen, sie nach Deutschland gebracht und kümmert sich jetzt darum, dass sie hier Unterkunft finden und versorgt werden. Die täglichen Schreckensmeldungen aus dem Kriegsgebiet haben ihm keine Ruhe gelassen. Man muss doch etwas tun, sagte er entschlossen, und fuhr los. Diese Haltung zieht sich durch sein Leben, er war schon immer so. In seinem Haus wohnt seit etlichen Jahren ein vor dem Krieg in Syrien geflüchteter junger Mann, die Etage wurde dafür umgebaut, so dass er seinen eigenen Bereich und seine Privatsphäre hat. *Wir sind verpflichtet, einander zu lieben.*

Unsere Liebe, unser Mitgefühl, unsere Hilfsbereitschaft sind eine Antwort auf die Liebe Gottes, die wir anderen Menschen nicht schuldig bleiben dürfen. Die erfahrene Liebe soll uns dazu motivieren, das Gute wirken zu lassen in der Welt, die Gebeugten aufzurichten und die Geschundenen zu heilen. Die Liebe Gottes vollendet sich darin, dass wir sie in der Welt sichtbar werden lassen. Ein anspruchsvoller Gedanke. Und zugleich ein solcher, der unser Tun in den Horizont des Heils rückt, das Gott für diese Welt will.

Der Text aus dem 1. Johannesbrief ist ein eindrückliches Zeugnis dafür, dass die Liebe stärker ist als der Hass. Sie kann, was ihr entgegensteht, nicht einfach aus der Welt verbannen. Diese Erfahrung gehört zur menschlichen Existenz, von allem Anfang an. Sünde und Brudermord sind darum Teil der Urgeschichte der Bibel, die die Grundkonstellationen von Gott und Mensch und zwischen den Menschen beschreibt. Wir werden unserer Bestimmung als Geschöpfe Gottes nur in gebrochener, unzulänglicher Weise gerecht. Jeder und jede weiß das aus dem eigenen Leben. Die Diskrepanz zwischen Liebe und Hass – oder auch nur Ungeduld, Unachtsamkeit, hartem und vorschnellem Urteilen – lässt sich nicht einfach auf zwei Seiten verteilen: auf die Guten und die Bösen, die Gerechten und die Übeltäter. Beides liegt oftmals ineinander, ringt in mir selbst um die Vorherrschaft.

Gott ist Liebe. Der Satz ist so klar, so eindeutig, wie man es sich nur wünschen kann. Er sagt, woher die Liebe zu uns kommt. Wo keine Ambivalenz ist und keine Unbestimmtheit. Und er sagt, warum wir darauf hoffen dürfen, dass die Liebe am Ende den Sieg davontragen, dass es mit dieser Welt ein gutes Ende nehmen wird, auch wenn es manchmal so gar nicht danach aussieht. Weil es eine Quelle gibt, aus der sich die Liebe speist. Weil Menschen wissen, sie sind selbst geliebt, und diese Liebe weitergeben. Das gibt der Welt ein freundliches, menschenwürdiges Antlitz. Wo die Liebe ist, muss der Hass weichen. Mit dieser Zuversicht können wir auch durch dunkle Tage gehen, in der Gewissheit, dass Gott diese Welt nicht sich selbst überlässt.

14. SONNTAG NACH TRINITATIS
LUKAS 17,11-19

Margot Runge

Und es begab sich, als er nach Jerusalem wanderte, dass er durch das Gebiet zwischen Samarien und Galiläa zog. Und als er in ein Dorf kam, begegneten ihm zehn aussätzige Männer; die standen von ferne und erhoben ihre Stimme und sprachen: Jesus, lieber Meister, erbarme dich unser! Und da er sie sah, sprach er zu ihnen: Geht hin und zeigt euch den Priestern! Und es geschah, als sie hingingen, da wurden sie rein.

Einer aber unter ihnen, als er sah, dass er gesund geworden war, kehrte er um und pries Gott mit lauter Stimme und fiel nieder auf sein Angesicht zu Jesu Füßen und dankte ihm. Und das war ein Samariter. Jesus aber antwortete und sprach: Sind nicht die zehn rein geworden? Wo sind aber die neun? Hat sich sonst keiner gefunden, der wieder umkehrte, um Gott die Ehre zu geben, als nur dieser Fremde? Und er sprach zu ihm: Steh auf, geh hin; dein Glaube hat dir geholfen.

Danke?

Sag schön Danke! Kinder hassen diesen Satz. Aber sie haben keine Chance, und meistens sind sie ja gut erzogen. So pressen sie sich artig ein Dankeschön heraus und rennen mit dem neuen Spielzeug in der Hand davon. Warum nur bringen Eltern ihre Kinder immer wieder in solche peinlichen Situationen? Tante Elke oder Opa Herbert mögen ja viel ausgegeben haben. Aber reicht es nicht zu sehen, dass sich das Kind an dem Spielzeug freut (oder auch nicht)? Ist das nicht Dank genug?! Dass es für das

Zusammenleben wichtig ist, sich zu bedanken, lernen Kinder doch genauso, wenn sie erleben, wie Mama oder Papa stellvertretend für sie ein paar herzliche Worte an Tante und Opa richten. Vielleicht können die Kinder sich sogar abgucken, wie es den Erwachsenen gelingt, mit Geschenken umzugehen, die zwar lieb gemeint, aber unpassend sind. Das Gegenüber nicht zu brüskieren ist auch eine Kunst.

Sag schön Danke! Wer sich bei wem bedanken soll, das hat auch mit Macht zu tun. Es legt offen, wer abhängig ist, im Kleinen wie im Großen. »Die Schwarzen in Afrika« sollen dankbar sein für unsere Entwicklungshilfe. Ob sie sich eine Maßnahme gewünscht haben, ob sie sinnvoll ist oder ob sie nicht sogar neokoloniale Abhängigkeiten verstärkt, wird bis heute nicht immer diskutiert. Geflüchtete sollen froh sein, dass sie hier leben, und sich nicht noch beschweren. Hartzer sollen endlich mal arbeiten lernen. Behinderte, Transsexuelle, Alleinerziehende – habt euch nicht so! Wir haben schon genug für euch getan. Es reicht jetzt einmal. (Übrigens auch in der Kirche.)

Wer gibt, will meistens auch bestimmen. Grundlegende Rechte werden als großzügige Gaben verkauft, als seien sie Almosen. Die Privilegierten geben stolz bekannt, wie sie für mehr Fortschritt, für mehr Gerechtigkeit gesorgt haben. Dabei sind sie sich nicht einmal bewusst, dass sie privilegiert sind und was ihnen alles in den Schoß gefallen ist qua sozialer Herkunft, Hautfarbe oder Geschlecht.

Muss ich für Gleichberechtigung dankbar sein? Sag schön Danke – statt grundlegende Rechte einzufordern?

Danke!

Im Krankenhaus arbeiten sie am Limit. Das Fernsehen zeigt manchmal Bilder aus der Intensivstation. Geräte piepsen und blinken. Eine Person liegt an Beatmungsschläuchen im Bett. Sie vom Rücken auf den Bauch zu drehen dauert eine halbe Stunde und ist Präzisions- und Schwerstarbeit zugleich. Unter der Schutzkleidung läuft ihnen der Schweiß in Strömen, berichten Pflegekräfte in Interviews. Sie erzählen, wie sie sich freuen, wenn sie Kranke auf die Normalstation verlegen können. Wie es ihnen wehtut, wenn jemand stirbt. Dass jetzt viel mehr sterben als vorher. Und dass sie alle gleich behandeln. Auch die, die bis zuletzt nicht daran glauben, dass sie Corona haben, und die Laborergebnisse für gefälscht halten. Sie helfen allen. Schwierig, ja schwierig sind immer wieder die Angehörigen. Manche beschimpfen das Personal.

Danke?

Aussätzig

Ausgegrenzt. Draußen sein – das tut weh. Dass sie ausgestoßen werden, das erleben Menschen aus den verschiedensten Gründen. Wer im Rollstuhl sitzt, transsexuell ist oder eine dunkle Hautfarbe hat, hat mit ziemlicher Wahrscheinlichkeit genügend Erfahrung mit Diskriminierung gesammelt.

Die Konsequenzen sind unterschiedlich. Bei manchen wird »nur« das Selbstbewusstsein ausgehöhlt, das soziale Umfeld distanziert sich von ihnen, sie kommen beruflich nicht voran. Anderen werden ihre Rechte verweigert. Manche können sich ihres Lebens nicht sicher fühlen. Leider hat in der Vergangenheit auch die Kirche dazu beigetragen, Menschen zu diskriminieren, z. B. geschiedene Frauen und ledige Mütter. Jeder, wirklich jeder kleinste Fortschritt musste mühsam erkämpft werden.

Inzwischen scheint der Titel *diskriminiert* für manche zu einer Art Ehrenzeichen geworden zu sein. Leute recken voller Stolz Schilder mit dem Gelben Stern in die Höhe, wenn sie durch die Innenstädte spazieren und sich vor den Kameras präsentieren. Diskriminiertsein ist das neue »in«? Dabei interessiert es nicht, was es wirklich bedeutete, jüdisch zu sein im Nationalsozialismus. Oder als Transe oder Scheiß-Ausländer verprügelt zu werden.

Die Aussätzigen bei Jesus hielten sich übrigens an die Regeln bei ansteckenden Krankheiten. Und Jesus auch. Als Leprakranke isolierten sie sich. Und Jesus schickte sie zu den Priestern zur offiziellen Begutachtung, dass sie die Infektion nicht mehr weitergeben können.

Diskriminierung verschwindet nicht einfach so. Die Verhältnisse ändern sich nicht im Selbstlauf. Sondern es sind viele Anläufe nötig. Nicht nur die sogenannten Betroffenen müssen sich immer wieder rühren. Sondern es bedarf vieler Menschen, die sich einsetzen, sich solidarisieren und Öffentlichkeit herstellen. Und nicht die als aussätzig Geltenden müssen geheilt werden, sondern ihre Umgebung. Also die Nicht-Aussätzigen. Die Mehrheit. Wir.

Danke an alle, die dafür immer wieder Mut und Kraft aufbringen.

15. SONNTAG NACH TRINITATIS
1. MOSE 15,1-6

Bodo Ramelow

Nach diesen Geschichten begab sich's, dass zu Abram das Wort des HERRN kam in einer Erscheinung: Fürchte dich nicht, Abram! Ich bin dein Schild und dein sehr großer Lohn. Abram sprach aber: Herr HERR, was willst du mir geben? Ich gehe dahin ohne Kinder und mein Knecht Eliëser von Damaskus wird mein Haus besitzen. Und Abram sprach: Mir hast du keine Nachkommen gegeben; und siehe, einer aus meinem Haus wird mein Erbe sein. Und siehe, der HERR sprach zu ihm: Er soll nicht dein Erbe sein, sondern der von deinem Leibe kommen wird, der soll dein Erbe sein. Und er hieß ihn hinausgehen und sprach: Sieh gen Himmel und zähle die Sterne; kannst du sie zählen? Und sprach zu ihm: So zahlreich sollen deine Nachkommen sein! Abram glaubte dem HERRN, und das rechnete er ihm zur Gerechtigkeit.

Dem offenbar verzweifelten Herrn wäre der Besuch einer Kinderwunschpraxis zu empfehlen. Vielleicht könnte ihm dort geholfen werden. Sein Wunsch, zusammen mit seiner Frau einen Nachkommen und leiblichen Erben zu haben, ist so stark und beherrschend, er schlägt aufs Gemüt, lässt ihn gar am Sinn des eigenen Lebens zweifeln.

Zwar hatte sich der Herr zu behelfen gewusst und nach den Regeln seiner Zeit und Kultur mit der Magd einen Sohn gezeugt. Aber dieser kann seine Ansprüche an die legitime Erbfolge nicht wirklich erfüllen. Hier liegt der Grund seiner Betrübnis.

Doch der Herr ist schon recht betagt. Der Arzt wird ihm von einer erneuten Vaterschaft darum sicher abraten. Die Zeugung durch einen als 99-jährig vorgestellten Mann findet kein Beispiel. Komplikationen seien zu befürchten. Und ob der erwartete Erbe schließlich gesund sein wird...

Da kennen wir den Ausgang der Geschichte noch nicht, können nicht wissen, dass nicht nur der verhinderte Vater ein Greis, sondern, was am Ende medizinisch schwerer wiegen mag, auch die spätere Mutter sich längst nicht mehr im gebärfähigen Alter befindet.

Und dann soll es doch geschehen sein – gegen alle Vernunft und ärztlichen Rat. Wir hören die Worte einer Verheißung. Das kann nicht mit normalen Maßstäben beurteilt werden.

Da muss etwas ganz Ungeheuerliches passiert sein. So wird diese Geschichte immer wieder erzählt über viele Jahrhunderte durch ungezählte Generationen, bis sie auf uns gekommen ist. Ein alter Herr trifft seinen Gott, doch nein, Gott hat sich ihm offenbart. Dies war ganz offenbar keine gewöhnliche Begegnung für den Herrn. Diese Begegnung verlangt daher Zuspruch und Aufklärung. Von beiden Seiten.

Ausgezeichnet durch die Attribute eines Kriegers verheißt der Unbekannte persönlichen Beistand selbst bei diesem recht delikaten Problem. Die Vorstellungsmöglichkeit ins Phantastische weiten. Zahlreich wie die Sterne sollen Abrahams Nachkommen sein. Und da wird klar: Es geht nicht allein um die persönliche Hoffnung des Mannes auf den einen legitimen Erben. Es geht um den Nukleus eines ganzen Volkes. Hier wird ein Stammbaum geschrieben. Der Gott Abrahams wird als der Gott des jüdischen Volkes vorgestellt, das dem Samen Abrahams entspringt. Die Kinder Abrahams.

Die Person Abraham gewinnt über seine Lebensspanne hinaus Bedeutung. Eine religiöse Geschichtsschreibung nimmt ihren Lauf, die gestützt auf diese Begegnung Abrahams mit Gott die Bundestheologie trägt. Eine besondere, einzigartige Beziehung zwischen Gott und Mensch: Abraham glaubte dem Herrn, und dieser rechnete das ihm als Gerechtigkeit an. Gerechtigkeit ist ein zentraler Begriff in der jüdischen Religion. Diese zu üben gilt als ein Ausweis für Rechtgläubigkeit. Als Gerechte unter den Völkern werden heute ungeachtet ihrer Religionszugehörigkeit auch die geehrt, die Juden vor der Vernichtung der Shoah gerettet haben. Abrahams Schicksal vollende sich als Auserwählter seines Herrn, sagen die einen, durch sein starkes Gottvertrauen, würden die anderen sagen.

Abraham begegnet hier als Urvater eines sich dann insgesamt als auserwählt verstehenden Volkes. Und zugleich führt seine Wirkungsgeschichte weit darüber hinaus. Die Person Abraham begegnet ebenfalls in den zentralen Schriften von Christentum und Islam, die als monotheistische Religionen zu den abrahamitischen Religionen gezählt werden. Diese haben jeweils ihre eigenen Geschichten, die ihren Ursprung begründen; aber sie sind auf wunderbare Weise mit diesem Greis, der unerwartet Vaterfreuden erfahren darf, und seiner Geschichte außerdem verbunden.

Es ist die Geschichte des Judentums, aber es ist auch die Geschichte von Gottvertrauen, das alle abrahamitischen Weltreligionen durchweht.

16. SONNTAG NACH TRINITATIS
HEBRÄER 10,35-36(37-38)39

Gerrit Noltensmeier

Darum werft euer Vertrauen nicht weg, welches eine große Belohnung hat. Geduld aber habt ihr nötig, auf dass ihr den Willen Gottes tut und das Verheißene empfangt. [Denn »nur noch eine kleine Weile, so wird kommen, der da kommen soll, und wird nicht lange ausbleiben. Mein Gerechter aber wird aus Glauben leben. Wenn er aber zurückweicht, hat meine Seele kein Gefallen an ihm« (Hab 2,3-4).] Wir aber sind nicht solche, die zurückweichen und verdammt werden, sondern solche, die glauben und die Seele erretten.

WANDERNDES VOLK

Der Brief an die Hebräer. Aber nein, es ist kein Brief. Eine Rede? Eine Predigt? Eher ein Traktat, theologisch reich und eigensinnig, seelsorglich orientiert. Eine anspruchsvolle Komposition. Der Verfasser? Unbekannt. Die Empfänger? Nicht wirklich zu orten: »Hebräer« an so manchem Ort. Der Text ist in ausgezeichnetem Griechisch geschrieben, in ständigem Gespräch mit dem Alten Testament, bewandert in den großen Geschichten und kultischen Traditionen des Volkes Israel.

Man hat beobachtet, dass das Bild des »wandernden Gottesvolkes« zu den Leitmotiven der Schrift gehört, die Geschichte vom Aufbruch des Volkes einst, der endlosen Wanderung, der Gefahren und Versuchungen, der Abwege und Irrwege. Das Ziel im Versprechen Gottes gewiesen: Es wartet das Bleiben da, wo euch Heimat gegeben sein soll. Es ist die alte Geschichte, die in Israel weitergegeben wird von Geschlecht zu Geschlecht, vergegenwärtigt Jahr für Jahr an festlichen Tagen, eingewandert dann in die Geschichte der Kirchen.

Wir bleiben bei den alten Bildern, malen sie ein wenig aus, vertiefen uns.

Lange nun schon sind sie unterwegs. Haben sie das Ziel noch vor Augen? Ja, sie erinnern sich: Die Hoffnung war vital, der Mut war stark. Sicher, sie kannten auch die Ängste. Bei Nacht wurden sie lebendig, wenn das Dunkel undurchdringlich schien. Die Ängste überfielen sie wie wilde Tiere. Wenn sie aber im Licht wieder aufbrachen, verflogen die Schatten. Sie kannten auch das Gefühl des Überdrusses: Es ist alles vergeblich. All die Mühsal wird nicht belohnt. Was war aus der Begeisterung des Anfangs, des Aufbruchs geworden? Trägheit des Herzens im alltäglichen Trott? Und die anderen, die sie einst als Schwestern und Brüder, jedenfalls als Gefährten geglaubt hatten? Man war enttäuscht, hatte einander kennengelernt. Durchschnittliche Typen, die anderen, allenfalls. Komische Heilige, fromme Angeber, illusionslose Realisten, resigniert und ohne Mumm, angepasst und verwechselbar. Das wandernde Volk auf dem Weg durch die Zeit. Erben der Vergangenheit und Kinder der Verheißung im Heute. Die Vergangenheit? Sie ist nicht golden, es gab Leiden, Verfolgung, Spott und Bloßstellung. Aber es gab gerade damals auch Kraft, die geschenkt wurde, unerwartet und unkalkulierbar. Wuchs so das Vertrauen? Und die Zukunft? Ein Land, das nicht geographisch zu verorten ist. Eine Zeit, die nicht mit Jahreszahlen zu beziffern ist.

Unterwegs also zwischen dem Gestern, dem sie entronnen waren, und dem Morgen, das versprochen ist. Und sie lesen und hören: Werft euer Vertrauen nicht weg!

Ist das die Gefahr, dass Kostbarstes verloren geht? Das, was Halt und Hoffnung gibt, was das Ich aus der Enge des nur Eigenen befreit, Anhänglichkeit schenkt, ohne zu versklaven, Abhängigkeit ohne alle Fesseln? Ist es das Vertrauen, das die heilsame Geduld schenkt, der oberflächlichen Rastlosigkeit wehrt, der Flüchtigkeit ohne allmähliches Reifen, ohne Tiefe?

Das Vertrauen wegwerfen. Wie kann das gehen? Sind da die Stimmen tief drinnen oder draußen, die gebieterisch rufen oder versucherisch flüstern: Tu es weg. Es betrügt. Weg damit – mit großer Geste, es ist entbehrlich, lästig, überflüssig. Zornig oder müde, weil die Enttäuschung grassiert und übermächtig geworden ist. Ja, diese Stimmen melden sich, scheinen im Bunde mit den Realitäten und ihren Kontrolleuren, mit Zweifeln auch und Verzagtheit. Aber da ist auch die andere Stimme, die da sagt: Nein, tut das nicht, lasst es nicht zu. Nein! So die Mahnung, dringlich, fast beschwörend. Es gibt eine Belohnung, wenn ihr Geduld habt.

Das Vertrauen? Könnte man es heute wegwerfen? Steht es denn zur eigenen Verfügung? Ist es Gegenstand der eigenen Beschlüsse und Lebensentwürfe? Ist es nicht jenseits des eigenen Willens aufgewacht und gewachsen, gewann wie von selbst an Verlässlichkeit und Festigkeit, ein Lebensgrund von einem anderen gelegt. Von Gott? Staunend hat man das erfahren, beglückt oder auch befremdet, jedenfalls unabweisbar. Ist es nicht das große Widerfahrnis jenseits aller Verfügbarkeit?

Sagen wir es mit der Sprache der klassischen Bekenntnisse: Wir fragen mit dem Heidelberger Katechismus, was denn wahrer Glaube ist (Frage 21). Und bekommen zur Antwort: »Es ist nicht allein eine gewisse Erkenntnis …, sondern auch ein herzliches Vertrauen, welches der Heilige Geist durch das Evangelium in mir wirkt.« Und dieser Geist wirkt auf ganz eigene Art in souveräner Freiheit.

Vertrauen? Das, was hier gemeint ist, kann nicht mit einem einzigen Begriff unserer Sprache gefasst werden. Da steht im griechischen Text: Parrhesia. Und die Übersetzungen führen in eine Weite, deren begriffliche Markierungen so heißen: »Vertrauen« findet sich in den Übersetzungen und dann »Zuversicht«, »Freimut«, »confidence« im Englischen, im Französischen »assurance« oder »confiance«. Parrhesia: Da wandern sie in einem Geist, der Freiheit und Freude, Treue und Trotz schenkt.

Wie so oft lohnt der Blick in das große Übersetzungswerk, das Martin Luther begonnen hat. Im »Septembertestament«, das 1522 nach der einsamen Übersetzungsarbeit auf der Wartburg dann in Wittenberg erschien, liest man: »werfft nu nicht von euch ewre freydickeyt«. 1534 heißt es dann: »Lasset euch ewer vertrawen nicht entfallen.«

Entfallen. Nein, das Vertrauen steht nicht zur eigenen Disposition. Aber es steht in Gefahr, vergessen zu werden, achtlos verloren zu gehen. Aus der Hand zu gleiten.

Wie arm mag man da geworden sein und hat es kaum gemerkt.

17. SONNTAG NACH TRINITATIS
MARKUS 9,17-27

Klaus Mertes

Einer aber aus der Menge antwortete: Meister, ich habe meinen Sohn hergebracht zu dir, der hat einen sprachlosen Geist. Und wo er ihn erwischt, reißt er ihn zu Boden; und er hat Schaum vor dem Mund und knirscht mit den Zähnen und wird starr. Und ich habe mit deinen Jüngern geredet, dass sie ihn austreiben sollen, und sie konnten's nicht. Er antwortete ihnen aber und sprach: O du ungläubiges Geschlecht, wie lange soll ich bei euch sein? Wie lange soll ich euch ertragen? Bringt ihn her zu mir!

Und sie brachten ihn zu ihm. Und sogleich, als ihn der Geist sah, riss er ihn hin und her. Und er fiel auf die Erde, wälzte sich und hatte Schaum vor dem Mund. Und Jesus fragte seinen Vater: Wie lange ist's, dass ihm das widerfährt? Er sprach: Von Kind auf. Und oft hat er ihn ins Feuer und ins Wasser geworfen, dass er ihn umbrächte. Wenn du aber etwas kannst, so erbarme dich unser und hilf uns! Jesus aber sprach zu ihm: Du sagst: Wenn du kannst! Alle Dinge sind möglich dem, der da glaubt. Sogleich schrie der Vater des Kindes: Ich glaube; hilf meinem Unglauben!

Als nun Jesus sah, dass die Menge zusammenlief, bedrohte er den unreinen Geist und sprach zu ihm: Du sprachloser und tauber Geist, ich gebiete dir: Fahre von ihm aus und fahre nicht mehr in ihn hinein! Da schrie er und riss ihn heftig hin und her und fuhr aus. Und er lag da wie tot, sodass alle sagten: Er ist tot. Jesus aber ergriff seine Hand und richtete ihn auf, und er stand auf.

HEILUNG EINES BESESSENEN JUNGEN UND SEINES VATERS

Den Auftakt dieser kunstvoll aufgebauten Heilungsgeschichte bildet ein erregtes Streitgespräch. Beteiligt sind die »anderen Jünger« (V 14), die nicht mit Jesus auf dem Verklärungsberg waren, sowie die Schriftgelehrten und die Leute, die hinzugelaufen sind. Jesus bezeichnet sie zusammen als »ungläubige Generation«. (V 19) Damit ist auch schon implizit das Schlüsselthema der Perikope ausgesprochen: Glaube.

Der Streit zwischen den genannten Personengruppen hat den Blick auf den kranken Jungen verdeckt. Stattdessen ist die Unfähigkeit der Jünger, ihn zu heilen, zum Gegenstand von Debatten geworden. Auf die Frage Jesu hin richtet sich nun der Blick aller wieder auf den Jungen selbst. Die drastische Schilderung der Krankheit – durch den Vater, dann in ihrem akuten Ausbruch vor Jesus selbst – lässt den Schrecken der Angehörigen und der umstehenden Personen vor dem Phänomen ermessen. Der Junge wird hin- und hergerissen, er schäumt, knirscht mit den Zähnen, wird starr, ist nicht mehr Herr seiner Sinne, muss vor sich selbst geschützt werden, wenn er etwa ins Feuer oder ins Wasser gerissen wird. (V 18.20.22) Die Symptomatik lässt auf Epilepsie schließen. Der Anfall-Charakter der Krankheit wird durch den besonderen Zusatz bei der Formulierung des Befehls bestätigt, den Jesus abschließend ausspricht: »Verlass ihn, und kehre nie mehr in ihn zurück.« (V 25) Der Junge ist also nur zeitweilig taub und stumm, während der wiederkehrenden Anfälle. Nun soll der Dämon ihn ein für alle Mal verlassen.

Nicht nur der Junge ist hin- und hergerissen, sondern auch der Vater. »Ich glaube, Herr, hilf meinem Unglauben.« (V 24) Auch diese Zerrissenheit lässt sich nachvollziehen. Immer wieder wird der Vater unfreiwilliger Zeuge der schrecklichen Anfälle seines Sohnes. Er kann sie sich nicht erklären. Mit jedem Anfall keimt die Hoffnung auf, dass es der letzte gewesen sein möge. Nach jedem Anfall steigert sich die Verzweiflung. Der Vater kann seine Vaterrolle nicht mehr erfüllen, weil er seinen Sohn nicht schützen kann. In seiner Ohnmacht ist er den Anfällen seines Sohnes ausgeliefert und teilt nun seine Zerrissenheit. Er ist zusammen mit seiner ganzen Familie mehr Teil des Problems als seiner Lösung. Die Krankheit des Sohnes hat die Macht über die Familie übernommen.

Jesus spricht zunächst mit dem Vater. Dieser klammert sich am vermeintlichen Vermögen Jesu fest wie ein Ertrinkender an einen Strohhalm. Er schreit: »Wenn du etwas vermagst, hab Mitleid mit uns!« Jesus weist diese ihm zugeschriebene Rolle als Heiler zurück. »Wenn du vermagst, sagst du? Alles ist möglich dem, der glaubt.« (V. 23) Das ist keine Selbstaussage Jesu, sondern ein Hinweis Jesu auf die Kraft des Glaubens des Vaters. »Du kannst mehr, als du denkst« – so könnte man den Hinweis vielleicht auch hören. Der Vater vernimmt jedenfalls diesen Bezug auf seine Person und lässt ihn gelten: »Ich glaube, Herr, hilf meinem Unglauben.« Jesus ruft den Vater aus der Opferrolle heraus. In dem Maße, in dem der Vater selbst den eigenen Glauben spürt und wirken lässt, beteiligt er sich aktiv an der Heilung des Sohnes.

Damit könnte eigentlich das Entscheidende gesagt sein. Doch die Szene gerät wieder in Bewegung. Das Volk läuft zusammen. Damit erhöht sich der Erwartungsdruck auf Jesus, wie er in der Abwesenheit Jesu auf dem Berg Tabor am Anfang der Geschichte schon auf den Jüngern gelegen hatte. Die Heilung des Sohnes geschieht nun also in Hinblick auf die Leute, nicht in Hinblick auf den Vater. Sie hat demonstrativen Charakter. Die bezwingende Macht des Wortes Jesu – »Verlass ihn und kehre nie mehr zurück« – hat jedoch eine für die Leute unsichtbare Quelle, die Jesus seinen Jüngern abschließend »zu Hause« (V 28) zeigt: »Diese Art [von Dämonen] kann nur durch Gebet ausgetrieben werden.« (V 29)

So befremdlich gerade dieser letzte Satz klingen mag, so sehr ist er doch ein weiterer Schlüssel für das Verständnis der ganzen Szene. Das Gebet stärkt den Glauben. Dieser ist eine souveräne Macht im Inneren eines Menschen. Er lässt sich nicht in die Zerrissenheit und das Chaos der Krankheit des anderen hineinziehen. Nicht beschwörende Gebete und magische Formeln sind also hier mit »Gebet« gemeint, sondern vielmehr die Ruhe eines ständig Gott zugewandten Herzens. Sie stärkt mitten im Chaos das Vertrauen auf Gott, ebenso das Selbstvertrauen, und strahlt auf diese Weise heilend aus. Es ist Menschen, die in Panik oder anderem Gefühlschaos zerrissen sind, nicht geholfen, wenn man sich von ihrer Panik panisch machen lässt oder von ihrem Chaos selbst in Chaos hineinziehen lässt. Es verhält sich genau umgekehrt: Es ist ihnen geholfen, wenn man Distanz zu ihrem Chaos wahrt. Eine solche Haltung ist keineswegs mit einem Mangel an Empathie zu verwechseln. Doch jenes »Mitleid«, um das der Vater bat (V. 22), reicht nicht zur Heilung. Wer heilen will, muss mehr tun als den Willen derer, mit denen er oder sie Mitleid hat. Zugleich ist die Ruhe zu pflegen und zu bewahren, die im Gebet verankert ist. Dann erst entsteht die Macht, die in der Lage ist, den chaotischen Mächten die Stirn zu bieten.

18. SONNTAG NACH TRINITATIS
2. MOSE 20,1-17

Matthias Drobinski

Und Gott redete alle diese Worte:

Ich bin der Herr, dein Gott, der ich dich aus Ägyptenland, aus der Knechtschaft, geführt habe. Du sollst keine anderen Götter haben neben mir.

Du sollst dir kein Bildnis noch irgendein Gleichnis machen, weder von dem, was oben im Himmel, noch von dem, was unten auf Erden, noch von dem, was im Wasser unter der Erde ist: Bete sie nicht an und diene ihnen nicht! Denn ich, der Herr, dein Gott, bin ein eifernder Gott, der die Missetat der Väter heimsucht bis ins dritte und vierte Glied an den Kindern derer, die mich hassen, aber Barmherzigkeit erweist an vielen Tausenden, die mich lieben und meine Gebote halten.

Du sollst den Namen des Herrn, deines Gottes, nicht missbrauchen; denn der Herr wird den nicht ungestraft lassen, der seinen Namen missbraucht.

Gedenke des Sabbattages, dass du ihn heiligst. Sechs Tage sollst du arbeiten und alle deine Werke tun. Aber am siebenten Tage ist der Sabbat des Herrn, deines Gottes. Da sollst du keine Arbeit tun, auch nicht dein Sohn, deine Tochter, dein Knecht, deine Magd, dein Vieh, auch nicht dein Fremdling, der in deiner Stadt lebt. Denn in sechs Tagen hat der Herr Himmel und Erde gemacht und das Meer und alles, was darinnen ist, und ruhte am siebenten Tage. Darum segnete der Herr den Sabbattag und heiligte ihn.

Du sollst deinen Vater und deine Mutter ehren, auf dass du lange lebest in dem Lande, das dir der Herr, dein Gott, geben wird.

Du sollst nicht töten.

Du sollst nicht ehebrechen.

Du sollst nicht stehlen.

Du sollst nicht falsch Zeugnis reden wider deinen Nächsten.

Du sollst nicht begehren deines Nächsten Haus. Du sollst nicht begehren deines Nächsten Frau, Knecht, Magd, Rind, Esel noch alles, was dein Nächster hat.

REGELN ZUM LEBEN

Die Zehn Gebote, ausgerechnet. Der Schrecken des traditionellen Konfirmanden- oder Religionsunterrichts, wenn es galt, sie auswendig zu lernen, für die Evangelischen natürlich über Martin Luthers sprachgewaltigen Katechismus, im Rhythmus der biblischen Mahnung »Du sollst nicht…« und Luthers Frage: »Was ist das?« Braucht es das noch im Zeitalter der Singularität, wenn jenseits der geltenden staatlichen Gesetze jeder Mensch selber entscheidet, welche Regeln für ihn gelten? Wenn in einer pluralen Gesellschaft immer wieder neu im Diskurs geklärt werden muss, was sich gehört? Der Gott der Zehn Gebote erscheint streng und unerbittlich, mit Rauschebart und grollender Ben-Becker-Stimme, ein Feind jedes Selbstverwirklichungsgedankens. Du sollst nicht aufmucken und dich unterordnen! Lange wurden die Gebote gedeutet als Dokument des göttlichen Misstrauens gegenüber dem stets unzuverlässigen Menschen.

Dabei sind die Zehn Gebote im Gegenteil ein Manifest der Freiheit. Zwei Mal kommen sie in der hebräischen Bibel vor, zuerst im Buch Exodus und dann im fünften Buch Mose, im Deuteronomium; dort wird das Sonntagsgebot mit der Befreiung der Israeliten aus dem ägyptischen Sklavenhaus begründet. Der befreiende Auszug aus Ägypten und die Legende von der Gesetzgebung

Gottes auf dem Berg Sinai sind also untrennbar miteinander verbunden. Gebote begrenzen zunächst einmal tatsächlich die Freiheit. Die Zehn Gebote aber tun es dort, wo es um das Lebensrecht des Schwachen gegenüber dem Starken geht; dort, wo der Einzelne, die Gemeinschaft in Gefahr gerät, sich selber zu zerstören. Sie schützen die Armen, die Minderheiten, die Fremden, die Kinder wie die Alten vor der Übermacht und der Willkür der Reichen, der Mehrheiten, der Einheimischen, der Starken, auch vor den Zumutungen eines übergriffigen Kollektivs. Sie stehen gegen die Ökonomisierung des gesamten Lebens, sie verweigern dem Krieg den Segen. Die Zehn Gebote, das Grundgesetz des Volkes Israel, sind machtbegrenzend und antitotalitär.

Die ersten drei Gebote zeigen, dass die Zehn Gebote mehr sind als ein Gesetzestext. Der eifersüchtige Gott offenbart sich als in die Menschen verliebter Gott, verliebt ausgerechnet in diese unzuverlässige, fehlbare, sündige Spezies mit der Fähigkeit, sich selbst und alles Leben auf der Erde zu vernichten. Die sozialen Gebote des Dekalogs hängen untrennbar mit dieser Liebeserklärung zusammen: Die Grenzen, die sie setzen, existieren nicht, um Herrschaft zu sichern, um Menschen zu bedrängen und zu bedrücken. Sie existieren, um ein gutes und sinnvolles Leben möglich zu machen – lieblose Regeln sind genauso menschenfeindlich wie eine regellose Liebe. Gebote sind da, um die eigenen Grenzen zu erkennen und jene Grenzen, jenseits derer ein Mensch anderen Menschen schadet. Wer nach Selbstverwirklichung strebt, ohne nach seinen Grenzen zu fragen, ist ein gnadenloser Egoist und bleibt meist eine traurige Existenz, rastlos und heimatlos. Die Zehn Gebote befreien vom Selbstverwirklichungsdruck und vom Selbstoptimierungswahn, der ägyptischen Knechtschaft der Gegenwart.

Aus Liebe heraus können die Gebote gebrochen werden. Es gibt die Lüge aus Liebe, den Diebstahl aus Verantwortung, die Arbeit am Sabbat aus Menschlichkeit heraus. Die Gebote bedenken das Scheitern mit. In Thomas Manns Novelle »Das Gesetz« von 1943 wird Mose gerade deshalb zum Verkünder der lebensnotwendigen Gebote, dem »ewig Kurzgefassten«, wie Mann sie nennt, weil er alle diese Gebote bereits gebrochen hat – der Sünder, Mörder, Lügner und Ehebrecher ist erwählt dem zweifelnden Volk. Die biblischen Erzählungen sind voller Scheiternder. Wer eine Ehe beendet, weil sie oder er sich in eine andere Frau, einen anderen Mann verliebt hat, bleibt in der Liebe Gottes – aber auch verpflichtet der Würde des Ex-Partners, der Ex-Partnerin, gegenüber möglichen Kindern.

Die Zehn Gebote machen frei. Frei vom Zwang, alles ausprobieren, das Leben jeden Tag neu erfinden zu müssen; frei von der Herrschaft des Nächstliegenden, des Ellenbogens, des reinen Nutzendenkens. Sie sind Regeln zum Leben. Sie fassen zusammen, worauf es ankommt im Leben. Sie sind Gebote einer dreifachen ineinander verflochtenen Liebe: der Selbst-, der Gottes- und der Nächstenliebe. Sie machen Mut, das Leben zu wagen.

19. SONNTAG NACH TRINITATIS
JAKOBUS 5,13-16

Jakob Leiner

Leidet jemand unter euch, der bete; ist jemand guten Mutes, der singe Psalmen. Ist jemand unter euch krank, der rufe zu sich die Ältesten der Gemeinde, dass sie über ihm beten und ihn salben mit Öl in dem Namen des Herrn. Und das Gebet des Glaubens wird dem Kranken helfen, und der Herr wird ihn aufrichten; und wenn er Sünden getan hat, wird ihm vergeben werden.

Bekennt also einander eure Sünden und betet füreinander, dass ihr gesund werdet. Des Gerechten Gebet vermag viel, wenn es ernstlich ist.

Zuallererst: Widerstand

Ich lese die mir unbekannte Bibelstelle an einem verregneten Samstagvormittag in der Lutherbibelausgabe online. Das »Gebet für die Kranken« aktiviert prompt den Schulmediziner in mir. Leidet jemand unter euch, der gehe möglichst zum Hausarzt. Ist jemand unter euch krank, der gehe bitte nicht zügigen Schrittes in die erstbeste Notfallambulanz. Der Mensch braucht adäquate evidenzbasierte Therapieoptionen, möchte ich meinen biblischen Namensvetter korrigieren, der ja frei heraus von obskuren Heilmethoden wie Ölquacksalberei und den Gebeten alter Menschen spricht. Doch konkrete medizinische Maßnahmen suche ich in dem Text vergeblich.

Auch stößt mir der Schlusssatz vom Gerechten, der sich nach dem Willen Gottes richtet und deswegen effektive Gebete zu beten vermag, beim ersten Lesen sauer auf. Sind die Ungerechten dann etwa die Individualisten, die

Rationalisten, die Forschenden? Diejenigen also, denen der Glaube an etwas nicht genügt, die, Scheinwahrheiten anzweifelnd, wirksame Wahrheiten erst dadurch objektivieren, indem sie doppelblinde Placebo-kontrollierte Studien durchführen. Mein akutes Unverständnis für die zu betrachtende Bibelstelle ist nicht gering.

Dann: Annäherung

Fast wäre ich in einer besserwisserischen Abwehrhaltung verharrt. Einmal wahrgenommen, ist es meist lohnenswert, diesen mentalen Zustand zu hinterfragen. Es drängt mich nun zur Recherche, da ich fürchte, eigentlich nichts zu wissen. Also informiere ich mich über das Kirchenjahr und den 19. Sonntag nach Trinitatis, der Krankheit und Heilung zum Thema hat. Eine möglichst ganzheitliche Genesung als wichtiger Teil der Mission Christi und somit die Überwindung des Leib-Seele-Problems im medizinischen Sinne korreliert mit Grundsätzen der Psychosomatik, meinem derzeitigen Weiterbildungsgebiet. Theologische Ausführungen zu einem biblischen Krankheitsverständnis mit der Sünde als Ursache und verzweifelter Gerechtigkeitssuche erlebe ich als ebenso fremdartig wie faszinierend. Doch manche der Epistelverse werden nun klarer. Bleibt die Frage: Lassen sich diese gott- und glaubenszentrierten Empfehlungen aus einer Welt allgegenwärtiger Ohnmacht gegenüber Leid und Gebrechen noch mit der modernen Medizin und ihren Erfolgen vereinbaren? Und wenn ja, wie?

Schließlich: Akzeptanz

Langsam, aber sicher erdenkt sich eine Skizze. Angenommen, man ließe die gekränkte klinische Perspektive einmal außen vor, bildete diese Bibelstelle sehr wohl etwas Zeitgemäßes ab. Nämlich die innere Welt eines bzw. einer Kranken. Dort finden sich bekanntlich subjektive (irrationale) Krankheitstheorien ebenso wie die Hoffnung auf das rettende Etwas. Verfehlungen und getroffene Lebensentscheidungen werden unter Umständen resümiert und können zusätzlich psychosoziale Belastung auslösen. Eine entsprechende Möglichkeit, das, was belastet, teilen zu können, wirkt sich nachweislich positiv auf den psychosomatischen Krankheitsverlauf aus. Bekennt einander eure Sünden – auch die Psychotherapie weiß: Vergebung entsteht im menschlichen (!) Zwiegespräch.

Doch kann das Gebet, das im Glauben gesprochen wird, tatsächlich den Kranken retten, wie die BasisBibel übersetzt? An die Stelle des Gebets kann für den Agnostiker vielleicht »Grundvertrauen« eingesetzt werden, gemeint ist meines Erachtens jedoch das Gleiche. Nämlich eine Haltung dem eigenen Leben gegenüber, die im Guten wie im Schlechten zur Verfügung steht. Es ist nicht grundlos, dass ich existiere. Die Lehre der Existenzanalyse beinhaltet, dass diese Fähigkeit zur Selbststabilisierung sowohl kognitiv als auch emotional bestimmt werden kann. Voraussetzung hierfür sind die Erfahrungen mit haltgebenden realen Objekten oder deren spirituellen Stellvertretern sowie individueller Mut. Vertrauen erfordert, ein Wagnis einzugehen, sich etwas zu überlassen.

Das hat im Krankheitsfall und -prozess viel mit Akzeptanz zu tun und erinnert natürlich an das Phasenmodell von Elisabeth Kübler-Ross. Letztendlich verstehe ich den Auszug aus dem Jakobusbrief aufgrund seiner motivierenden Ansprache als Mutmacher. Habe Mut, dein eigenes Grundvertrauen (in Gott) zu entdecken. Ein Füreinander im Sinne von Zuwendungsbereitschaft auf der einen und eigener Bedürfnisäußerung und gegebenenfalls Inanspruchnahme von Hilfe auf der anderen Seite zu üben, sind wichtige erste Schritte, sich selbst als ganzen Menschen zu erleben. Meinetwegen dürfen im Zuge dessen auch alternativmedizinische Öltherapien zum Einsatz kommen. Wenn sie nicht schaden.

20. SONNTAG NACH TRINITATIS
MARKUS 10,2-9(10-12)13-16

Christoph Markschies

Und Pharisäer traten hinzu und fragten ihn, ob es einem Mann erlaubt sei, sich von seiner Frau zu scheiden, und versuchten ihn damit. Er antwortete aber und sprach zu ihnen: Was hat euch Mose geboten? Sie sprachen: Mose hat zugelassen, einen Scheidebrief zu schreiben und sich zu scheiden. Jesus aber sprach zu ihnen: Um eures Herzens Härte willen hat er euch dieses Gebot geschrieben; aber von Anfang der Schöpfung an hat Gott sie geschaffen als Mann und Frau. Darum wird ein Mann seinen Vater und seine Mutter verlassen und wird an seiner Frau hängen, und die zwei werden ein Fleisch sein. So sind sie nicht mehr zwei, sondern ein Fleisch. Was nun Gott zusammengefügt hat, soll der Mensch nicht scheiden.

[Und im Haus fragten ihn die Jünger abermals danach. Und er sprach zu ihnen: Wer sich scheidet von seiner Frau und heiratet eine andere, der bricht ihr gegenüber die Ehe; und wenn die Frau sich scheidet von ihrem Mann und heiratet einen andern, bricht sie die Ehe.]

Und sie brachten Kinder zu ihm, damit er sie anrühre. Die Jünger aber fuhren sie an. Als es aber Jesus sah, wurde er unwillig und sprach zu ihnen: Lasset die Kinder zu mir kommen und wehret ihnen nicht, denn solchen gehört das Reich Gottes. Wahrlich, ich sage euch: Wer das Reich Gottes nicht empfängt wie ein Kind, der wird nicht hineinkommen. Und er herzte sie und legte die Hände auf sie und segnete sie.

Zunächst erst einmal: Es war eine weise Entscheidung der Verantwortlichen, zur Perikope über die Ehescheidung bei der letzten Revision auch die über die Kindersegnung hinzuzunehmen. Denn wann immer in der Evangelischen Kirche und Theologie Theologinnen und Theologen über das Thema Ehe und Ehescheidung öffentlich reden, spielt immer auch eine Rolle, welche persönlichen Erfahrungen die Redenden mit der Ehe und der Ehescheidung gemacht haben. Man redet leider nur sehr selten über die persönliche Grundierung der theologischen Positionen und ethischen Standards. Und natürlich ganz selten in der Öffentlichkeit. Predigt ist aber öffentliche Rede.

Ich werde nie eine Sitzung in einem hochmögenden Gremum der Evangelischen Kirche in Deutschland vergessen, in der es um die Frage ging, ob der letzte Zweck der Ehe darin besteht, Kinder in die Welt zu setzen und großzuziehen (in der römisch-katholischen Kirche ist ein Konsens der Ehepartner an dieser Stelle bekanntlich Voraussetzung für die gültige Eheschließung und der lediglich fingierte Konsens Grund einer legalen Anfechtung der Gültigkeit). Es zeigte sich zu meiner nicht geringen Überraschung, dass die Kolleginnen und Kollegen, die einen solchen Ehezweck vehement ablehnten, aus unterschiedlichsten Gründen keine Kinder in die Welt gesetzt hatten, die, die dafür votierten, dagegen meist aus größeren Familien stammten. Natürlich hatten keine und keiner vorher diese persönlichen Erfahrungshintergründe offengelegt. Und genauso geht es natürlich mit der Ehescheidung. Wer in glücklichen Verhältnissen lebt, wird über das Thema anders denken als Menschen, die mühsam einer toxischen Partnerschaft (wie man heute sagt) im Endstadium entkommen sind.

Es war eine vorzügliche Idee, dass bei der Perikopenrevision die Geschichte der Kindersegnung zu den Worten Jesu über die Ehescheidung hinzugekommen sind.

Denn so ist von vorherein deutlich, dass vor allem theologischen und ethischen Urteilen der Blick auf andere Menschen stehen muss. Es geht nicht nur um uns und unsere eigenen Erfahrungen mit dem Thema!

Jesus hat, wie uns die neutestamentliche Exegese lehrt, offenkundig auch mit Blick auf die Frauen formuliert, die oft das Opfer der zeitgenössischen Praxis der Ehescheidung waren. Meist stellten nämlich die Männer den Scheidebrief aus und geschiedene Frauen hatten es (wie die Witwen) außerordentlich schwer in antiken Gesellschaften. Durch die Nebeneinanderordnung der Perikope von der Kindersegnung wird nun – durchaus im Sinne Jesu – der Blick neben den Frauen auch auf die Kinder gelenkt, die allzu oft das Opfer von Ehescheidungen sind und lebenslang durch die Trennung ihrer Eltern geprägt sind.

Nun darf man sich aber Jesus von Nazareth nicht als liebenswürdigen, sensiblen Zeitgenossen unserer Tage stilisieren, der ohne Mühe auf dem Wohnzimmersofa einer evangelischen Familie aus der bürgerlichen Mittelschicht Mitteleuropas Platz nimmt, alles bestätigt, was man da so für wert und wichtig hält und ansonsten nicht weiter stört. Ganz offenkundig hat Jesus schroffe Sätze formuliert, die seine Zeitgenossen verstört haben. Im Angesicht des Reiches Gottes ist business as usual schlecht möglich, der Anbruch der neuen Zeit beflügelt Menschen, ihr altes, Gott und Menschen vergessendes Leben zu ändern. Und vor diesem Hintergrund ist der Hinweis Jesu zu verstehen, dass Partnerschaften wegen der Herzenshärtigkeit von Menschen scheitern. Sie scheitern oft deswegen, weil wir nicht nachgeben können, weil wir auf unserem Recht beharren, unsere Meinungen und Verhaltensweisen nicht erweichen lassen durch andere Menschen. Im Angesicht einer scheiternden Partnerschaft mit der eigenen Hartherzigkeit konfrontiert zu werden tut weh. Es tut noch mehr weh als lediglich allgemein mit der eigenen Herzenshärtigkeit konfrontiert zu werden. Denn wir sehen natürlich die Härte des Herzens anderer Menschen immer ungleich präziser als die eigene.

Eine Welt ohne Härtigkeit der Herzen wäre Reich Gottes. Anders formuliert: Wo sich Menschen erweichen lassen, da bricht Reich Gottes an. Kindlich staunenden Herzen gehört das Reich Gottes. Und in diesem Reich Gottes erweichen sich Menschen einander die harten Herzen, freuen sich von Herzen über die Kinder, die noch ganz ohne Vorbehalte neugierig auf andere Menschen sind.

21. SONNTAG NACH TRINITATIS
1. MOSE 13,1-12(13-18)

Jörg Oberbeckmann

So zog Abram herauf aus Ägypten mit seiner Frau und mit allem, was er hatte, und Lot mit ihm ins Südland. Abram aber war sehr reich an Vieh, Silber und Gold. Und er zog immer weiter vom Südland bis nach Bethel, an die Stätte, wo zuerst sein Zelt war, zwischen Bethel und Ai, eben an den Ort, wo er früher den Altar errichtet hatte. Dort rief er den Namen des HERRN an.

Lot aber, der mit Abram zog, hatte auch Schafe und Rinder und Zelte. Und das Land konnte es nicht ertragen, dass sie beieinander wohnten; denn ihre Habe war groß und sie konnten nicht beieinander wohnen. Und es war immer Zank zwischen den Hirten von Abrams Vieh und den Hirten von Lots Vieh. Es wohnten auch zu der Zeit die Kanaaniter und Perisiter im Lande. Da sprach Abram zu Lot: Es soll kein Zank sein zwischen mir und dir und zwischen meinen und deinen Hirten; denn wir sind Brüder. Steht dir nicht alles Land offen? Trenne dich doch von mir! Willst du zur Linken, so will ich zur Rechten, oder willst du zur Rechten, so will ich zur Linken.

Da hob Lot seine Augen auf und sah die ganze Gegend am Jordan, dass sie wasserreich war. Denn bevor der HERR Sodom und Gomorra vernichtete, war sie bis nach Zoar hin wie der Garten des HERRN, gleichwie Ägyptenland. Da erwählte sich Lot die ganze Gegend am Jordan und zog nach Osten. Also trennte sich ein Bruder von dem andern, sodass Abram wohnte im Lande Kanaan und Lot in den Städten jener Gegend. Und Lot zog mit seinen Zelten bis nach Sodom. [Aber die Leute zu Sodom waren böse und sündigten sehr wider den HERRN.

Als nun Lot sich von Abram getrennt hatte, sprach der HERR zu Abram: Hebe deine Augen auf und sieh von der

Stätte aus, wo du bist, nach Norden, nach Süden, nach Osten und nach Westen. Denn all das Land, das du siehst, will ich dir geben und deinen Nachkommen ewiglich. Und ich will deine Nachkommen machen wie den Staub auf Erden. Kann ein Mensch den Staub auf Erden zählen, der wird auch deine Nachkommen zählen. Darum mach dich auf und durchzieh das Land in die Länge und Breite, denn dir will ich's geben. Und Abram zog weiter mit seinem Zelt und kam und wohnte im Hain Mamre, der bei Hebron ist, und baute dort dem HERRN einen Altar.]

Orte sind wichtig in der Bibel: die Erde, von der Adam genommen wird, das Land, in das Gott Abraham führen wird, »die Stätte, wo zuerst sein Zelt war«, der Ort, »wo er früher einen Altar errichtet hatte«. An Orten hängen Erinnerungen, die vergegenwärtigt werden wollen, weil der Glaube daran hängt wie das eigene Leben. Und dann das »Dazwischen«, der unbestimmte Ort: »zwischen Ai und Bethel, dort rief er den Namen JHWHs an«. Jeder Satz klingt nach, erzeugt Resonanz. Worte wirken. Sie brauchen einen Ort, damit sie wirken können: die Schrift, den Raum der Kirche, die Kanzel.

Dort kommen die Konflikte zur Sprache. Und mögliche Lösungen. Abraham war reich, aber auch Lot hatte Schafe und Rinder und Zelte: viel Besitz, der viel Land braucht. »Das Land konnte es nicht ertragen« – so viele Tiere und ihre Hüter. Zu viele Tiere auf zu wenig Raum. Das Problem führt schnell zum Konflikt, bis heute unter (konventionell wirtschaftenden) Landwirten und (ökologisch engagierten) Lehrerinnen im selben Kirchenvorstand.

»Es war immer Zank«, nicht so sehr zwischen den Verwandten, sondern zwischen deren Mitarbeitern. Zankende Hirten, kein schönes Bild. Abram ist vorbildlich – lösungsorientiert, konfliktentschärfend, friedliebend, großzügig, weise. Er sieht das Problem und liefert die Lösung. Erst einmal grundsätzlich. Es ist Zank. Das ist die Realität. Aber »es soll kein Zank sein«, das ist der Wunsch. Kein Zank, nicht zwischen Mensch und Mensch, nicht zwischen unseren lieben Verwandten und entfernten Nächsten, nicht zwischen Volk und Volk.

Ich schreibe diese Zeilen zu Zeiten des Krieges in Europa, der für Olaf Scholz am 79. Tag seiner Kanzlerschaft der Anlass war, an einem Sonntag (27.2.) eine »Zeitenwende« auszumachen und 100 Milliarden Euro bereit zu stellen für Rüstungsausgaben. »Frieden schaffen ohne Waffen« war einmal. »Rüstung tötet auch ohne Krieg« – das haben Leute 1983 (der Ort ist ikonisch: der Bonner Hofgarten) geglaubt, die danach Theologie studierten… Stell dir vor, es ist Krieg, und keiner geht hin… Aber was ist, wenn »der Russe« kommt, der gar nicht weiß, dass Krieg ist, sondern nur eine »Spezialaktion«?

Ich hielt den christlichen Glauben, der im jüdischen wurzelt, schon immer für die beste Option eines Lebens, das bei Trost ist und bleibt und die Hoffnung auf Frieden nicht fahren lässt. Ich halte daran fest. Übrigens im »Namen des Herrn«, der Himmel und Erde gemacht hat, der Bund und Treue hält ewiglich und der nicht preisgibt das Werk seiner Hände.

Nach dem Grundsätzlichen kommt die Begründung, bemerkenswert in diesen Zeiten: »denn wir sind Brüder«. Von Brudervölkern ist die Rede in unseren Tagen: Russen und Ukrainer haben bis 1989 zusammen in einem Land gelebt, die familiären Verbindungen sind vielfältig und jetzt, ab dem 24.2.2022: lebenslang an Leib und Seele Verletzte und Verstorbene gibt es auf beiden Seiten. – Was es (noch) nicht gibt (einen Monat später, am 24. März 2022), ist eine Lösung. Konfliktverschärfend kommen allerdings klare Zuschreibungen hinzu: Wladimir Putin, der russisch-orthodoxe Christ, ist tatsächlich der einsame Aggressor und Wolodymyr Selenskyj, der ukrainische Präsident, dessen Land angegriffen und dessen Städte zerbombt werden, ist Jude.

Es ist nicht unwahr: die beiden sind Brüder, wie Kain und Abel, wie Juden und Christen – Menschenbrüder. »Es soll kein Zank sein.« Es ist aber immer Zank.

Abraham will ihn vermeiden, und schlägt die Trennung vor. »Trenne dich doch von mir.« Und Lot darf frei wählen. Abraham wird das Land nehmen, das Lot nicht wählt. Lot folgt dem Vorschlag wortlos und prüft das Land zur Linken und zur Rechten. Er sieht »die ganze Gegend am Jordan« und ihre Vorteile: »dass sie wasserreich war« und damit so schön und wertvoll für das Leben, dass man sich an das Paradies erinnert fühlte – an »den Garten des Herrn«. Und – man beachte – an Ägyptenland. Auch ein Ort der Erinnerung, die bleibt.

Eden und Ägypten werden hier »aufgerufen«, allerdings auch Sodom und Gomorra. Diese wasserreiche und paradiesische Gegend am Jordan erwählte sich Lot und zog nach Osten. Abraham wohnte und lebte nach der Trennung »im Land Kanaan«.

Wir hören, dass Lot mit seinen Zelten bis Sodom zog, wo ein neuer Konflikt aufbricht: kein Streit um Land, sondern Konflikte, die sexuelle Übergriffe, Vergewaltigungsphantasien, Fremdenfeindlichkeit anzeigen. Biblisch hier formelhaft benannt: »die Leute zu Sodom waren böse und sündigten sehr wider den HERRN.«

Sodom verschwindet von der Landkarte: geographisch und politisch. Kanaan ist nicht vergessen, aber auch geopolitisch versunken. Israel hat diese Geschichte »aufgehoben« und behalten, Gott sei Dank. Dem Gott Israels sei Dank! Er steht für Wege zum Frieden, für die Möglichkeiten der Versöhnung, für Aussicht auf Rettung. »Unsere Hilfe steht im Namen des Herrn«, dieses Herrn der Geschichte. Es gibt kein »Ende der Geschichte«, wohl aber ein Ziel. Das steht festgeschrieben: das Reich Gottes. Bitten und beten wir weiter um sein Kommen, um unsere Zukunft.

22. SONNTAG NACH TRINITATIS
1. JOHANNES 2,12-14

Rajah Scheepers

Liebe Kinder, ich schreibe euch, dass euch die Sünden vergeben sind um seines Namens willen. Ich schreibe euch Vätern; denn ihr habt den erkannt, der von Anfang an ist. Ich schreibe euch jungen Männern; denn ihr habt den Bösen überwunden. Ich habe euch Kindern geschrieben; denn ihr habt den Vater erkannt. Ich habe euch Vätern geschrieben; denn ihr habt den erkannt, der von Anfang an ist. Ich habe euch jungen Männern geschrieben; denn ihr seid stark, und das Wort Gottes bleibt in euch, und ihr habt den Bösen überwunden.

Was ist eigentlich für mich als Liturgin und Predigerin das Schönste am Gottesdienst? Als Gottesdienstmitfeiernde ist es der Segen. Wenn mir der Prediger Gottes Segen mit all Seinen Verheißungen zuspricht. Doch als diejenige, die den Gottesdienst leitet, ist es die Gnadenzusage. Als ich hierher nach Kopenhagen kam, als Pastorin der deutschsprachigen Gemeinde, gab es in der Liturgie keine Gnadenzusage. Es gab auch kein Sündenbekenntnis. Zwar wurde das »Kyrie« gesungen, aber in meinen Augen ohne das, was unbedingt dazugehört, nämlich das Bekennen, dass mich unendlich viel von Gott trennt, weswegen ich die Ewige um Erbarmen anflehe. Und dann als Antwort die Gnadenzusage hören und erfahren darf.

Im Predigttext des heutigen Sonntages geht es ja zunächst darum, dass der Briefeschreiber die Adressat:innen, die »Kinder«, daran erinnert, dass ihre Sünden bereits vergeben sind. Vielleicht hatten die Angeschriebenen die Befürchtung, immer noch nicht »rein« zu sein und unerlöst von ihren Sünden. Die Autorin des Briefes teilt ihnen auch den Grund der Vergebung mit – nämlich um Gottes Namen willen sind ihnen ihre Sünden vergeben.

Wenn ich als Liturgin im Gottesdienst der Gemeinde ihre Sünden vergebe, tue ich dies im Namen Gottes und kraft des Amtes, das mir die Kirche verliehen hat. Das erinnert mich jedes Mal daran, was auf meiner Ordinationsurkunde steht und mich immer wieder überrascht, wenn ich es lese: »Er sendet auch sie.« Also Gott sendet mich, Rajah. Und davor heißt es: »Wir befehlen die Ordinierte dem alleinigen Herrn der Kirche, dem alle Gewalt gegeben ist im Himmel und auf Erden.« Ich, Rajah, bin Gott anbefohlen, der stärksten Macht auf Erden und überall. Wow. Was für eine Zusage! Und am Schluss heißt es in meiner Ordinationsurkunde: »Er erfülle an ihr die Verheißung: Siehe, ich bin bei euch alle Tage bis an der Welt Ende.« Dort steht also nicht weniger, als dass Gott an mir Seine Verheißung erfüllt.

Wenn ich mutlos bin, dann halte ich mich genau daran fest. Wenn ich in der Kirche vorne vor dem Altar im Gottesdienst stehe und wir als Gemeinde gemeinsam zu Gott gerufen haben, Er möge sich erbarmen, und ich weiß, jetzt muss ich mich umdrehen und kraft des mir verliehenen Amtes der Gemeinde ihre Begnadigung zusprechen, und ich denke, das kann ich nicht, wer bin ich denn, so etwas zu versprechen, dann erinnere ich mich an den Moment meiner Ordination und an meine Urkunde, die in einer Mappe sicher verwahrt ist mit allen Zeugnissen seit der 1. Klasse und anderen Urkunden meines Lebens. Und dann finde ich den Mut und die Kraft, das zu sagen, was auch die anonyme Briefeschreiberin vor fast 2000 Jahren geschrieben hat: Euch sind die Sünden vergeben um seines Namens willen. Das ist für mich jedes Mal im wahrsten Sinne des Wortes ein heiliger Moment. Die Kraft, zu binden und zu lösen.

Diese Absolution geschieht allein auf Grund unserer Worte. Ein performativer Sprechakt, ein besonderer Zusammenhang zwischen Sprechen und Handeln kommt in diesem Augenblick zur Welt. Wobei das Geschehene ja längst geschehen ist, wir »machen« ja nicht die Begnadigung, sondern sprechen die längst geschehene Gnade zu.

Im Namen Gottes. Oder durch seinen Namen, wie es auch im griechischen Urtext heißt. Wer das ist, der sich hinter diesem Namen verbirgt, wird im Laufe der folgenden Verse des poetisch gestalteten Predigttextes erläutert: Schon die Väter und Mütter hätten den Ursprung erkannt. Den Ursprung, von dem auch im ersten Substantiv des Johannesevangeliums, in dem Evangelium also, zu dem der 1. Johannesbrief eine besondere sprachliche und inhaltliche Nähe aufweist, die Rede ist. Und weiter führt der Briefeschreiber im Predigttext aus, dass schon die Jüngeren das »Böse« besiegt hätten. Und er ihnen, den Älteren sowie den Jüngeren, das doch schon vorher geschrieben hätte, das mit der Erkenntnis und das mit dem Sieg. Denn das »Wort Gottes« sei doch in ihnen und bleibe dort auch. Das »Wort«, das zweite Substantiv, das im Johannesevangelium gleich zu Beginn in die Welt kommt: »Am Anfang war das Wort.« So verwebt sich der Johannesbrief immer wieder mit dem Johannesevangelium zu einer Textur.

Was bleibt hängen von unserem Predigttext? Für mich ist es ein Text voller Zusage, Gnade und Liebe. Wenn ich ihn lese, taucht vor meinem inneren Auge die Christusfigur im Kopenhagener Dom auf. Der Dom liegt gleich schräg gegenüber von unserer Kirche, und so bin ich dort öfter. Jedes Mal wieder bin ich ergriffen von diesem gnädigen, begnadenden Christus, den der dänische

Künstler Bertel Thorvaldsen vor fast 200 Jahren geschaffen hat und der seitdem vielfach in ganz Europa kopiert worden ist. So stelle ich mir Christus vor in dem Moment, in dem er mich und uns begnadet. So wie er es schon einmal getan hat, am Anfang aller Zeiten, und eines Tages wieder tun wird.

In dem Film »Nebenan« von und mit Daniel Brühl, der im Wettbewerb der Berlinale 2021 lief, erlebt die Figur, die Daniel Brühl spielt und die ebenfalls »Daniel« heißt, eine Art Jüngstes Gericht: Daniel trifft in seiner Berliner Stammkneipe »Zur Brust« einen Mann, der alles über ihn weiß, ja, der sogar mehr über Daniel und sein Leben weiß als dieser selber. Dieser Mann hat Kenntnis über die sexuellen Eskapaden Daniels und seiner Ehefrau – diese waren Daniel bis dahin verborgen –, der Fremde scheint im Besitz sämtlichen Wissens über die Menschen, denen Daniel bisher – scheinbar fälschlicherweise – vertraut hatte. Und er konfrontiert Daniel damit schonungslos und eiskalt. Um ihn fertigzumachen.

Ich frage mich: Vielleicht ist so das Jüngste Gericht? Dass Gott uns mit allem konfrontiert, was wir wissen, und auch mit dem, das wir nicht wissen, was wir getan und nicht getan, gedacht und übersehen haben? Nur dass Gott, anders als der von Peter Kurth kongenial gespielte Widerpart Daniels, eben kein Widerpart sein wird, sondern der uns immer schon begnadende und begnadigt habende und wieder begnadende Jesus Christus. Der seine Hände und Arme ausbreitet wie Bertel Thorvaldsens Christusfigur im Kopenhagener Dom. Das wünsche ich mir. Das hoffe ich. Und davon lebe ich.

Oder, und damit möchte ich schließen, wie der dänische Theologe und Philosoph Søren Kierkegaard diese Gedanken von der Liebe und der Vergebung in einem Gebet zusammenfasst:

»Du, der Du uns zuerst geliebt hast,
o Gott – ach, wir sprechen davon,
als ob Du uns historisch gesehen nur einmal
zuerst geliebt hättest,
und doch tust Du es fortwährend,
viele Male jeden ewigen Tag,
das ganze Leben hindurch,
Du liebst uns immer zuerst.

Wenn wir am Morgen erwachen
und nun unsere Gedanken zu Dir wenden –
bist Du der Erste, Du hast uns zuerst geliebt;
wenn ich in der Morgendämmerung aufstand
und in dieser Sekunde meine Gedanken
anbetend zu Dir wendete,
erinnertest Du Dich an mich,
Du hast mich zuerst geliebt.

Wenn ich aus der Ablenkung
meinen Geist sammle und an Dich denke,
bist Du der Erste. Und so immer –
und so sprechen wir undankbar,
als sei es nur einmal gewesen,
dass Du uns so zuerst geliebt hast!«[1]

[1] Journalen NB, 1850, SKS 23,478; neu abgedruckt: Joachim Graf (Hg.), Længslen er din gave. Søren Kierkegårds bønner, Kristeligt Dagblad Forlag, Kopenhagen 2018, S. 120; Übersetzung: Rajah Scheepers.

23. SONNTAG NACH TRINITATIS
MATTHÄUS 5,33-37

Friedhelm Wachs

Ihr habt weiter gehört, dass zu den Alten gesagt ist (3. Mose 19,12; 4. Mose 30,3): »Du sollst keinen falschen Eid schwören und sollst dem Herrn deine Eide halten.« Ich aber sage euch, dass ihr überhaupt nicht schwören sollt, weder bei dem Himmel, denn er ist Gottes Thron; noch bei der Erde, denn sie ist der Schemel seiner Füße; noch bei Jerusalem, denn sie ist die Stadt des großen Königs. Auch sollst du nicht bei deinem Haupt schwören; denn du vermagst nicht ein einziges Haar weiß oder schwarz zu machen. Eure Rede aber sei: Ja, ja; nein, nein. Was darüber ist, das ist vom Bösen.

»Ich hab dich nicht angelogen, wallah!« Mit großen Augen guckt mich Enno an. Er ist 15. Mitten in der Pubertät. Mitten in der Abgrenzung. »Was bitte?«, reagiere ich. »Digga, isch schwör«, fleht er mir entgegen. Ein iPad ist verschwunden. Enno will damit nichts zu tun haben.

Und auch in einem der größten und medienwirksamsten Prozesse gegen Clan-Kriminalität in Deutschland, in der Aufarbeitung der Geschäftsbeziehung zwischen dem Rapper Bushido und Arafat Abou-Chaker und seinen drei Brüdern. taucht das Wort wieder auf. Der Rapper Samra, im normalen Leben Hussein Akkouche heißend, soll dem Vorsitzenden Richter die Stimmung in den Trennungsgesprächen beschreiben: temperamentvoll, lustig, unangenehm. »So, wallah, und so, wissen Sie«, sagt Samra. Der Vorsitzende Richter schaut ratlos umher.

»Wallah« ist Teil der Jugendsprache. Der deutschen. Seit 2008 hält es sich in den jährlichen Rankings des Langenscheidt-Verlages. Rapper verarbeiten das Wort immer wieder in ihren Liedern. Mert, Capital Bra, Summer Cem und Kurdo sind nur einige von ihnen. »Ich geb' dir zurück, wallah, gleich oder später«, »›Wallah, Bro, ich habe nix!‹«, »Danke Mama, wallah, denn die Eins bist du«, »Papa, wallah, du bist hart, aber fair«, »Er sagt: ›Wallah, ich hör' auf mit diesen Dingen!‹«. Immer wieder »wallah«.

Längst hat das Wort in den Duden Einzug gehalten. Wallah, ich schwöre [bei Gott]! – erklärt mir der Duden. Wallah, ein Massenphänomen. Ein Phänomen, das in allen drei auf Abraham folgenden Religionen verpönt ist, nicht nur im Christentum.

Nicht viel anders als dem Richter und mir muss es Jesus gegangen sein. Überall und auf alles, so heißt es, wurde geschworen. Wie heute. Auf den Himmel und die Erde, auf Jerusalem und die Eltern, den eigenen Kopf. Im Zweifel war der Schwur wie heute sicherlich manchmal auch Teil einer Redensart, unbedacht und inflationär. Und hier spricht Jesus: »Euer Ja sei ein Ja und euer Nein sei ein Nein.«

Ja, Jesus vollzieht auch eine Zeitenwende. Er hebt sich ab von den Worten an die Alten, von den alten Regeln. Auch der ernsthafte und bedachte Schwur und die Nutzung des Namens Gottes, wie er durch das Alte Testament überliefert ist, soll nicht mehr sein. Nicht vor Gericht, nicht bei der Amtseinführung, gar nicht.

Er bricht mit der Weisung an die Alten mit seiner Einführung »Ich aber sage euch« und gebietet, überhaupt nicht zu schwören – weder beim Himmel noch bei der Erde, noch bei Jerusalem, noch beim eigenen Kopf. Er begründet das auch ganz einfach. Über nichts von alledem hat der Schwörende tatsächlich Macht. »Denn du bist nicht in der Lage, auch nur ein einziges deiner Haare weiß oder schwarz werden zu lassen.«

Erkenne deine Grenzen. Beschränke dich. Bleibe bei dir, Mensch. Sei selbst wahrhaftig: »Euer Ja sei ein Ja, euer Nein ein Nein.«

Da alles auf der Welt von Gott ist, führt am Ende auch jeder Nebenschwur und jedes trickhafte Umformulieren auf den Schöpfer zurück. Kein Eid ist unwichtiger als ein anderer. Am Ende bezieht sich jeder Eid auf Gott.

Im Alten Testament schwört Gott selbst auf seinen Namen. In den Psalmen und bei den Propheten lässt sich das gut nachlesen. So schwört Gott, um seinen Bund mit dem Volk Israel zu erneuern. Er fordert die Menschen auf, nicht auf andere Götter zu schwören, sondern auf ihn. Er fordert die Menschen auf, sich an den Schwur zu halten, damit sein Name nicht entweiht wird. So berichtet auch das Alte Testament immer wieder von menschlichen Schwüren, in denen Gott dem Schwörenden dieses oder jenes tun solle, wenn er seinen Eid bräche. Gott soll mich also bestrafen, wenn ich meinen Schwur nicht halte.

Schon dieser Wunsch ist eine menschliche Selbstüberhöhung, die Jesus zurückweist, denn Gott ist Zeuge all unseres Tuns, und er hat das Recht, uns für jede Lüge zu bestrafen, egal ob wir geschworen haben oder nicht. »Du sollst nicht falsch Zeugnis reden wider deinen Nächsten« – das achte Gebot zeugt davon schon im Alten Testament.

Für einen Christen ist ein Schwur unmöglich. Für ihn ist der Wunsch nach einer solchen Strafe eine unmögliche Forderung. Warum? Wir sind in Christus erlöst. Christus hat unsere Sündenstrafen bereits getragen. Sie sind erledigt. Ein Christ, der bei Gott eine Strafe einfordert, lässt Christi Opfer nicht gelten. Er fällt zurück in die Werkgerechtigkeit und verleugnet die Glaubensgerechtigkeit. In der Quintessenz zeigt sich der Schwörende als Ungläubiger.

Statt fest zu stehen mit dem eigenen Wort, ob der andere einem nun glaubt oder nicht, wird auch nur beim geringsten Zweifel bereits die höchste Autorität als Zeuge angerufen und benannt. Der Schwörende zweifelt nicht nur an Christus. Zweifel und Selbstzweifel gegenüber dem eigenen Wort folgen. Nach bestem Wissen und Gewissen und nach bestem Glauben wahr und authentisch sein erübrigt den Schwur.

Luther bietet hier ein schönes Beispiel: Welch Unterschied auf dem Reichstag zu Worms macht die Wahl der Worte »Hier stehe ich, ich kann nicht anders« zu einem »Ich schwöre bei Gott«.

Wer an Jesus Christus glaubt, bekennt seinen Glauben. Er bekennt seine Sünde. Er weiß um seine Freiheit und Erlösung aus Gnade. Er unterstreicht dies nicht mit einem Schwur. Auch nicht mit einem jugendsprachlichen »wallah«.

24. SONNTAG NACH TRINITATIS
JESAJA 51,9-16

Wolfram Weiße

Wach auf, wach auf, zieh Macht an, du Arm des Herrn! Wach auf, wie vor alters zu Anbeginn der Welt! Warst du es nicht, der Rahab zerhauen und den Drachen durchbohrt hat? Warst du es nicht, der das Meer austrocknete, die Wasser der großen Tiefe, der den Grund des Meeres zum Wege machte, dass die Erlösten hindurchgingen? So werden die Erlösten des Herrn heimkehren und nach Zion kommen mit Jauchzen, und ewige Freude wird auf ihrem Haupte sein. Wonne und Freude werden sie ergreifen, aber Trauern und Seufzen wird von ihnen fliehen.

Ich, ich bin euer Tröster! Wer bist du denn, dass du dich vor Menschen fürchtest, die doch sterben, und vor Menschenkindern, die wie Gras vergehen, und vergisst den Herrn, der dich gemacht hat, der den Himmel ausgebreitet und die Erde gegründet hat, und fürchtest dich ständig den ganzen Tag vor dem Grimm des Bedrängers, der darauf aus ist, dich zu verderben? Wo ist denn der Grimm des Bedrängers? Der Gefangene wird eilends losgegeben, dass er nicht sterbe und begraben werde und dass er keinen Mangel an Brot habe. Denn ich bin der Herr, dein Gott, der das Meer erregt, dass seine Wellen wüten – sein Name heißt Herr Zebaoth –; ich habe mein Wort in deinen Mund gelegt und habe dich unter dem Schatten meiner Hände geborgen, auf dass ich den Himmel von Neuem ausbreite und die Erde gründe und zu Zion spreche: Du bist mein Volk.

Der Text ist schwer zu ertragen, er spiegelt die innere und äußere Zerrissenheit eines Volkes, das am Boden liegt, in aussichtloser Lage keine Hoffnung sieht, ja seinen Glauben an Gott verloren hat. Jesaja geht gegen diese Grundstimmung an, rüttelt Gott durch einen eindringlichen Wachruf auf, erinnert, ja beschwört Seine großen Taten, die er für das Überleben Seines Volkes in der Vergangenheit getan hat. Ein Gott, der schläft und vom Propheten wachgerüttelt werden muss? Oder das Wachrütteln in einer eingeschlafenen Beziehung zu Gott? Wie auch immer soll Sein Wirken wieder Platz greifen, nicht langsam, sondern abrupt und gekoppelt mit der Erwartung eines völligen Gegensatzes zur gegenwärtigen Erfahrung: Die Vision *ewiger Freude* erscheint indes als überbordend, die Ankündigung eines Endes von *Trauern und Seufzen* als gewagt und illusionär. Warum dies? In einer desolaten, hoffnungslosen Situation genügt offensichtlich nicht die Zusage einer Verbesserung der Lage, hier muss das ganz Andere des Reiches Gottes den klaren Kontrapunkt gegen Resignation und Perspektivlosigkeit setzen.

Nach diesem kräftigen Auftakt ändert sich in Vers 12 das Subjekt, nun ist es Gott selber, der spricht: *Ich, ich bin euer Tröster!* Den am Boden Liegenden ist offensichtlich der Halt an Gott verloren gegangen. Sie brauchen nicht nur Visionen, sondern Zuspruch, den sie sich selber nicht geben können, zumal sie in aussichtsloser Lage gefangen sind. Gott selber muss die Menschen an Seine Macht, Seine Schöpfung und Sein Reich erinnern, das schon im Diesseits eine Befreiung von Gefangenen ermöglicht. Fulbert Steffensky schreibt dazu: »Vielleicht sogar hat sich das Unglück so sehr in ihre Seele gefressen, dass sie sich nicht einmal an die Zeiten der Stärke Gottes erinnern können.«

Gegen das Verharren in Trostlosigkeit wird die Zusage erneuert, dass *Er den Himmel von Neuem ausbreite und die Erde neu gründe.* Hier geht es – wie am Anfang des Textes durch Jesaja angekündigt – nicht um einen schrittweisen Ausweg, hier geht es um alles, um die absolute Entgegensetzung zum erfahrenen Leid. In dieser Situation ist es der große Erbarmer, der sich an die Seite der am Boden liegenden, allen Haltes beraubten, gottvergessenen Menschen stellt: *Du bist mein Volk.* Gott ist mit den Entrechteten, auch wenn sie ihn vergessen haben.

Gott ist der Tröster für Menschen in Trostlosigkeit. Er steht ein für sein Volk, wie es im Text heißt. Dieser Bezug ist allerdings kein exklusiver, wie der jüdische Philosoph und Theologe Ephraim Meir unterstreicht. Die Zuwendung Gottes zu seinem Volk bezieht sich demnach über Israel hinaus auf alle Menschen der Welt, in besonderer Weise auf alle Geschändeten, auf alle am Boden Liegenden, auf »die Armen.« Wir haben es hier also mit einem Grundtext von Befreiungstheologie zu tun.

Damit stellt sich allerdings die Frage, ob und in welcher Weise dieser Text auch für Menschen gilt, die in gesättigten Verhältnissen leben. Dorothee Sölle hat hierzu unmissverständlich klargestellt, dass die Zusagen auf Trost und Hoffnung vorrangig den Armen, und nicht den Reichen gelten. Der Tröster tröstet, aber er spendet keinen billigen Trost. Voraussetzung ist die aktive Erinnerung an Gott, an seine Macht, seine Forderung nach Gerechtigkeit, nach Eintreten für andere. Es geht darum, nicht am eigenen Besitz festzuhalten, sondern auf aktive Nächstenliebe zu setzen, die das Eigene auch für andere öffnet. Es gilt, mit Gebeten und Aktionen für andere einzutreten, für Frieden und Gerechtigkeit zu arbeiten.

Das ist leichter gesagt als getan. Vielleicht haben wir es tendenziell als selbstverständlich angenommen, dass nach dem Holocaust und der Vernichtung im Zweiten Weltkrieg eine friedlichere Zeit anbricht. Adornos Mahnung, es gehe darum, dass sich »Auschwitz nicht wiederhole«, war und ist unverzichtbar. Zu Recht hat sich allerdings der Erziehungswissenschaftler und Theologe Helmut Peukert dagegen gewendet, dass die Einlösung des Diktums von Adorno selbstläufig sei. Ohne den Holocaust mit anderen Gräueltaten zu vergleichen, bestehe mehr als genug Anlass, einen menschheitlichen Weg zunehmender Friedfertigkeit in Frage zu stellen. Die Bombardierung und Entlaubung im Vietnam-Krieg, die Ausrottungspolitik in Kambodscha, die unfassbaren Massentötungen im Kosovo, die Vernichtungspolitik in Syrien, die weitgehende Hinnahme ertrinkender Flüchtlinge im Mittelmeer – dies und vieles mehr sind Belege, dass Vernichtung nach wie vor ein zentrales Mittel im Arsenal von Politik darstellt. Der Angriffskrieg in der Ukraine zeigt uns dies von neuem eindringlich, die Bedrohung für Europa und die ganze Welt erscheint als größer denn je.

Wir leben in einer ungewissen Situation, in der – abgesehen von wenigen, vor allem der Waffenindustrie – viele fürchten, dass die bisher für die meisten von uns angenehmen Rahmenbedingungen keinen Bestand haben. Wir ahnen, dass es Einbrüche für die bislang überwiegend im Wohlstand lebenden Menschen bei uns geben wird. Der Text gibt uns hierzu keine einfachen Antworten, aber er enthält eine Mahnung: Nicht den grundlegenden Halt zu verschleiern oder zu verschlafen, nicht den Gott der Armen und Entrechteten zu vergessen, Nächstenliebe und Solidarität zu üben, um darauf hoffen zu dürfen, dass der große Tröster den Menschen seiner Welt – auch uns – in dunklen Zeiten gnädig beisteht.

DRITTLETZTER SONNTAG DES KIRCHENJAHRES
RÖMER 8,18-25

Patrik Schwarz

Denn ich bin überzeugt, dass dieser Zeit Leiden nicht ins Gewicht fallen gegenüber der Herrlichkeit, die an uns offenbart werden soll. Denn das ängstliche Harren der Kreatur wartet darauf, dass die Kinder Gottes offenbar werden. Die Schöpfung ist ja unterworfen der Vergänglichkeit – ohne ihren Willen, sondern durch den, der sie unterworfen hat –, doch auf Hoffnung; denn auch die Schöpfung wird frei werden von der Knechtschaft der Vergänglichkeit zu der herrlichen Freiheit der Kinder Gottes. Denn wir wissen, dass die ganze Schöpfung bis zu diesem Augenblick seufzt und in Wehen liegt.

Nicht allein aber sie, sondern auch wir selbst, die wir den Geist als Erstlingsgabe haben, seufzen in uns selbst und sehnen uns nach der Kindschaft, der Erlösung unseres Leibes. Denn wir sind gerettet auf Hoffnung hin. Die Hoffnung aber, die man sieht, ist nicht Hoffnung; denn wie kann man auf das hoffen, was man sieht? Wenn wir aber auf das hoffen, was wir nicht sehen, so warten wir darauf in Geduld.

Gelegentlich komme ich mir vor wie ein Pendel-Christ: mal zieht es mich ganz hinein in diesen Glauben, seine Bilder, seine Bücher, mal trägt es mich ganz hinaus. Wie ein Fremder stehe ich dann vor Sitten und Gebräuchen, Texten und Gedanken, die ich doch seit Jahrzehnten kenne, und fühle mich kein bisschen gemeint.

Mit dieser Paulus-Stelle geht es mir so, und vielleicht ja mit Paulus überhaupt: Wer ist der Mann eigentlich und woher kommt seine kanonische Bedeutung? Muss mich das etwas angehen, will ich, dass mich das erreicht? Ich nehme ja auch nicht jedem Landesbischof ab, was sie oder er so sagt.

Also lese ich mich ein und ich lese drum herum: erst bei Paulus, dann bei Predigerinnen und Predigern, die sich diese Stelle vorgenommen haben. Es ist ja nicht so, dass ich nicht verstünde, was da steht: Oh, die Schöpfung! Ah, die Hoffnung!

Freilich lässt sich aus diesem Material eine feine Predigt stricken: Der christliche Schöpfungsglaube, ist er nicht viel weiter gefasst als der fatale Auftrag, uns die Erde untertan zu machen? Führt nicht von dieser Bibel-Stelle im Römer-Brief eine gerade Linie zu den großen Fragen unserer Zeit, der Klimakatastrophe und einem christlich verstandenen Imperativ, ihr Einhalt zu gebieten, wo doch...

Ja, schon.

Doch statt der Schöpfung schwingt in mir bloß die Erschöpfung nach: hundert Mal gehört, und Dutzend Mal ist was passiert – doch inzwischen kann ich es nicht mehr hören. Die wohlfeile Phrasendrescherei war gewiss immer schon der Tod jeder guten Predigt. Die Phrasen sind ganz einfach auszumachen, hat mir ein kluger Theologe erzählt, der den kleinen Test von seinem Doktorvater übernommen hat: Achten Sie mal drauf, wann dem Prediger der innere Faden reißt – man merkt den Moment meist ganz unmittelbar, denn ab da macht der Mensch auf der Kanzel bloß noch Predigt-Geräusche. Es klingt, wie es eben so klingen soll in der Kirche, aber die innere Hohlheit ist nur mit festem Vorsatz zu überhören.

Predigt-Geräusche. – Was für ein herrliches Wort, was für ein exaktes Barometer für Bible Bullshit.

Doch vielleicht macht man es sich auch zu einfach, wenn man die Schuld an solchen Momenten beim Interpreten ablädt und seiner gescheiterten Bemühung, Hermeneutik mit Herzblut zu verbinden. Jede Predigt ist Beziehung – wenn sie nicht zustande kommt, trägt dann alleine der Sender die Verantwortung oder trifft auch mich als Empfänger ein Anteil?

Ich erinnere mich noch an meine Erleichterung, als in den nachgelassenen Tagebüchern von Mutter Theresa offenbar wurde, wie sehr selbst dieses bis zur Karikatur ikonisierte Leitbild lebenslanger Frömmigkeit mit innerer Ödnis zu kämpfen hatte; wie »geistliche Trockenheit« sie daran hinderte, den Glauben, dem sie doch ihr Leben gewidmet hatte, auch in sich fließen zu spüren. Wenn ihr das passiert, warum nicht auch mir?

Selbst eine solche Form spiritueller Depression bedeutet womöglich kein Herausfallen aus einem Leben in Resonanz, es ist, wie jede Depression, eine in Stillstand verkehrte Resonanz mit dem Leben.

In der akuten Not ist das allenfalls ein stiller Trost:

Wenn da, wo bisher sich etwas im Haus meiner Seele anfühlte wie eine Drehtür zu Gott, oder ein Fenster wenigstens, oder ein Luftschacht zumindest, eine Verbindung jedenfalls, durch die etwas von mir zu ihm strömen kann und manchmal womöglich sogar etwas zurück – wenn da an manchen Tagen, in manchen Wochen nur totes Mauerwerk ist, dann wird es erstickend eng oder erschreckend hohl in mir: Die Herrschaft des großen Egal greift um sich.

Dieser Verlust an innerer Gottesbeziehung reicht tiefer als das, was man gemeinhin den Zweifel nennt, der ja vielfältige Erscheinungsweisen hat, intellektuelle oft, emotionale manchmal, und doch allezeit dem Glauben ein treues Geschwisterkind ist.

Es ist ja nicht so, dass ich nicht verstünde, was da bei Paulus steht – allein mir fehlt der Glaube. Ich kann es für mich nicht neu aufschließen, als bedeutungsvoll, als berührend, als sinnstiftend erleben.

Solange ich das Manko als Manko empfinde, bemerke ich immerhin die Leerstelle in mir, wo vorher Fülle war oder Klang oder Zartheit.

Einen Ariadnefaden aus diesem Labyrinth der Tonlosigkeit finde ich manchmal. Einem Text etwas abzulauschen, das in sich Schönheit trägt, ganz gleich, was es sonst an Bedeutung birgt, das kann ein Anfang sein, meinen verloren gegangenen Geschmack wieder zu entdecken, in Ansätzen wenigstens.

»Doch auf Hoffnung«,

»doch auf Hoffnung« –

zweimal stemmt sich ein Halbsatz aus drei Worten dem Erzählfluss des Römerbriefs entgegen. Muss ich wirklich mehr wissen, in dem Moment? Muss ich Exegese treiben zur Rolle der Schöpfung bei Paulus, um die widerständige Schönheit zu empfinden, die in dem Satz liegt, auch die Schöpfung sei der Vergänglichkeit unterworfen, »doch auf Hoffnung«? Und dass im gleichen Maße gelte, wir seien zwar gerettet, «doch auf Hoffnung«? Manchmal muss das reichen, mehr Trost ist nicht, mehr Gewissheit nicht, mehr Glaube nicht.

Manchmal bin ich meines Gottes müde, doch auf Hoffnung.

VORLETZTER SONNTAG DES KIRCHENJAHRES
MATTHÄUS 25,31-46

Martin Specht

Wenn aber der Menschensohn kommen wird in seiner Herrlichkeit und alle Engel mit ihm, dann wird er sich setzen auf den Thron seiner Herrlichkeit, und alle Völker werden vor ihm versammelt werden. Und er wird sie voneinander scheiden, wie ein Hirt die Schafe von den Böcken scheidet, und wird die Schafe zu seiner Rechten stellen und die Böcke zur Linken.

Da wird dann der König sagen zu denen zu seiner Rechten: Kommt her, ihr Gesegneten meines Vaters, ererbt das Reich, das euch bereitet ist von Anbeginn der Welt! Denn ich bin hungrig gewesen und ihr habt mir zu essen gegeben. Ich bin durstig gewesen und ihr habt mir zu trinken gegeben. Ich bin ein Fremder gewesen und ihr habt mich aufgenommen. Ich bin nackt gewesen und ihr habt mich gekleidet. Ich bin krank gewesen und ihr habt mich besucht. Ich bin im Gefängnis gewesen und ihr seid zu mir gekommen.

Dann werden ihm die Gerechten antworten und sagen: Herr, wann haben wir dich hungrig gesehen und haben dir zu essen gegeben? Oder durstig und haben dir zu trinken gegeben? Wann haben wir dich als Fremden gesehen und haben dich aufgenommen? Oder nackt und haben dich gekleidet? Wann haben wir dich krank oder im Gefängnis gesehen und sind zu dir gekommen? Und der König wird antworten und zu ihnen sagen: Wahrlich, ich sage euch: Was ihr getan habt einem von diesen meinen geringsten Brüdern, das habt ihr mir getan.

Dann wird er auch sagen zu denen zur Linken: Geht weg von mir, ihr Verfluchten, in das ewige Feuer, das bereitet ist dem Teufel und seinen Engeln! Denn ich bin hungrig gewesen und ihr habt mir nicht zu essen gegeben. Ich bin durstig gewesen und ihr habt mir nicht zu trinken gegeben. Ich bin ein Fremder gewesen und ihr habt mich nicht aufgenommen. Ich bin nackt gewesen und ihr habt mich nicht gekleidet. Ich bin krank und im Gefängnis gewesen und ihr habt mich nicht besucht.

Dann werden auch sie antworten und sagen: Herr, wann haben wir dich hungrig oder durstig gesehen oder als Fremden oder nackt oder krank oder im Gefängnis und haben dir nicht gedient? Dann wird er ihnen antworten und sagen: Wahrlich, ich sage euch: Was ihr nicht getan habt einem von diesen Geringsten, das habt ihr mir auch nicht getan. Und sie werden hingehen: diese zur ewigen Strafe, aber die Gerechten in das ewige Leben.

EIN TEXT FÜR GOTTSUCHER

1. Das wäre ein faszinierender Gedanke: Jesus Christus als das Thema, das die öffentliche Diskussion beherrscht. Wochen-, ja monatelang wird über ihn berichtet, Menschen auf der Straße, an den Stammtischen diskutieren heftig über ihn:

Sollen wir seinen Hunger und seinen Durst stillen, wenn er uns in Ärmsten dieser Welt begegnet? Sollen wir ihn beherbergen und ihn bekleiden, wenn er als Flüchtling vor unserer Tür steht oder an unsere Küsten gespült wird? Sollen wir ihn besuchen, wenn er krank ist oder im Gefängnis?

Jesus Christus als das beherrschende Thema. Das wäre die Erfüllung eines missionarischen Traums: Jesus Christus, der Herr, der Sohn Gottes, der Erlöser in unserer Mitte, endlich. Wie oft erscheint er so weit weg von unserer Welt, von unserer Not und Angst? Wie viele verzweifelte

Hilferufe gibt es, und scheinbar bleibt es stumm. Wie viel theologisches oder philosophisches Fragen nach Gott gibt es, und bleibt doch unbeantwortet?

Jesus uns ganz nah als der Hungernde, der Durstige, der Fremde oder Flüchtling, Jesus als der Nackte, der Kranke, als der Gefangene – genau davon erzählt die große endzeitliche Szene aus dem Matthäusevangelium mit einer fast unerträglichen Redundanz, damit es auch wirklich jeder begreift.

Es sind gemischte Gedanken, die diese Worte bei mir auslösen. Auf der einen Seite empfinde ich tiefe Genugtuung. Diejenigen, die Opfer waren oder immer noch sind, die Hungrigen und Durstigen, die Fremden und Nackten, die Kranken und Gefangenen, sie alle sind bei Gott nicht vergessen. Ihre Not, das Unrecht, das sie erleiden, schreit zum Himmel. – Und dort wird es gehört.

Aber Gott wird auch fragen: Wo stehst du? Gott vergisst die Opfer nicht. Auch ich werde daran erinnert werden, wo mein Platz war. Und dann geht es nicht darum, ob ich selbst zu den Tätern gehöre. Sondern darum, ob ich die Not der Opfer gesehen habe.

So gesehen macht mich diese Szene atemlos: Die Not dieser Welt rückt mir oft genug so unerträglich nah. Moderne Kommunikation verwischt alle Grenzen. Und überfordert mich mit ihren Ansprüchen oft hemmungslos.

Und jetzt also Jesus, der Christus als der in Herrlichkeit erscheinende Weltenrichter, der die Schafe von den Böcken scheidet. Dieses Bild ist mir fremd geworden, in meinem persönlichen Glauben, in meinen Predigten. Dieser Christus in seiner gnadenlosen Gerechtigkeit steht mir gegenüber in einer Mächtigkeit, zu der ich mit all meinen Stärken, aber auch mit meinen Schwächen, mit meiner Zaghaftigkeit, mit meinem vorsichtigen Anpacken kaum einen Zugang finden kann. Der Weltenrichter kennt mich nur als Täter in der einen wie der anderen Seite, aber nicht in meiner Ambivalenz, in meinem Suchen und Fragen, in meiner Not.

2. Ich betrete die mir so vertraute Kirche. Wie oft schon habe ich hier das Wort Gottes gehört oder selbst ausgelegt, habe gefeiert und getröstet. Gerade wird ein neues Beleuchtungssystem eingerichtet – und führt das Auge ganz neu durch bekanntes Terrain. Ich stehe in der Mitte vor dem Altartisch in der Vierung, den endlich auch das Licht ins Zentrum rückt. Mein Blick wandert nach oben – streift den sogenannten Fürstenstuhl, der traditionell die weltliche Macht hoch über die Gemeinde stellt und den Kirchraum in zwei Abschnitte unterteilt. Was für ein Sakrileg, das da unsere Vorfahren begangen haben! Und doch auch wieder zurechtgerückt: Denn da ist hoch oben die Malerei an der Decke der Vierung, in der Mitte der Kirche, über allem anderen: Christus, der Weltenrichter mit Schwert und Lilie, mit verurteilender und segnender Hand über den aufgehenden Gräbern, der Christus, der alle Machtverhältnisse dieser Welt – und auch dieser Kirche auf den Kopf stellt.

Eine eigene Predigt ist dieser eigenwillige Innenraum. Welche weltliche Macht sich mit diesem prunkvollen Sitz in der Kirche auch immer ein Denkmal setzen wollte, sie hat sich selbst zur Karikatur gemacht im Spiegel des Christus.

Und im Angesicht dieser Szene feiert die Gemeinde bis heute Gottesdienst, versammelt sich rund um den Altar, um sich der Gegenwart Christi in seinem Wort und Sakrament zu öffnen.

Aber der Weltenrichter stellt klar: Christus ist nicht nur gegenwärtig in Wort und Sakrament, sondern auch als der Gekreuzigte in den Opfern dieser Welt. Auch hier kann und soll die christliche Gemeinde ihren Herrn entdecken und erkennen. Und es wäre ein verhängnisvoller Irrtum, wenn sie diesen Ruf überhören würde.

So gesehen ist die große Szene am Ende des öffentlichen Auftretens Jesu auch mehr als die Zusammenfassung einer christlichen Ethik. Sie ist vielmehr Christologie, beschreibt das Wesen Christi selbst. Sie ist kein abstraktes Gesetz, sondern beschreibt den Weg der Gotteserkenntnis.

Und sie gibt eine ganz klare Richtung vor: Seht euch um da, wo ihr versammelt seid! Seht euch um, wenn ihr durch die Straßen der Stadt geht: Überall werdet ihr ihm begegnen. Er zieht euch nicht ab aus der Welt. Er ist in ihr, er hängt an den Ärmsten der Geschöpfe, und ihr könnt ihn nicht finden, wenn ihr ihn nicht anseht, wenn ihr sein Elend, seine Krankheit, seine Traurigkeit, seine Fremdheit, seine Unwürdigkeit nicht aushaltet. – Gott mitten unter uns, das wäre nicht Gesetz, sondern ganz unmittelbar Evangelium.

So grenzenlos ist der beschriebene Weg gar nicht. In den Berg sind kleine Stufen geschlagen. »Was ihr getan habt einem von diesen meinen Geringsten, das habt ihr mir getan.« Denn in jeder, in jedem Einzelnen von ihnen, so könnte man den Satz fortschreiben, habt ihr es mit mir zu tun. Wer einen Menschen rettet, dem wird es angerechnet, als habe er die ganze Welt gerettet. Wer Christus in einem der Niedrigsten erkannt hat, der hat ihn ganz erkannt. – Was für eine Zumutung, was für eine Verheißung!

BUSS- UND BETTAG
HESEKIEL 22,23-31

Helmut Wöllenstein

Und des HERRN Wort geschah zu mir: Du Menschenkind, sprich zu ihnen: Du bist ein Land, das nicht gereinigt wurde, das nicht beregnet wurde zur Zeit des Zorns, dessen Fürsten in seiner Mitte sind wie brüllende Löwen, wenn sie rauben; sie fressen Menschen, reißen Gut und Geld an sich und machen viele zu Witwen im Lande. Seine Priester tun meinem Gesetz Gewalt an und entweihen, was mir heilig ist; sie machen zwischen heilig und unheilig keinen Unterschied und lehren nicht, was rein oder unrein ist, und vor meinen Sabbaten schließen sie die Augen; so werde ich unter ihnen entheiligt. Die Oberen in seiner Mitte sind wie reißende Wölfe, Blut zu vergießen und Menschen umzubringen um ihrer Habgier willen. Und seine Propheten streichen ihnen mit Tünche darüber, haben Truggesichte und wahrsagen ihnen Lügen; sie sagen: »So spricht Gott der Herr«, wo doch der Herr gar nicht geredet hat. Das Volk des Landes übt Gewalt; sie rauben drauflos und bedrücken die Armen und Elenden und tun den Fremdlingen Gewalt an gegen alles Recht.

Ich suchte unter ihnen, ob jemand eine Mauer ziehen und in die Bresche vor mir treten würde für das Land, damit ich's nicht vernichten müsste; aber ich fand keinen. Darum schüttete ich meinen Zorn über sie aus, und mit dem Feuer meines Grimmes machte ich ihnen ein Ende und ließ so ihr Tun auf ihren Kopf kommen, spricht Gott der HERR.

Würde ich selbst über diesen Text predigen? Von einem zornigen Gott, der zerstört und tötet, der offenbar selbst nichts anders kann als das, was er Menschen kollektiv vorwirft: fressen, brüllen, rauben, vergewaltigen? Wozu braucht es überhaupt einen Gott, der ungehindert ans Ende kommen lässt, was Menschen Schreckliches auf den Weg gebracht haben, der ihr Tun nicht nur auf ihren Kopf kommen lässt, sondern das desaströse Ende sogar noch strafend befeuert? Will ich einer Gemeinde diese Worte zumuten? Mit dem Wissen, dass sich genau solche Bilder tief einbrennen und man nachher lange reden können muss, um sie zu verstehen. Was hat sich der Ausschuss der neuen Perikopen-Ordnung (2017) dabei gedacht, solche Gottesbilder gezielt in die Reihe der Predigttexte zu holen? Ein Text, den man für eine Bibelarbeit nehmen kann. Aber sollte man ihn wirklich auf die »kommunikative Einbahnstraße« einer Predigt setzen?

Vielleicht ist es zuerst mein eigener Zorn, der mich anstößt, den Text zumindest verstehen zu wollen.

Zugegeben: Er ist ansprechend formuliert. Mit einem persönlichen »Du« spricht er sogar doppelt an, »Du Menschenkind, sprich zu ihnen: Du bist ein Land…« Das macht den historischen Abstand größer – ich bin nicht dieses »du« –, und trotzdem rückt mir da etwas auf die Haut: Wer ist du? Und wer bin ich? – Herr, bin ich's?

Damals werden Leute angesprochen, für die eine Welt zusammengebrochen ist: das Volk Israel im Exil in Babylon. Ihre Hauptstadt Jerusalem geschleift, ihr Tempel ein Trümmerhaufen, ihre Elite verschleppt. Ein Volk, das glaubte, wir sind Gottes Volk. Der Tempel ist Gottes Haus. – Wie können sie jetzt weiterleben, deren Leben an ihrem Gott hing. Wo ist er? Ist Gott auch zerstört, verbrannt, tot? Sie begreifen es nicht, verstummen, drohen in Trauer und Zukunftsangst zu versinken.

Da hört einer von ihnen Gottes Stimme. Gott lebt. Gott spricht. Er spricht sie an, wendet sich ihnen zu: »Du Volk«. Man kann das Buch Hesekiel als »Trauma-Literatur« begreifen (Ruth Poser). Was Gott sagt, macht wach. Es fordert heraus, klar zu denken, genau hinzuschauen und zu verstehen: Was ist da mit uns passiert und warum?

Ob es einem helfen kann, solche schlimmen Situationen durchzustehen, wenn man hört, dass das erlebte Leid kein blindes Schicksal war, sondern Gott selbst es kommen sah, es aber nicht ändern konnte, es am Ende sogar bewirkt hat, seine Hand im Spiel hatte: Ich »machte … ihnen ein Ende und ließ so ihr Tun auf ihren Kopf kommen« (V 31). Eine Einsicht des Glaubens: Es war unser Gott, der gehandelt hat. Er ist da und er ist in der Lage, einzugreifen.

Vielleicht hilft es noch mehr, zu begreifen: Wir sind selbst verantwortlich. Wir haben die Katastrophe heraufbeschworen. Diese Einsicht bedeutet: Du bist mit allem, was untergegangen ist, nicht selbst untergegangen. Du lebst, du kannst Ursachen sehen und Fehler eingestehen. Du stehst für etwas gerade. Du behältst deine Würde. Und vor allem: Du kannst auch anders!

Die Rede vom Versagen bleibt hier nicht allgemein, sondern wird konkret durchgespielt in einer »Ständepredigt«. Die saftigen Anklagen gegen Fürsten, Obere, Priester und Propheten, gegen religiöse und gesellschaftliche Funktionseliten klingen sehr aktuell. Sie können Hörer*innen und Redner*innen mitreißen, erinnern sie doch massiv an die gegenwärtigen Zustände in autokratischen, korrupten, nationalistischen oder kapitalistischen Ländern. Populistische Bewegungen stoßen auch bei uns exakt in dieses Horn nach der Corona-Politik oder angesichts der Dynamiken des Ukraine-Kriegs: »Die da oben sind schuld, die Kirche hat versagt, die Presse lügt.« Aber: Die Pointe dieses Textes liegt darin, dass er nicht dazu auffordert, andere zu beschuldigen. Er sagt, ihr alle seid verantwortlich, alle haben zu der Misere beigetragen, unterschiedlich, jeweils in der eigenen besonderen Rolle. So dass ein wirkliches vertiefendes Nachdenken in Gang kommen kann: Stimmen die Anklagen? Wer hat denn genau was getan und unterlassen? Vor allem aber, was habe ich selbst zu verantworten? Nicht einer kann sich wegdrücken, sagt der Text. Gott hat gewartet und danach gesucht, dass jemand »in die Bresche springen würde«, damit er das Land nicht vernichten müsste. Es fand sich niemand.

Besonders Priester und Propheten werden hervorgehoben. Es ist eine immer aktuelle Gefährdung der Kirche, dass sie sich anpasst, schweigt und sich mit netten Botschaften in einer Blase bewegt. Dabei hat sie klare Aufgaben: Gottes Gebot deutlich machen, heilig halten, was Gott heilig ist. Dabei richtet sie sich nicht nur an Einzelne, sondern an die Gemeinschaft. Sie tritt politisch auf, äußert sich profiliert, sie wird laut und anstößig, wenn es um das Leben auf der Erde geht, um eine Wende im Klimawandel, um Solidarität für »die Armen, Elenden und Fremdlinge«.

Das ist Buß- und Bettag pur. Kein nebulöser Feiertag im November, sondern Lebenszeichen der Christen. Buße ist das Erste, was Jesus predigt als frohe Botschaft: Kehrt um, Gottes Reich ist da! Und das ist immer auch politisch. Immer auch selbstkritisch und immer emphatisch. Vielleicht gelingt das mit diesem Text: so, dass man nicht alleine predigt, nicht über andere und zu anderen spricht, sondern mit ihnen redet und gemeinsam auftritt, um umso deutlicher zu fragen: Was ist meine Verantwortung?

LETZTER SONNTAG DES KIRCHENJAHRES
EWIGKEITSSONNTAG
2. PETRUS 3,(3-7)8-13

Petra Zimmermann

[Ihr sollt vor allem wissen, dass in den letzten Tagen Spötter kommen werden, die ihren Spott treiben, ihren eigenen Begierden nachgehen und sagen: Wo bleibt die Verheißung seines Kommens? Denn nachdem die Väter entschlafen sind, bleibt es alles, wie es von Anfang der Schöpfung gewesen ist.

Denn sie wollen nichts davon wissen, dass der Himmel vorzeiten auch war, dazu die Erde, die aus Wasser und durch Wasser Bestand hatte durch Gottes Wort; dadurch wurde damals die Welt in der Sintflut vernichtet. So werden auch jetzt Himmel und Erde durch dasselbe Wort aufgespart für das Feuer, bewahrt für den Tag des Gerichts und der Verdammnis der gottlosen Menschen.]

Eins aber sei euch nicht verborgen, ihr Lieben, dass ein Tag vor dem Herrn wie tausend Jahre ist und tausend Jahre wie ein Tag. Der Herr verzögert nicht die Verheißung, wie es einige für eine Verzögerung halten; sondern er hat Geduld mit euch und will nicht, dass jemand verloren werde, sondern dass jedermann zur Buße finde. Es wird aber des Herrn Tag kommen wie ein Dieb; dann werden die Himmel zergehen mit großem Krachen; die Elemente aber werden vor Hitze schmelzen, und die Erde und die Werke, die darauf sind, werden nicht mehr zu finden sein.

Wenn nun das alles so zergehen wird, wie müsst ihr dann dastehen in heiligem Wandel und frommem Wesen, die ihr das Kommen des Tages Gottes erwartet und ihm entgegeneilt, wenn die Himmel vom Feuer zergehen und die Elemente vor Hitze zerschmelzen. Wir warten aber auf

einen neuen Himmel und eine neue Erde nach seiner Verheißung, in denen Gerechtigkeit wohnt.

Vom Ende wird hier erzählt, vom Ende der Welt und vom Ende der Zeit. Und mancher, der an diesem Sonntag in die Kirche geht, kommt von einem Ende her. Ein gemeinsames Leben und Erleben ist zu Ende gegangen, ein Gespräch ist verstummt, die Hand greift ins Leere. Dabei scheinen das Erleben der Trauernden und die Themen des Petrustextes zunächst weit auseinanderzuliegen. Für die einen ist es ein individuelles Geschehen, das schmerzlich in die je eigene Lebensgeschichte eingreift. Der Petrusbrief hingegen hat das Ende der Welt und das Ende der Zeit im Blick. Beide Perspektiven treffen sich in der Frage, was kommt danach und was bedeutet das für die mir noch verbleibende Zeit.

Für die jungen christlichen Gemeinden – man vermutet als Entstehungszeit des 2. Petrusbriefes die erste Hälfte des 2. Jahrhunderts – war dieser Zusammenhang Gegenstand einer heftigen Debatte. Die Gegner des Autors lehnen eine weltgeschichtliche Dimension der Eschatologie ab und individualisieren sie radikal. Zu lange habe man schon auf die Wiederkunft Christi gewartet, als dass die Denkfigur des Weltendes noch überzeugen könnte. Die Welt ist, wie sie ist, und es wird immer so weitergehen, nichts Neues unter der Sonne. Mit dem Petrusbrief würde ich dagegenhalten: Wenn es über die individuelle Perspektive hinaus keine Verheißung gäbe, wie lässt sich dann eine Hoffnung für die Welt begründen, gar eine »neue Welt«, in der Gerechtigkeit wohnt? Diese Hoffnungsperspektive aber wird angesichts der Weltlage dringender. Ich schreibe diesen Text am Tag 26 des Krieges in der Ukraine, und es ist angesichts der Drohungen und der Eskalationsgefahr nichts mehr auszuschließen.

Was wäre eigentlich, wenn wir tatsächlich wüssten, dass das Ende der Welt kurz bevorstünde? Sagen wir, nächste Woche? Stellen wir uns das für einen Moment vor. Was würden wir tun? Was würden wir lassen? Wie viele unserer täglichen Sorgen würden sich sofort als vollkommen unerheblich selbst entlarven. Was würden wir alles sofort beenden, und was wäre noch dringlich zu tun? Vielleicht möchte ich einem Menschen etwas sagen: dass ich ihn liebe und dass ich ihm alle seine Liebe danke. Vielleicht jemanden um Verzeihung bitten. Oder jemandem vergeben, der schon so lange darauf wartet. Oder noch einmal eine bestimmte Musik hören. In Ruhe ein Bild betrachten. Die Natur mit offenen Augen ansehen, mit diesem Abschiedsblick, der genau hinschaut und sich alles tief einprägt.

Aber vielleicht stiege auch anderes in uns auf. Vielleicht steht in gläserner Klarheit all das in meinem Leben Versäumte vor meinen Augen. Alles, was das Leben mir schuldig geblieben ist und was aus mir hätte werden können. Was ich Gott und den Menschen gegenüber schuldig geblieben bin, was ich im Nichtverstehen alles habe verstreichen lassen. Welch eine höllische Klage wird da durch die Himmel und durch die Sphären schallen. Diese großartige und schöne Welt, wie haben wir die unendlichen Chancen so glatt verspielt. Wenn wir das Leben vom Ende her dächten, entstünde eine ganz neue Bewegung. Und eine große Klarheit.

Aber wann kommt das Ende? Lässt es sich berechnen? Allerlei obskure Sekten haben das versucht, haben Zeichen gedeutet und Termine genannt. Der 2. Petrusbrief lässt es offen. Tage oder Jahre, bei Gott herrscht eine andere »Zeitrechnung«. Die Zeit ist nicht zu fassen. Der Blick in die Vergangenheit, »wie es vom Anfang der Schöpfung gewesen ist«, und der Blick in die Zukunft, »der neue Himmel und die neue Erde«, beides gibt es ja nur als Vergegenwärtigtes. Gottes Zeit ist die Jetztzeit. Für die Menschen, die einen Angehörigen verloren haben, wird der Blick oft zurückgehen, Erinnerungen stehen lebendig vor Augen, Erfahrungen von Nähe, gemeinsam Erlebtes. Aber der Blick wird auch fragend nach vorn gehen. Hoffend vielleicht, dass man sich wiederfände, dass der neue Himmel eine Begegnung bereithält. Annäherungen, Hoffnungen, Mutmaßungen. Aber auch, wie das Leben nun für mich weitergehen kann. Beides geschieht in der Gegenwart. Schmerz und Trauer, Trost und Hoffnung. Jetzt ist die Zeit, in der mir alles gewahr wird.

Noch ist es nicht zu Ende mit dieser Welt. Noch ist es nicht zu Ende mit uns. Noch leben wir. Noch haben wir Zeit. Zeit, das Leben zu bedenken, vom Ende her zu bedenken, und das zu tun, was wirklich wichtig ist. Umzukehren, wo nötig. Dem Zeit zu widmen, was meine Zeit verdient. Zu lieben. Zu leben.

Und es schiebt sich jetzt schon ein Horizont ins Bild, auf den wir zuleben, und der unserem Leben schon jetzt eine Richtung gibt. Das Ende der Welt ist die Geburtsstunde einer neuen Zeit. Zeit für einen neuen Himmel und eine neue Erde. »Der Himmel, der ist, ist nicht der Himmel, der bleibt…« (EG 153). Aber vielleicht sollte man hier gar nicht mehr von Zeit sprechen. Es ist ja die Ewigkeit, die erfüllte Zeit, reine Gegenwart, da Gott in ihr gegenwärtig ist. Die Ewigkeit, auf die wir zugehen, strahlt schon jetzt in unsere Gegenwart wie »ein Licht, das da scheint an einem dunklen Ort, bis der Tag anbricht und der Morgenstern aufgeht in euren Herzen« (2. Petrus 1,19).

LETZTER SONNTAG DES KIRCHENJAHRES
TOTENSONNTAG
DANIEL 12,1b-3

Ulrike Wagner-Rau

Denn es wird eine Zeit so großer Trübsal sein, wie sie nie gewesen ist, seitdem es Völker gibt, bis zu jener Zeit. Aber zu jener Zeit wird dein Volk errettet werden, alle, die im Buch geschrieben stehen. Und viele, die im Staub der Erde schlafen, werden aufwachen, die einen zum ewigen Leben, die andern zu ewiger Schmach und Schande. Und die Verständigen werden leuchten wie des Himmels Glanz, und die viele zur Gerechtigkeit weisen, wie die Sterne immer und ewiglich.

ZEIT DER TRÜBSAL

Während ich über die Verse aus Daniel 12 nachdenke, fallen in der Ukraine die Bomben. Menschen fürchten Tag und Nacht in den eingeschlossenen Städten um ihr Leben, es gibt kein Wasser mehr, keinen Strom. In den Nachbarländern kommen Hunderttausende von Flüchtenden an. Die Hälfte von ihnen Kinder – im Arm oder an der Hand ihrer Eltern oder auch ohne diesen Halt, den Nachbarn oder Freunden der Familie anvertraut, während Vater und Mutter ihr Land verteidigen. Verstörende Bilder erreichen uns. Ein um Tapferkeit ringendes Mädchen erzählt von der Flucht. Von ihrer Sehnsucht nach Zuhause und vor allem nach dem Vater, den sie zurücklassen mussten – und nun weint sie doch. Die kleine Schwester steht neben ihr mit schreckgeweiteten Augen. »Ich habe ja noch nie Krieg gesehen», stammelt sie, «ich weiß gar nicht, wie Krieg aussieht.«

Viele Texte der Bibel beziehen sich auf verstörende Erfahrungen im Zusammenhang von Krieg, Flucht und Vertreibung. Bibelwissenschaftler:innen lesen sie heute als Traumaliteratur, Texte, die sprachlich zu fassen suchen, was über das menschliche Fassungsvermögen hinausgeht. Auch das Danielbuch stammt aus kriegerischen Zeiten. Es ist im Zusammenhang der blutig beendeten Makkabäeraufstände gegen die Seleukiden im 2. Jahrhundert vor Christus entstanden. Die Kapitel 10–12 stellen eine Geschichtsschau von der Perserzeit bis zur Abfassungszeit des Buches dar, die zunächst erkennbar auf historische Ereignisse Bezug nimmt, ab 11,40 aber in ein visionäres Zukunftszenario übergeht.

Was kann trösten, wenn Unschuldige umgebracht, Armut und Leid über ein Land gebracht werden, die Herrschenden ihre Macht gegen die einfachen Menschen brutal durchsetzen? Die Vision des Danielbuchs stellt die Rettung des Volkes in Aussicht. Bis zu »jener Zeit« werden die Lebensumstände zunächst grauenhaft wie nie zuvor, dann aber ändern sie sich zum Guten. Auch die Toten werden auferweckt und voneinander geschieden: zum ewigen Leben die einen, auf Dauer beschämt und verachtet die anderen. Wer hingemetzelt wurde, wird zukünftig am Firmament leuchten wie ein Stern. Die Mörder und Übeltäter aber fallen in ewige Schande. Am Ende wird sich das Unrecht nicht auszahlen, sondern nur wer Gottes Gebot und die Menschen achtet, wird gerettet. Denn Gott ist mächtig, wie der Name »Daniel« ausdrückt, stärker als die Herrscher, die das Volk bedrängen.

Tröstet eine solche Vision? Die Fiktion ewiger Verdammnis wird heute wesentlich als Metapher für die Grausamkeit hier und jetzt gebraucht, für das abgrundtiefe Leiden, das Menschen einander zufügen. Susan Sontag schreibt: »Wer eine Hölle als das bezeichnet, was sie ist, hat damit natürlich noch nicht gesagt, wie man Menschen aus dieser Hölle herausholen und das Höllenfeuer eindämmen kann. Trotzdem scheint es schon an sich positiv zu sein, wenn man […] sich immer wieder klarmacht, wie viel durch menschliche Bosheit verursachtes Leid es in der Welt gibt, in der wir mit anderen leben.«[1] Es ist nötig, Bosheit und Verbrechen wahrzunehmen, zu bezeugen und möglichst einer gerichtlichen Verfolgung zuzuführen. Es gibt Hoffnung, wenn es gelingt, Gerechtigkeit zu üben und Unrecht zu strafen. Aber ist es mehr als eine Geste der Ohnmacht, dies in eine eschatologische Realität zu verlegen? Und vermittelt die Vorstellung der ewigen Verdammung der Bösen mehr als eine kurzfristige Genugtuung?

Die apokalyptischen Texte leben von der Trennung von Gut und Böse. Grautöne werden ausgespart. Sie sind aber entscheidend für die meisten Menschen im Blick auf ihr Leben: Manches haben sie richtig gemacht und manches falsch. Sie haben sich ihren Nächsten zugewandt und sind ihnen etwas schuldig geblieben. Sie haben Verantwortung übernommen und sich auch hart gemacht gegenüber dem Leid der anderen, waren zu bequem, zu angstvoll oder überfordert. Zuweilen sind sie sich selbst die härtesten Richter, aber immer wieder sind sie auch findig darin, sich zu entschuldigen und wegzusehen.

Viele der Trauernden, die am Totensonntag in die Kirchen kommen, um noch einmal die Namen ihrer Toten zu hören, bewegen sich innerlich zwischen dem, was in ihrer Geschichte mit den Verlorenen gelang, und dem, was sie einander schuldig blieben. Die Spaltung von Gut und Böse in der Vision des Daniel erscheint mir wenig hilfreich für sie zu sein. Ich würde in diesem Gottesdienst einen anderen Text für die Predigt wählen.

Mich begleitet in den letzten Tagen ein integratives Hoffnungsbild, das ich der Psychoanalytikerin Brigitte Boothe verdanke. Sie lenkt die Aufmerksamkeit auf die

Pieta. Die Mutter Maria umfängt den toten Sohn nicht wie ein Kleinkind, sondern sie hält den Erwachsenen, blickt auf »das arme Antlitz [...], dem sie sich in Schmerz und Trauer zuwendet«[2]. Boothe nennt dies ein Körperbild »posttraumatischer Reifung«, das Verwundungen des vollendeten Lebens nicht ausspart, sondern (aus)hält.

Das Leben ist schön – das Leben ist furchtbar. Gott ist der Ort, an dem dies nebeneinander bestehen kann. Es wird nicht alles wieder gut. Aber es gibt Hoffnung, wenn Menschen einander in ihrer Verwundbarkeit empathisch wahrnehmen und wenn sie glauben können, letztlich gehalten zu sein.

[1] Susan Sontag: Das Leiden anderer betrachten. Frankfurt/Main 2005, 133.

[2] Brigitte Boothe, Das arme Antlitz. Den Blicken ausgesetzt, in: Das Christusbild in der Gegenwart, hrsg. von Thomas Erne u.a., Darmstadt 2022, 93-115, hier 113.

27. JANUAR – TAG DES GEDENKENS AN DIE OPFER DES NATIONALSOZIALISMUS 1. MOSE 4,1-10

Wolfgang Thierse

Und Adam erkannte seine Frau Eva, und sie ward schwanger und gebar den Kain und sprach: Ich habe einen Mann gewonnen mithilfe des Herrn. Danach gebar sie Abel, seinen Bruder. Und Abel wurde ein Schäfer, Kain aber wurde ein Ackermann.

Es begab sich aber nach etlicher Zeit, dass Kain dem HERRN Opfer brachte von den Früchten des Feldes. Und auch Abel brachte von den Erstlingen seiner Herde und von ihrem Fett. Und der HERR sah gnädig an Abel und sein Opfer, aber Kain und sein Opfer sah er nicht gnädig an. Da ergrimmte Kain sehr und senkte finster seinen Blick. Da sprach der HERR zu Kain: Warum ergrimmst du? Und warum senkst du deinen Blick? Ist's nicht so: Wenn du fromm bist, so kannst du frei den Blick erheben. Bist du aber nicht fromm, so lauert die Sünde vor der Tür, und nach dir hat sie Verlangen; du aber herrsche über sie. Da sprach Kain zu seinem Bruder Abel: Lass uns aufs Feld gehen! Und es begab sich, als sie auf dem Felde waren, erhob sich Kain wider seinen Bruder Abel und schlug ihn tot.

Da sprach der HERR zu Kain: Wo ist dein Bruder Abel? Er sprach: Ich weiß nicht; soll ich meines Bruders Hüter sein? Er aber sprach: Was hast du getan? Die Stimme des Blutes deines Bruders schreit zu mir von der Erde.

Die Erzählung von Kains Brudermord ist eine der bekanntesten Geschichten des Alten Testaments, eine der biblischen Urgeschichten. In ihr begegnet uns ein Grundmuster menschlicher Existenz. So nämlich beginnt die Bibel die Geschichte des Menschen zu erzählen: Nach Erschaffung der Welt und des Menschen – Gott sah, dass alles sehr gut war – und nach Sündenfall und Vertreibung aus dem Paradies – in die Freiheit des Entscheidenwollens und Entscheidenmüssens, was gut und böse ist – folgt schon die Erzählung einer Mordtat, beginnt schon die Gewaltgeschichte des Menschen. Aus dem Streit des Menschen mit Gott, dem Sündenfall, folgt Vertreibung. Und auf Brudermord folgt Flucht. Alles dies zum ersten Mal: die erste Schuld, die erste Vertreibung, die erste Flucht. So erzählt die Bibel Menschheitsgeschichte – in ihren Anfängen und Folgen!

Adam und Eva, der Mann und die Frau, haben zwei Söhne, Kain und Abel, der eine Bauer und Hirte der andere: Die Menschengeschichte ist von Anfang an eine Geschichte der Geschlechter, der Brüder (und Schwestern) und des Bruder-(Geschwister-)Zwistes, der streitigen Arbeitsteilung und der erlittenen Ungerechtigkeit. Denn so geht die Erzählung: Kain und Abel bringen beide dem gemeinsamen Gott ihr Opfer dar, dieser Gott aber würdigt nur das Opfer Abels. Welch skandalöse, eigentlich nicht zu erklärende (und im Text auch nicht erklärte) Parteilichkeit Gottes. Die Kain – wie verständlich – beleidigt und erzürnt, für die er – wie erstaunlich – Gott nicht anklagt und die er sich auch nicht von Gott erklären lassen will. Sondern: »Er ergrimmte und senkte finster seinen Blick« und fasste einen heimtückischen Plan, richtete seine Wut nicht gegen den ungerechten Gott, sondern gegen seinen Bruder, lud ihn hinaus aufs Feld, um ihn zu erschlagen. Und leugnete dann dreist die Tat gegenüber dem fragenden Gott: »Bin ich etwa der Hüter meines Bruders?!« Und Gott verflucht ihn. Und Kain muss fliehen und klagt und jammert über sein Schicksal. »Da machte der Herr ein Zeichen an Kain, dass ihn niemand erschlüge, der ihn fände.«

Ungerechtigkeitserfahrung – Unfähigkeit, Anderssein zu ertragen – Neid und Missgunst – Mord und Lüge – Flucht vor Verantwortung und Selbstmitleid: All dies ist, so scheint es, in Kain geradezu personifiziert. Ist er deshalb die Inkarnation schlechthin des Bösen? Wird Kain gar dämonisiert? Aber das Kains-Mal – das Zeichen, das der Herr ihm macht – soll ihn, den Täter, doch gerade schützen vor der Rache der anderen, die gegen ihn, der Unrecht getan hat, nicht einfach Recht bekommen! Das muss irritieren und provoziert die entscheidende Frage: Was macht Menschen böse, was macht aus Menschen Mörder? Eine unbequeme, unangenehme Frage, die die Menschheitsgeschichte grundiert. Denn weder ist der Mensch von Natur aus böse und zum Guten nicht fähig, noch ist das Böse etwas Abstraktes oder Schicksalhaftes, das einfach über uns Menschen kommt. Nein, das Böse ist menschliches Tun. Es ist Teil der menschlichen Freiheit. Es ist Folge menschlicher Entscheidung, in die Gott den Menschen ruft, zu der er uns aufruft. Das ist das eigentliche Zentrum unseres Textes, der Vers 7: »Wenn du fromm bist, wenn du recht tust, kannst du frei den Blick erheben. Bist du aber nicht fromm, tust nicht recht, dann lauert die Sünde an der Tür und verlangt nach dir. Du aber herrsche über sie.« Welch ein Appell! Gegen die Sünde, gegen das Böse als Schicksal! Gegen die Mythisierung, die Unentrinnbarkeit von Gewalt! Und welch biblisches Wissen von Menschen-Gewalt, ausgebreitet schon auf den ersten Seiten der Bibel.

Die Bibel macht uns nichts vor. Mit dieser Geschichte weiß sie: Von ihren Anfängen ist die Menschheitsgeschichte (auch) eine Geschichte der endlos fortwirkenden Folgen von Gewalt. Der lange Schatten von Kains Tat geht mit uns Menschen auch in die Zukunft. Denn wir sind immer Nachfahren, eben auch Nachfahren Kains. Das genau sagt die Bibel in den folgenden Versen 17-24 und zählt sie auf: die Zeltbewohner und Viehzüchter, die Zither- und Flötenspieler, die Erz- und Eisenschmiede – also all die gewöhnlichen Leute sind Nachkommen des Täters und Flüchtlings Kain. Sein Verbrechen, seine Flucht sind unsere Geschichte, die Geschichte der menschlichen Zivilisation.

So also erzählt die Bibel Menschheitsgeschichte. Und wir lesen diesen Text mit dem Blick auf 3000 Jahre: Wie viele Brudermorde hat es in dieser historischen Spanne schon gegeben – bis zum Brudermord Putin-Russlands an der Ukraine! Wir Christen aber lesen den Text vor allem mit der immer neu bestürzenden Erinnerung an den Holocaust, die Verfolgung und Ermordung von 6 Millionen europäischen Juden, an den entsetzlichsten Brudermord der Weltgeschichte, an dem das Christentum eine große Mitschuld trägt, den Christen ihren älteren Geschwistern angetan haben.

»Wo ist dein Bruder Abel?« Dieser Ruf bleibt unüberhörbar. Er meint uns und gilt nicht den Toten, sondern den Lebenden: den Verfolgten und Geflüchteten, den Schwachen und Gedemütigten, den Opfern von Hass, Ausgrenzung und Gewalt. »Soll ich meines Bruders Hüter sein?« Ja und Ja, heute und hier. Das ist die Aufforderung über Jahrtausende hinweg. Sei fromm, also tue recht, und du kannst aufblicken. Sei Herr über die Sünde, also beherrsche Niedertracht und Gemeinheit, Hass und Gewalt in dir selbst und in der Welt. Und der Gott der Bibel wird bei dir sein! Das ist die biblische Verheißung.

ERSTER SONNTAG IM OKTOBER – ERNTEDANKFEST
LUKAS 12,(13-14)15-21

Manfred Wussow

[Es sprach aber einer aus dem Volk zu ihm: Meister, sage meinem Bruder, dass er mit mir das Erbe teile. Er aber sprach zu ihm: Mensch, wer hat mich zum Richter oder Schlichter über euch gesetzt?] Und er sprach zu ihnen: Seht zu und hütet euch vor aller Habgier; denn niemand lebt davon, dass er viele Güter hat.

Und er sagte ihnen ein Gleichnis und sprach: Es war ein reicher Mensch, dessen Land hatte gut getragen. Und er dachte bei sich selbst und sprach: Was soll ich tun? Ich habe nichts, wohin ich meine Früchte sammle. Und sprach: Das will ich tun: Ich will meine Scheunen abbrechen und größere bauen und will darin sammeln all mein Korn und meine Güter und will sagen zu meiner Seele: Liebe Seele, du hast einen großen Vorrat für viele Jahre; habe nun Ruhe, iss, trink und habe guten Mut! Aber Gott sprach zu ihm: Du Narr! Diese Nacht wird man deine Seele von dir fordern. Und wem wird dann gehören, was du bereitet hast? So geht es dem, der sich Schätze sammelt und ist nicht reich bei Gott.

1.

Ich kenne den reichen Mann schon sehr lange. Als reichen Kornbauern. So nannten ihn alle im Dorf. Ohne einen Namen. Kann jemand geliebt werden, der keinen Namen hat? Jetzt soll ich ihn beerdigen. Plötzlich und unerwartet ist er gestorben. In der Zeitung gibt es eine große Anzeige Und viele kleine. Er war jemand. Ein schönes Bild hat die Familie ausgesucht. Mitten aus dem Leben. Lächelnd, überlegend, selbstbewusst.

Ich besuche die Familie. Ich höre zu. Manchmal frage ich. Dazwischen immer wieder Schweigen. Nur die Gedanken wandern. Wie dynamisch er doch war... Wie er aus kleinen Anfängen seinen Hof zu einem Agrarunternehmen ausbaute... Welche Rolle er als Arbeitgeber, Mäzen und Wohltäter spielte... Wie liebevoll und zärtlich er als Vater war... Wie viele Neider ihm das Leben schwer machten. Die Liebesgeschichte, ganz am Anfang, blitzt auch auf.

Die Nachfolge ist nicht geregelt. Er war noch zu jung. Zu erfolgreich. Zu wichtig.

2.

Sein Anwalt hat die Kirche verklagt. Sie würde an Erntedankfesten die Persönlichkeitsrechte seines Mandanten missbrauchen, heißt es im Schriftsatz. Die Perikopenordnung ist als Beweismittel angefügt nebst einem Bündel Predigten. 50 Aktenordner, DIN A 4. Es könne noch mehr nachgereicht werden – das Material sei unerschöpflich. Die bloße Zuschreibung, reich zu sein, sei ein Urteil ohne Klage, ein Vorwurf ohne Begründung. Reich sei ein Verdikt.

Das Land hat gut getragen und die Ernte war reich. Die Lager platzen aus allen Nähten. Viele Menschen haben gearbeitet, geschwitzt, sich gefreut. Wer mag das verwerflich nennen oder gar eine Schuld? Alle haben auch ihren Lohn bekommen. Ob angemessen, weiß ich nicht. Ich weiß sowieso nicht, was angemessen ist. Die Meinungen gehen da weit auseinander. Kann man mit Arbeit reich werden?

Der reiche Mann rechnet. Aufwand, Ertrag, Margen. Darüber wird es Nacht. Viele Papiere liegen auf dem Tisch. Lagerkapazitäten und Modelle. Wann rechnet sich die Investition? Wie muss es weitergehen? Dass alles geschenkt ist – vom Regen angefangen bis zum Sonnenschein, von Möglichkeiten bis zu Gelegenheiten –, lässt sich in Zahlen nicht unterbringen. Dank findet in keiner Bilanz einen Platz. In den Aktiva nicht, in den Passiva auch nicht. Das kriegt auch das Neue Kirchliche Finanzwesen nicht hin.

Ob juristisch geklärt werden kann, was »reich« heißt? Welche Abteilung im Landeskirchenamt ist eigentlich zuständig? Armer Kornbauer! Armer Mensch!

3.

Für Lukas ist alles klar. Rechtsstreit? Unbedingt! Er ist der Evangelist der Armen. Seine Kritik am Reichtum und an den Reichen ist aktenkundig und umwerfend. In Geschichten erzählt Lukas, wie Menschen verloren gehen, die sich Geld und Reichtum verschreiben. Wer an Dingen hänge, könne nicht frei sein. Für Gott nicht, für die Liebe nicht, für das ewige Leben nicht. Nicht einmal für sich!

Lukas lauscht dem Lobpreis der Maria. Ihr »Magnificat« (Lk. 1,46-55) steht am Anfang von allem.

> »Meine Seele preist die Größe des Herrn
> und mein Geist jubelt über Gott, meinen Retter.
> Denn auf die Niedrigkeit seiner Magd hat er geschaut…
> Er stößt die Gewaltigen vom Stuhl und erhebt
> die Niedrigen.
> Die Hungrigen füllt er mit Gütern und lässt die
> Reichen leer ausgehen.«

Hier zählt kein Besitz, kein Ansehen. Der reiche Mann bekommt nicht einmal einen Namen. Alles wird von Motten und Rost zerfressen. Selbst die Träume. Sein Plädoyer hat Lukas schon fast fertig! Wie glücklich kann sich eine Kirche schätzen, einen solchen Anwalt zu haben.

4.

Bin ich Voyeur? Selbstgespräche sind doch Selbstgespräche, für meine Ohren nicht bestimmt. »Liebe Seele, du hast einen großen Vorrat für viele Jahre; habe nun Ruhe, iss, trink und habe guten Mut!« Ein Mensch schaut zurück. Er schaut nach vorne. Guten Mut haben – das ist's!

Doch werden erst einmal Lagerkapazitäten ausgebaut, muss alles erfolgreich weiterlaufen. Kann es überhaupt ein »genug« geben? Und wann ist es – »genug«? Für die »liebe Seele«.

Du Narr! Du Narr? Wer ist hier ein Narr? Ich kann mich nicht einmal umdrehen. Wie gefesselt schaue ich durch ein Schlüsselloch. Die Lebensbilanz in einem Wort. Wie ein Schlag. Von dem, der ganz andere Vorstellungen von dem hat, was Klugheit und Erfolg ausmachen. »Es spricht der Narr in seinem Herzen: Es gibt keinen Gott.« (Ps 53,2)

Narren sind wundersame Geschöpfe. Sie haben etwas von einem Clown, der alles sagen darf. Oder von einem Hofnarren, den die Wahrheit nichts kostet. Oder von einem Toren, der sich ständig verrechnet. In welche Kategorie passt der Narr, den Gott in einsamer Stunde anspricht?

5.

So geht es dem... Wie geht es dem, der sich Schätze sammelt und ist nicht reich bei Gott? Ich spiele mit Worten. Aus »so« wird »wie«. Aus dem Ausrufezeichen ein Fragezeichen. Aus einer Behauptung eine Rückfrage.

Was heißt eigentlich »sammeln«? Es geht doch um eine Investition. In die Zukunft. Das Finanzamt wird nicht auf die Steuererklärung verzichten, die Bank nicht auf die Bilanz, die Mitarbeiter nicht auf ihre Verträge. Was ist hier falsch?

In der Traueransprache werde ich das Leben eines einmaligen Menschen nachzeichnen. Als Geschenk! Ich werde »danke« sagen. Auch und vor allem im Gebet. Was alle wissen, ist nicht alles! Die kleine Szene, das Selbstgespräch in einem unbeobachteten Augenblick und die Einrede Gottes, bleibt das Geheimnis der beiden.

Dass Gott reich ist an Erbarmen, ist sein Geheimnis. Er wird die vielen losen Enden verknüpfen. Er wird den roten Faden finden. Was wir sammeln, anhäufen und wie einen Wall um uns bauen, bringt uns nichts. Bei ihm. Wir gehen mit leeren Händen zu ihm. Er ist kein Finanzamt und keine Bank. Er veranlagt nicht, er stellt auch keine Bonität fest. Er stundet nicht, er stellt auch nichts fällig. Wer in seiner Liebe geborgen ist, ist reich.

Dass Gott durchs Schlüsselloch schaut, wenn ich mich in stiller Stunde, unbeobachtet, einen Narren schimpfe, wünsche ich mir sehr. Die Dinge überfallen meine liebe Seele. Ich bin oft auch nur – ein Ding.

31. OKTOBER – GEDENKTAG DER REFORMATION
MATTHÄUS 5,1-10(11-12)

Christina Aus der Au

Als er aber das Volk sah, ging er auf einen Berg. Und er setzte sich, und seine Jünger traten zu ihm. Und er tat seinen Mund auf, lehrte sie und sprach:

Selig sind, die da geistlich arm sind; denn ihrer ist das Himmelreich.

Selig sind, die da Leid tragen; denn sie sollen getröstet werden.

Selig sind die Sanftmütigen; denn sie werden das Erdreich besitzen.

Selig sind, die da hungert und dürstet nach der Gerechtigkeit; denn sie sollen satt werden.

Selig sind die Barmherzigen; denn sie werden Barmherzigkeit erlangen.

Selig sind, die reinen Herzens sind; denn sie werden Gott schauen.

Selig sind, die Frieden stiften; denn sie werden Gottes Kinder heißen.

Selig sind, die um der Gerechtigkeit willen verfolgt werden; denn ihrer ist das Himmelreich.

[Selig seid ihr, wenn euch die Menschen um meinetwillen schmähen und verfolgen und allerlei Böses gegen euch reden und dabei lügen. Seid fröhlich und jubelt; es wird euch im Himmel reichlich belohnt werden. Denn ebenso haben sie verfolgt die Propheten, die vor euch gewesen sind.]

Nicht nur ich tu mich schwer mit diesem Text. Das Rechtschreibeprogramm auf meinem Computer markiert mir erst mal alle »Selig«. Nicht weil es das Wort nicht kennte, aber es will es klein schreiben. Tja, liebes Programm, hier nicht. Hier wird »Selig« groß geschrieben, größer geht gar nicht. Selig heißt nicht nur glücklich oder, wie in der ursprünglichen altgriechischen Bedeutung, wohlhabend, sondern es muss alles aufwiegen, was auf Erden schief läuft. Selig ist die Antwort auf die Theodizeefrage. Hier wird zwar gelitten, man hungert und dürstet nach Gerechtigkeit, es ist Krieg und Verfolgung, aber ihr, die ihr das jetzt erleiden müsst, seid selig. Dabei bleibt im griechischen Text offen, ob das jetzt schon der Fall sein soll oder erst dereinst im Reich Gottes. Beides macht es allerdings nicht wirklich besser. Sollen die Leidenden im Leiden Seligkeit finden? Trotz des Leidens? Als Leidende? Oder sollen sie zwar hier leiden, aber trotzdem selig sein im Wissen darum, dass es im Himmel dann umso besser sein wird? Mir scheint, das Schönreden der hiesigen Zustände ist so zynisch wie die Vertröstung auf ein Jenseits.

Hinzu kommt, dass Veränderung gar nicht erst in den Blick kommt. Selig sind, die dulden und nicht aufmucken. Mit einer solchen Botschaft hätte Martin Luther keine Reformation losgetreten. Er hat zwar nach Gerechtigkeit gedürstet – nach Gottes Gerechtigkeit! – und wurde verfolgt, aber er war dabei weder sanftmütig noch barmherzig. Und er hat auch Schmähungen nicht demütig hingenommen, sondern hat kräftig zurückgeschmäht. Wenn er sich an die Seligpreisungen gehalten hätte, wäre Luther im Kloster geblieben und hätte still an seiner Kirche gelitten. Keine Reformation, und auch sonst keine Zeitenwenden.

Es waren doch nicht die Sanftmütigen, sondern die Störenfriede, welche etwas bewirkt haben, nicht diejenigen, welche in stillem Gottvertrauen ihr Kreuz getragen haben, sondern diejenigen, die dagegen aufbegehrt und ihr Schicksal in die eigene Hand genommen haben! Ist das nicht ein Text, der den Mächtigen in die Hände spielt? Der Unrechtsverhältnisse unterstützt, weil er dazu auffordert, sich mit dem Bösen in der Welt abzufinden?

Abzufinden? Moment – aber das tun die Seligpreisungen ja gerade nicht. Indem sie dieses Böse benennen, Armut, Ungerechtigkeit, Krieg und Verfolgung, sind sie ja eigentlich schon Störenfriede. Sie gehen nicht darüber hinweg, sondern machen das Leid sichtbar. Und zeigen auf: Auf dieser Welt herrscht das Gesetz des Stärkeren. Man kann dieses Spiel mitspielen und dabei mit dem Strom schwimmen. Oder man kann dieses Spiel mitspielen, um damit gegen den Strom zu schwimmen. Bessere Technik entwickeln, um das Klima zu schonen. Mehr Geld verdienen, um damit Gutes zu tun. Mehr Waffen haben, um damit den Frieden zu garantieren. Kann man tun. Und muss man oft auch tun, denn manchmal erreicht man sogar etwas. Aber damit spielt man das Spiel letztlich mit.

In den Seligpreisungen hingegen ist die ganze Bergpredigt enthalten, das gesamte Kontrastprogramm. Totaliter aliter, ein ganz anderes Spiel, und das mitten unter uns. In dieser gefallenen Welt Salz und Licht sein, loslassen, vergeben und lieben und getrost auf Gott vertrauen. Die Seligpreisungen sind eine Einladung zur radikalen Perspektivenübernahme Gottes. Nüchtern hinschauen, Ungerechtigkeit wahrnehmen und darunter leiden. Und dabei die Spielregeln verändern, indem man sich diesem Spiel verweigert.

Die Seligpreisungen sind tatsächlich weit davon entfernt, einem Quietismus das Wort zu reden. Sie eröffnen einen Weg, wie nicht nur ein bisschen Veränderung, sondern ein Neuanfang möglich ist. Damit kann man sogar eine Reformation anfangen: Nicht sakramentale Buße, nicht die Beichte als Teil des Spiels, sondern Neuanfang, so dass unser gesamtes Leben Buße, das heißt Selbstvergessenheit und Hingabe sei.

Dann sind die Seligpreisungen also doch provokativer als gedacht. Radikal sogar – für den Einzelnen. Immer wieder loslassen, vertrauen, sich hingeben. Aber was bedeutet das für die Gesellschaft? Damit verändert man doch gar nichts, diese einfachen Seelen werden doch hinweggeschwemmt von den Mächten und Gewalten dieser Welt. Wie kann ich einem kleinen Land, das von seinem großen Nachbarn angegriffen wird, predigen, es solle sanftmütig und barmherzig reagieren? Wie kann ich denen, die unter ausbeuterischen Strukturen leiden, sagen, sie sollen sich damit begnügen, nach Gerechtigkeit zu hungern und zu dürsten?

Da meldet sich leise die Bergpredigt zurück. Nein, weggeschwemmt werden eben gerade nicht, die reinen Herzens sind, nicht die Barmherzigen und Friedensstifter. Aller Größenwahn, aller Machtpoker, alles Krallen und Raffen ist auf Sand gebaut. Was bleibt, ist der Glaube. Dass es anders werden kann – und anders werden soll. Das ist die Hoffnung. Auf Frieden, auf Solidarität, auf Leben. Immer wieder mit Füßen getreten, immer wieder neu entdeckt. Und die Liebe. Zum Nächsten und zum Fernsten. Immer wieder gekreuzigt, immer wieder auferstanden. Ich glaube an eine Zukunft, in der tatsächlich die Sanftmütigen und die Barmherzigen die Erde besitzen werden. Und in der alle Tränen abgewischt werden und Lamm und Löwe beieinander liegen. Und deswegen glaube ich an eine Gegenwart, in der wir schon jetzt und immer wieder aktiv und mutig hoffen, entdecken, lieben und immer wieder auferstehen. Wer's glaubt, wird selig.

9. NOVEMBER – TAG DES GEDENKENS AN DIE NOVEMBERPOGROME MATTHÄUS 24,23-27

Wilhelm von Sternburg

Wenn dann jemand zu euch sagen wird: Siehe, hier ist der Christus!, oder: Da!, so sollt ihr's nicht glauben. Denn es werden falsche Christusse und falsche Propheten aufstehen und große Zeichen und Wunder tun, sodass sie, wenn es möglich wäre, auch die Auserwählten verführten. Siehe, ich habe es euch vorausgesagt. Wenn sie also zu euch sagen werden: Siehe, er ist in der Wüste!, so geht nicht hinaus; siehe, er ist drinnen im Haus!, so glaubt es nicht. Denn wie der Blitz ausgeht vom Osten und leuchtet bis zum Westen, so wird auch das Kommen des Menschensohns sein.

Will man das Werk des großen Aufklärers Voltaire auf einen Nenner bringen, dann ist es vielleicht sein kluger Gedanke, dass die einzig unbestreitbare Wahrheit die ist, dass es sie nicht gibt. Will man die Weltgeschichte wiederum mit dem Blick des Pessimisten betrachten, dann trugen über die vielen schrecklichen Jahrhunderte hinweg die (meist selbsternannten) Propheten mit ihren absoluten Wahrheitsbekundungen häufig entscheidend zum Unglück der Völker bei. Sie haben uns gesagt: Siehe, jetzt gilt es die angeblich verletzte Ehre des Vaterlandes mit Bomben und Panzern zu verteidigen; siehe, wir sind die auserwählten weißen Völker, und wir müssen die Menschen aus anderen Kontinenten und Denkwelten mit den »Segnungen« unserer Kultur gnadenlos beglücken; siehe, der Nachbar mit der anderen Hautfarbe ist uns von Natur aus unterlegen, deswegen dürfen wir ihn als einen minderwertigen Menschen ansehen, ihn ausbeuten oder gar vernichten; siehe, zur Glorifizierung unseres Gottes und zur Verbreitung unseres Glaubens sind wir berufen, Tod und Verderben über die »Ungläubigen« zu bringen, wenn sie nicht freiwillig ihren Göttern abschwören wollen; siehe, der Mensch muss geleitet werden, denn die Freiheit des Gedankens, die selbstgewählte Entscheidung gefährdet die uns (von einem Gott, von der Obrigkeit, von der vorgeschriebenen Moral) anbefohlene Ordnung.

Es sind die falschen Propheten, die uns zu Gewalttätern machen oder die Verbrechen unserer Regierungen mit Beifall begleiten lassen. Sie müssen nicht einmal Zeichen und Wunder tun, um ihre Völker zu all den Untaten zu verführen, zu denen sie sich hinreißen lassen. Es reichen die Kunst der Lüge, die Bequemlichkeit des Wegsehens, die Sehnsucht nach einer verordneten Ruhe, deren Preis die anderen zahlen müssen. Die Bewohner in Aldous Huxleys schöner neuer Welt werden von ihrer Regierung mit Hilfe der Droge Soma in eine ewige Glücksbenommenheit versetzt, die das Nachdenken über sich selbst und die Gesellschaft, in der sie leben, erstickt. Der Geist der Kinder in diesem totalitären System erhält schon in den Brutkästen durch permanente Einflüsterungen die gewünschte eindimensionale Bildung. George Orwell erzählt in seinem Roman »1984« vor über 70 Jahren von einer Gesellschaft, deren alles manipulierender »Großer Bruder« das »Kriegsministerium« in »Friedensministerium« umbenennt. In unseren Tagen wird der massenhafte Tod von Zivilisten an den Kriegsfronten zum »Kollateralschaden« verharmlost. Amerika legt manipulierte Satellitenbilder mit Massenvernichtungswaffen vor, um seinen Krieg gegen den Irak zu begründen. Russlands Diktator Putin spricht beim Überfall auf die Ukraine von einer »begrenzten Militäraktion«, während seine Luftwaffe die

Städte des Nachbarstaates in Schutt und Asche legt, Krankenhäuser und Kindergärten in Flammen aufgehen.

Sie sind immer unter uns, die »falschen Christusse und Propheten«. Schlimmer noch, es gelingt ihnen immer wieder, uns in die Wüste von Unterdrückung und Gewalt zu locken, uns zu suggerieren, wir täten Recht, wo wir Unrecht tun. Sie verbrennen Bücher, Synagogen und schließlich Menschen. Auch die Verkünder der Bibel oder des Korans senden Botschafter aus, die viel zu oft nicht die Wahrheit, sondern die Lüge predigen. Sie jagen die andersdenkenden »Ketzer« auf die Scheiterhaufen oder schlagen ihnen mit dem Schwert den Kopf ab. Sie haben bis heute nicht den begründeten Verdacht ausräumen können, dass ihre Propheten Glaube, Liebe, Mitleid mit ihrem nie erlöschenden Machtanspruch verwechseln.

Der Blitz vom Osten, den Matthäus in seinem Bild vom Kommen des Gottessohnes heraufbeschwört, bietet dem gläubigen Christen Hoffnung und Zuversicht. Aber auch der »Auserwählte« (der Denkende), dem der Zweifel des Glaubens nicht fremd ist, baut seine Suche bewusst oder unbewusst auf Fundamenten auf, die schon das Alte und das Neue Testament oder den Koran mittragen. Frieden und Toleranz, Menschenrechte und die Freiheit des Einzelnen (in Mitverantwortung für die anderen), über sich selbst entscheiden zu können – das sind auch die Säulen der säkularen Aufklärung. Sie hat die Menschheitsgeschichte – wie die großen Religionen – seit den Tagen der antiken Philosophien mitgeprägt. Auch sie erzählt vom Ringen der Erkenntnis und vom Kampf gegen die falschen Propheten. »Glaube denen, die die Wahrheit suchen, und zweifle an denen, die sie gefunden haben.« Die Selbstgewissen und Wahrheitsleugner werden diesen Gedanken des französischen Dichters André Gide wortreich – und wie die Geschichte zeigt, in der Regel erfolgreich – verdammen. Aber ihr sollt es ihnen nicht glauben!

6. DEZEMBER – NIKOLAUSTAG
EPHESER 2,1-10

Jan-Dirk Döhling

Auch ihr wart tot durch eure Übertretungen und Sünden, in denen ihr früher gewandelt seid nach der Art dieser Welt, unter dem Mächtigen, der in der Luft herrscht, nämlich dem Geist, der zu dieser Zeit am Werk ist in den Kindern des Ungehorsams. Unter ihnen haben auch wir alle einst unser Leben geführt in den Begierden unsres Fleisches und taten den Willen des Fleisches und der Vernunft und waren Kinder des Zorns von Natur wie auch die andern.

Aber Gott, der reich ist an Barmherzigkeit, hat in seiner großen Liebe, mit der er uns geliebt hat, auch uns, die wir tot waren in den Sünden, mit Christus lebendig gemacht – aus Gnade seid ihr gerettet –; und er hat uns mit auferweckt und mit eingesetzt im Himmel in Christus Jesus, damit er in den kommenden Zeiten erzeige den überschwänglichen Reichtum seiner Gnade durch seine Güte gegen uns in Christus Jesus. Denn aus Gnade seid ihr gerettet durch Glauben, und das nicht aus euch: Gottes Gabe ist es, nicht aus Werken, damit sich nicht jemand rühme. Denn wir sind sein Werk, geschaffen in Christus Jesus zu guten Werken, die Gott zuvor bereitet hat, dass wir darin wandeln sollen.

OSTEREIER IN DEN STIEFELN

Was tun, wenn die langersehnte – und unter der Pandemie lange vermisste – adventliche Sinnlichkeit, die dieser Tage wieder Städte und Stuben und Herzen mit Glanz und Klang, mit Duft und Schein verspricht zu erfüllen, dieses Jahr buchstäblich leer bleibt?

Wenn sie mich wieder einmal zwar noch sehnsüchtiger und noch dünnhäutiger macht. Aber so auch immer noch leerer lässt?

Was tun wenn – jetzt, wo alles auf Harmonie und Mitmenschlichkeit gestimmt sein soll – einmal mehr die Erkenntnis der ganzen Heillosigkeit der Welt über mich hereinbricht, ihre dummdreiste Bosheit, die Lügenlust, die Gewaltgespenster und ihre rasende Wut, das endlose Leiden, der dauernde Tod?

Und was tun, wenn ich mir je länger je weniger einreden kann und abnehmen kann, ich ausgerechnet, ich könnte mich davon ausnehmen, könnte einen Unterschied machen, wüsste und machte es besser. Was dann?

Dann stell' ich den Teller raus, Christus *legt gewiss was drauf.*

Auf seine Vor-Gabe greifen alle adventlichen und vorweihnachtlichen Gabenbräuche zurück. Auch die bärtigrotnasigen Männer und heiligmäßigen Botinnen, die sie übermitteln, leben aus ihr, leben sie nach und dann erst vor.

Am 4. Dezember Barbara mit ihren Zweigen; Lucia, die Leuchtende, am 13. Dezember und heute Nikolaus, Bischof im türkischen Myra, dem heutigen Demre, Freund der Kinder und Patron der Seefahrer, der Kaufleute und Gefangenen, dem Frieden und Brot wichtiger sind als Kirchengold und Sieg, wichtigster Heiliger der Orthodoxie.

Aus Christus, so die Confessio Augustana, leben die Heiligen. Sind weniger Vorbilder als Rückverweise auf diese Vor-Gabe und können, wollen und sollen ihn anschaulich machen im wirklichen Leben, »um unseren Glauben zu stärken«. Machen mit ihren Geschichten und Gesten, mit Apfel, Nuss und Mandelkern und Blüten und Lichtern die »Gnade« sinnfällig, »die ihnen widerfahren ist und auch wie ihnen zum Glauben geholfen wurde« (CA XXI).

Auf Christus als Vor-Gabe kommt auch der Epheserautor zurück. Deutet die grundsätzliche Gabe vorerst nur an (»ihr *wart* tot«). Schlägt dann aber – wie einst Knecht Ruprecht in Kindertagen – in drei länglichen Versen, das Sündenregister der Realität auf und liest vor.

Malt mir in immer düstreren Farben und ausladenden Satzkonstruktionen die Welt, wie sie eben ist, vor Augen und ihre verdorbenen und zorneswürdigen Kinder, wie sie eben sind. Lang ist die Liste der Übel, dick ist das Buch der Missstände und Missetaten. Und unausweichlich ist das Ergebnis: Ruprechts Rute, Krampus' Knüppel. Alle in einen Sack, und dann immer drauf.

Nein, nicht unausweislich *ist* es, sondern *wäre* und *war* es. Denn auch wenn es endlos so weitergehen könnte, bricht doch die düstere Aufzählung buchstäblich ab. Mehr noch, gar Satz und Syntax brechen zusammen. Unendlich sanft wird das Sünden- und Todesbuch zugeklappt. Wenn der Teller rausgestellt wird, weil er längst rausgestellt wurde.

»Aber Gott…«, so beginnt der entscheidende Einspruch, der Frei-Spruch im Wortsinne (V. 4). Und erneut wird aufgezählt, wie vorher die Düsternisse. Aber es wird auch neu gezählt und anders erzählt: Gott hat »uns geliebt …, uns … lebendig gemacht mit Christus …, hat uns mit eingesetzt im Himmel«.

Wenn ich schlaf', dann träume ich, jetzt bringt Christus was für mich.

Brachte es eigentlich längst. Denn kaum zufällig steht auch hier das Perfekt, holt das vage Versprechen vom Anfang ein. *Ihr wart tot …, ihr seid gerettet, … geliebt … und mit auferweckt.*

Das ist schon geschehen von allem Anfang her gültig und doch alle Morgen neu. Es ist geschehen ganz ohne mich. Und doch ganz für mich.

Und ich selbst werde erstmal ins Bett gesteckt. Schlafen geschickt meine Allzuständigkeit, meine Defizitorientierung, mein Größenwahn und meine Fixierung auf alles, was fehlt. Ich soll und darf von den Socken sein, Gott sei Dank, und dann neu-gierig aufwachen.

Wenn ich aufgestanden bin, lauf' ich schnell zum Teller hin.

Und erfahre, dass ich, nein, dass alle Welt mehr und anderes ist, als ich es ihr und mir selbst ansehe.

Nicht *aus* Werken, aber *als* Werk. Gottes Werk. Als Neulinge Gottes, sorgfältig geplant, gut vorbereitet und zugerüstet, mitzureisen im großen Gabenzug.

Längst schon ist uns die Spur gebahnt, sind die Rentiere angeschirrt, sind uns die Stiefel hingestellt: »In Christus Jesus zu guten Werken, die Gott zuvor bereitet hat, dass wir darin wandeln sollen.«

ANHANG

Die Autorinnen und Autoren
Bibelstellenregister

DIE AUTORINNEN UND AUTOREN

Prof. Dr. Christina Aus der Au, geboren 1966 in Luzern, Professorin für Religion, Ethik und Politik an der Pädagogischen Hochschule Thurgau und seit Juni 2022 Kirchenratspräsidentin der Evangelischen Landeskirche Thurgau. *333*

Dr. Karl-Heinz Bassy, Jahrgang 1963, ist Pfarrer in Mönchengladbach-Großheide und Notfallseelsorger. *178*

Dr. Gerhard Begrich, geboren 1946 bei Halberstadt, studierte Theologie, Orientalistik und Ägyptologie in Berlin und war 1993–2008 Rektor im Pastoralkolleg der Ev. Kirche der Kirchenprovinz Sachsen. *76*

Susanne Breit-Keßler, geb. 1954, Regionalbischöfin i. R., Vorsitzende des Bayerischen Ethikrates, Publizistin. *166*

Prof. Dr. Johann Hinrich Claussen, 1964 in Hamburg geboren, studierte Ev. Theologie in Tübingen, Hamburg und London. Seit 2016 Kulturbeauftragter des Rates der EKD. *72*

Dr. Claas Cordemann, geb. 1971, ist Leiter der Fortbildung in den ersten Amtsjahren der Ev.-luth. Landeskirche Hannovers und Coach (fakd/GwG). *115*

Prof. Dr. Jochen Cornelius-Bundschuh, Jahrgang 1957, war 2014–2022 Landesbischof der Ev. Landeskirche in Baden und ist außerplanmäßiger Professor für Praktische Theologie an der Universität Heidelberg. *94*

Dr. Christina Costanza, geboren 1977, ist seit 2014 Studienleiterin im Theologischen Studienseminar der VELKD. *110*

Prof. Dr. Alexander Deeg, geb. 1972, lehrt Praktische Theologie an der Universität Leipzig und leitet das Liturgiewissenschaftliche Institut der VELKD. *9*

Jörn Dege, geb. 1982, arbeitet als Dozent, Herausgeber und Literaturvermittler. Er ist Geschäftsführer des Deutschen Literaturinstituts Leipzig sowie Schreibcoach. *68*

Dr. Jan-Dirk Döhling, 1972 geboren, ist Landeskirchenrat der Ev. Kirche von Westfalen und Dezernent für Gesellschaftliche Verantwortung. *340*

Ralph van Doorn, 1964 geboren, ist Studierendenpfarrer in der ESG Siegen. Im Rahmen dieses Amtes Lehrbeauftragter für Judentumskunde an der Universität Siegen. *174*

Matthias Drobinski, geb. 1964, studierte Geschichte, katholische Theologie und Germanistik in Gießen und Mainz und ist seit 2021 Journalist beim Publik-Forum. *275*

Matthias Elsermann, Jahrgang 1961, ist Pfarrer und leitet seit 2021 das Schulreferat der Ev. Kirchenkreise Siegen und Wittgenstein der Ev. Kirche von Westfalen. 210

Prof. Dr. Kristian Fechtner, Jahrgang 1961, ist Professor für Praktische Theologie sowie Universitätsprediger an der Johannes Gutenberg-Universität Mainz. *197*

Gerlinde Feine ist Pfarrerin an der Stadtkirche in Böblingen, Gottesdienstberaterin und Predigtcoach. 2015 erhielt sie den Ökumenischen Predigtpreis. *143*

Prof. Dr. Jürgen Flimm, 1941 in Gießen geboren, ist Regisseur, Schauspieler, Intendant und Hochschullehrer. Von 2010 bis 2018 Intendant der Berliner Staatsoper Unter den Linden. *90*

Prof. Dr. Magdalene L. Frettlöh, geboren 1959, lehrt Systematische Theologie/Dogmatik und Religionsphilosophie an der Theol. Fakultät der Universität Bern; sie ist Mitherausgeberin der tvz-Buchreihe *reformiert!* und der Göttinger Predigtmeditationen. *131*

Anne Gidion, geboren 1971, ist Rektorin des Pastoralkollegs der Nordkirche in Ratzeburg mit Predigtauftrag am Ratzeburger Dom. Autorin u. a. von Andachtsreihen auf NDR-Kultur/Info. 40

Dr. Johannes Goldenstein, 1967 geboren, arbeitet im Kirchenamt der EKD und ist im Amtsbereich der VELKD u. a. zuständig für das Arbeitsfeld Liturgie und Gottesdienst. 153

Katrin Göring-Eckardt, 1966 in Friedrichroda geboren, war 2009 bis 2013 Präses der Synode der EKD. 2013–2021 war sie Vorsitzende der Bundestagsfraktion von Bündnis 90/Die Grünen. *253*

Dr. Horst Gorski, 1957 geboren, ist Vizepräsident im Kirchenamt der EKD und leitet die Abteilung Öffentliche Verantwortung. *98*

Johanna Haberer, geb. 1956, ist Professorin für Christliche Publizistik an der Friedrich-Alexander-Universität in Erlangen. *102*

Apl. Prof. Dr. Michael Haspel, geb. 1964, lehrt Systematische Theologie an der Friedrich-Schiller-Universität Jena und der Universität Erfurt. Er ist Prediger an der Jakobskirche zu Weimar. *157*

Prof. Dr. Martin Hein, von 2000 bis 2019 Bischof der Ev. Kirche von Kurhessen-Waldeck. Aktuell Vorsitzender des Klimaschutzrats der Stadt Kassel. *86*

Prof. Dr. Dr. h.c. mult. Wolfgang Huber, geboren 1942, war von 2003 bis 2009 Ratsvorsitzender der Ev. Kirche in Deutschland, ist Honorarprofessor an der Humboldt-Universität Berlin sowie an den Universitäten Heidelberg und Stellenbosch. *48*

Dr. Christine Hubka war bis zur Pensionierung Gemeindepfarrerin und Schulamtsleiterin und viele Jahre ehrenamtlich in der Gefängnisseelsorge tätig. Autorin von Kinder- und religionspädagogischen Büchern. *64*

Bischof Dr. h.c. Frank Otfried July, geb. 1954, war von 2005–2022 Landesbischof der Ev. Landeskirche in Württemberg. Seit 2018 Vorsitzender des Deutschen Nationalkomitees des Luth. Weltbundes, Präsident der Lutherakademie Sondershausen-Ratzeburg. *189*

Prof. Dr. Dr. Dr. h.c. Klaus Kießling, geboren 1962, ist Direktor des Instituts für Pastoralpsychologie und Spiritualität sowie des Seminars für Religionspädagogik, Katechetik und Didaktik an der Philosophisch-Theologischen Hochschule Sankt Georgen in Frankfurt a.M. und Ständiger Diakon der Diözese Rottenburg-Stuttgart. *19*

Dr. Birgit Klostermeier, geboren 1960, war 2015–2020 Regionalbischöfin für den Sprengel Osnabrück und arbeitet als freiberufliche Beraterin in Berlin und Göttingen. *31*

Friedrich Kramer, geboren 1964 in Greifswald, ist seit 2019 Landesbischof der Ev. Kirche in Mitteldeutschland. *193*

Prof. Dr. Dr. h. c. Wolf Krötke, 1938 in Berlinchen (Neumark) geboren, war bis zu seiner Pensionierung 2004 Professor für Systematische Theologie an der Theologischen Fakultät der Humboldt-Universität in Berlin. *235*

Claudia Krüger, geboren 1960 in Stuttgart, ist Referentin in der Abteilung für Theologie und Bildung im Diakonischen Werk Württemberg. *81*

Ralph Kunz, Jahrgang 1964, ist Professor für Praktische Theologie an der Theologischen Fakultät der Universität Zürich und Mitherausgeber der Zeitschrift *Göttinger Predigtmeditationen.* *162*

Dr. h. c. Annette Kurschus, geboren 1963, ist Präses der Evangelischen Kirche von Westfalen und seit 2021 auch Vorsitzende des Rates der Evangelischen Kirche in Deutschland. *5, 52*

Prof. Dr. Martin Laube, geboren 1965, Studium der evangelischen Theologie und Philosophie in Bethel, Heidelberg und München, ist seit 2011 Professor für Systematische Theologie/Reformierte Theologie in Göttingen. *202*

Prof. Dr. theol. h.c. Robert Leicht, geb. 1944, Chefredakteur (1992–1997) und Politischer Korrespondent der ZEIT a.D., Honorarprofessor für öffentliche Kommunikation und aktuelle Politik an der Universität Erfurt. *206*

Jakob Leiner, 1992 geboren, lebt und arbeitet als Arzt in Freiburg i. Br. Im Radius-Verlag erschien 2019 sein Gedichtband *Ikarische Nummern.* *279*

Prof. Dr. Dr. h.c. Christoph Levin, geboren 1950, ist Professor em. für Altes Testament und war von 2005 bis 2019 evangelischer Universitätsprediger der Universität München. *148*

Prof. Dr. Dr. h. c. mult. Christoph Markschies, 1962 geb., ist Professor für Antikes Christentum an der Humboldt-Universität zu Berlin. Seit 2020 Präsident der Berlin-Brandenburgischen Akademie der Wissenschaften. *282*

Reinhard Mawick, geboren 1966, war 1997–2009 Redakteur beim Deutschen Allgemeinen Sonntagsblatt und bei chrismon, danach Pressesprecher der EKD. Seit 2014 Chefredakteur des Monatsmagazins zeitzeichen. *224*

Klaus Mertes SJ, 1954 in Bonn geboren, war Gymnasiallehrer, Autor und Chefredakteur und von 2011 bis 2020 Direktor des Kollegs St. Blasien. *271*

Jakob Mertesacker, 1989 geboren, studierte Theologie und Psychologie in Frankfurt und Heidelberg. Derzeit Referent an einer Hochschulgemeinde und Psychoanalytiker in Ausbildung. *219*

Prof. Dr. Thorsten Moos, geb. 1961, ist Theoretischer Physiker und Ev. Theologe. Lehrstuhlinhaber für Systematische Theologik (Ethik) an der Universität Heidelberg.. *106*

Dr. theol. h. c. Gerrit Noltensmeier, geb. 1941, hat in Marburg, Wien, Bonn und Tübingen Theologie studiert, war Gemeindepfarrer, später Landessuperintendent der Lippischen Landeskirche und Mitglied der Synode und des Rates der EKD. *267*

Jörg Oberbeckmann, geboren 1965 in Gütersloh, seit 1997 Pastor in Lotte-Büren und Religionslehrer am Comenius-Kolleg in Mettingen. Seit 2008 Synodalassessor des Ev. Kirchenkreises Tecklenburg. *286*

Dr. Martin Ohst, 1957 geboren, ist nach einer Professur in Jena seit 1998 Inhaber des Lehrstuhls für Historische und Systematische Theologie an der Bergischen Universität Wuppertal. *126*

Kathrin Oxen, geboren 1972, leitete 2012–2018 das Zentrum für evangelische Gottesdienst- und Predigtkultur der Ev. Kirche in Deutschland in der Lutherstadt Wittenberg und ist seit Dezember 2018 Pfarrerin der Ev. Kaiser-Wilhelm-Gedächtnis-Kirchengemeinde in Berlin. *185*

Dr. Niklaus Peter, 1956 in Zürich geboren, war 2000–2004 Leiter des Theologischen Verlages Zürich und 2004–2021 Pfarrer am Zürcher Fraumünster . *228*

Dr. Sven Petry, geboren 1976 in Lemgo, ist seit 2020 in Leisnig Superintendent für den Ev.-Luth. Kirchenbezirk Leisnig-Oschatz (Ev.-Luth. Landeskirche Sachsens). *56*

Prof. Dr. Holger Pyka, geboren 1982, ist seit 2015 Pfarrer in Wuppertal-Elberfeld und seit 2020 mit halber Stelle Dozent am dortigen Predigerseminar. Autor für Radioandachten und Cartoonist (»Kirchengeschichten«). *139*

Bodo Ramelow, geboren 1956 in Osterholz-Scharmbeck in Niedersachsen, ist Gewerkschafter und Politiker. Seit Dezember 2014 ist er Ministerpräsident des Freistaats Thüringen. *264*

Theresa Rinecker, 1964 in Merseburg geboren, ist seit 2018 Generalsuperintendentin der EKBO im Kirchensprengel Görlitz. *23*

Peter Rohde, geboren 1962, nach Zivildienst und Schreinerlehre Theologiestudium; Gemeindepfarrer in Esslingen-Mettingen. *214*

Traugott Roser, geboren 1964 in Pappenheim, ist Pfarrer und Professor für Praktische Theologie an der Universität Münster. *44*

Margot Runge ist Pfarrerin in Sangerhausen (Ev. Kirche in Mitteldeutschland). 2004 wurde sie mit dem Predigtpreis ausgezeichnet. Predigten finden sich auf ihrer Webseite www.queerpredigen.com. *260*

Dr. Dietrich Sagert ist Referent für Redekunst/Rhetorik am Zentrum für Ev. Gottesdienst- und Predigtkultur in Wittenberg. *135*

Prof. Dr. Rajah Scheepers, geb. 1974, ist Hauptpastorin der Sankt Petri Kirche Kopenhagen, der deutschsprachigen Gemeinde in der Dänischen Volkskirche, sowie Privatdozentin an der Philipps-Universität Marburg im Fachgebiet Kirchengeschichte. *290*

Dr. h.c. Nikolaus Schneider, 1947 in Duisburg geboren, war von 2003 bis 2013 Präses der Ev. Kirche im Rheinland und übernahm nach dem Rücktritt von Landesbischöfin Margot Käßmann 2010 den Vorsitz der EKD bis zu seinem Rücktritt 2014. *26*

Jens Schröter ist Professor für Neues Testament und antike christliche Apokryphen an der Theologischen Fakultät der Humboldt-Universität zu Berlin. *256*

Patrik Schwarz, geboren 1970 in Tübingen, ist Chefredakteur Länderausgaben der ZEIT. Als Geschäftsführer ZEIT:CEDO verantwortet überdies *Christ & Welt* sowie www.zeit.de/sinn. *303*

Dr. Hans-Joachim Simm, Jahrgang 1946, studierte Germanistik, Altphilologie und Philosophie, ist freier Schriftsteller. Zuvor Leiter des Insel Verlags und des Verlags der Weltreligionen. *244*

Volker Sommer, 1954 in Holzhausen am Reinhardswald geboren, studierte Biologie, Chemie und Theologie und war Professor für Evolutionäre Anthropologie am University College London. Wissenschaftlicher Beirat der Giordano-Bruno-Stiftung. *14*

Martin Specht, geboren 1963, Gemeindepastor in Norden in Ostfriesland und tätig als Gemeindeberater in der Landeskirche Hannovers. *307*

Heike Springhart ist Landesbischöfin der Evangelischen Landeskirche in Baden und außerplanmäßige Professorin für Systematische Theologie an der Ruprecht-Karls-Universität Heidelberg. *170*

Dr. Christian Stäblein, Jahrgang 1967, ist seit November 2019 Bischof der Evangelischen Kirche Berlin-Brandenburg-schlesische Oberlausitz. Mitherausgeber der Predigtstudien. *231*

Diedrich Steen, geboren 1963, arbeitet als Programmleiter in einem theologischen Verlag. *119*

Prof. Dr. Fulbert Steffensky, geb. 1933 in Rehlingen/Saar, studierte kath. und ev. Theologie. 1975–1998 Professor für Religionspädagogik am Fachbereich Erziehungswissenschaft der Universität Hamburg. Lebt in Luzern. *36*

Uwe Steinmetz, geboren 1975 in Bremervörde, ist Jazz-Saxophonist und Komponist, Seit 2015 forscht er über religiöse Inspiration in der populären Musik an der Universität Leipzig. *60*

Wilhelm von Sternburg, geboren 1939, arbeitete über 30 Jahre als Journalist in Zeitungs-, Radio- und Fernsehredaktionen. Zuletzt Chefredakteur Fernsehen beim Hess. Rundfunk in Frankfurt. Seit 1993 freier Schriftsteller und Publizist. *337*

Wolfgang Thierse, 1943 in Breslau geboren, Lehre als Schriftsetzer in Weimar, später Studium der Germanistik und Kulturwissenschaft. Von 1998 bis 2005 Präsident des Deutschen Bundestages, von 2005 bis 2013 dessen Vizepräsident. *324*

Enrico Triebel, geboren 1975, ist Rechtsanwalt, Mitglied des Fünfer-Rates des Ev. Studienwerkes Villigst und war Vorsitzender der Konferenz der Landesausschüsse des DEKT. *123*

Jörg Uhle-Wettler, geboren 1965 in Dessau. Handelskaufmann. Studium der Theologie in Berlin und Erfurt. Seit 2016 Pfarrer am Dom zu Magdeburg. *182*

Jörg Ulrich, geb. 1960, ist seit 2002 Professor für Ältere Kirchengeschichte an der Theol. Fakultät der Martin-Luther-Universität Halle-Wittenberg und dort seit 2003 Universitätsprediger. 240

Friedhelm Wachs, Jahrgang 1963, Unternehmer und Mitinhaber der Verhandlungsberatungsgesellschaft LaxWachsSebenius in Leipzig und Boston, ist Vorsitzender des Arbeitskreises Evangelischer Unternehmer in Deutschland (AEU). *295*

Prof. Dr. Ulrike Wagner-Rau, 1952 in Hamburg geboren, war von 2002 bis zur Emeritierung Professorin für Praktische Theologie an der Universität Marburg. *320*

Prof. Dr. Wolfram Weiße, 1945 geboren in Frankfurt/M., em. Professor für Religionspädagogik und internationale Theologie an der Universität Hamburg, Gründungsdirektor der Akademie der Weltreligionen der Universität Hamburg 2010–2017 und bis heute dort Senior Research Fellow. *299*

Markus Witte, 1964 geboren, ist seit 2009 Professor für Altes Testament an der Humboldt-Universität zu Berlin und Dekan der dortigen Theologischen Fakultät. *248*

Helmut Wöllenstein, Jahrgang 1956, war zuletzt Propst in Marburg und Vorsitzender der Liturgischen Kammer der Ev. Kirche von Kurhessen-Waldeck. Autor und Sprecher kirchl. Rundfunksendungen. *312*

Manfred Wussow, Jahrgang 1951, lebt in zwei Welten – einer theologischen und einer betriebswirtschaftlichen –, immer auf der Suche, sie zusammenzuhalten. »Menschen faszinieren mich besonders, vor allem die, die nicht besonders sind.« *328*

Dr. Petra Zimmermann, Pfarrerin der EKvW, bis 2002 Hochschulassistentin der Universität Hamburg, Pfarrerin an St. Reinoldi Dortmund, seit 2006 Dompredigerin am Berliner Dom. *316*

BIBELSTELLENREGISTER

Lieferbare Radius-Bücher. Eine Auswahl

Ursula Baltz-Otto (Hg.): Jeder Tag ein Gedicht. 366 Texte
Gerhard Begrich: Die Torah. Die fünf Bücher Mose neu übersetzt
(Die Bücher sind auch einzeln erhältlich)
Gerhard Begrich: Das Hohelied Salomos
Eine Dichtung von Sulamith. Neu übersetzt und erläutert
Peter Bichsel: Im Hafen von Bern im Frühling
Peter Bichsel: Möchten Sie Mozart gewesen sein?
Johann-Hinrich Claussen: Über den Takt in der Religion
Fundstücke – Glaubenssachen
DENKSKIZZEN. Zu den Predigttexten der sechs Perikopenreihen
Band 1 herausgegeben von Petra Bahr
Band 2 herausgegeben von Christoph Levin
Band 3 herausgegeben von Kristian Fechtner
Band 4 herausgegeben von Alexander Deeg
Band 5 herausgegeben von Annette Kurschus
Wolfgang Erk (Hg.): Neues Jahr – neues Glück!
Literarische Texte zum Geburtstag und zur Jahreswende
Wolfgang Erk (Hg.): Viele gute Wünsche. Literarische Annäherungen
Kristian Fechtner: Genau genommen. Zweiundzwanzig Predigten
Traugott Giesen: Rufbereitschaft. Texte zum Leben
Hannah Green: Ich hab dir nie einen Rosengarten versprochen
Bericht einer Heilung
Peter Härtling (Hg.): Ein Engel für jeden Tag. 366 Texte
Hartmut von Hentig: Annäherung an das Gute Leben. Essay-Trilogie
Klaus-Peter Hertzsch: Chancen des Alters. Sieben Thesen
Klaus-Peter Hertzsch: Der ganze Fisch war voll Gesang. Balladen
Walter Jens: Das A und das O. Die Offenbarung
Walter Jens: Der Römerbrief
Walter Jens: Die vier Evangelien
Eberhard Jüngel: Anfänger
Herkunft und Zukunft christlicher Existenz
Eberhard Jüngel: Außer sich. Theologische Texte
Eberhard Jüngel: Predigten 1–7 *(Bände auch einzeln erhältlich)*
Otto Kaiser: Das Buch Hiob. Übersetzt und eingeleitet
Otto Kaiser: Kohelet. Das Buch des Predigers Salomo
Christoph Levin: Bin ich's? 20 Predigten
Christoph Levin: Premierenfieber. 20 Predigten
Christoph Levin: Das verlorene Paradies
und weitere sieben Vorträge zum Alten Testament
Gerd Lüdemann/Martina Janssen: Bibel der Häretiker. Nag Hammadi

Henning Luther: Religion und Alltag
Bausteine zu einer Praktischen Theologie des Subjekts
Kurt Marti: DU. Eine Rühmung. Und 19 Gebete in Gedichtform
sowie ein Essay in 21 Sätzen
Kurt Marti: Fromme Geschichten
Kurt Marti: geduld und revolte. die gedichte am rand
Kurt Marti: Heilige Vergänglichkeit. Spätsätze
Kurt Marti: Die Psalmen. Annäherungen
Kurt Marti: Versuche zu verstehen
Von der Weltleidenschaft Gottes und Gott im Diesseits
Pierangelo Maset: Geistessterben. Eine Diagnose
Niklaus Peter: Himmelsleiter und Prophetenmantel
Kleine Denkstücke in Religion und Literatur
Klaus Pfitzner: Der Himmel lacht mich an
Stille Wanderungen durch das hohe Alter
Martin Scharpe (Hg.): Erdichtet und erzählt I und II
Das Alte/Das Neue Testament in der Literatur
Martin Scharpe (Hg.): Das literarische Geburtstagsbuch
Friedrich Schorlemmer: Die schöne Kraft des Glockenseils
Gespräche mit Hans-Dieter Schütt
Friedrich Schorlemmer: Wortmacht und Machtworte
Eine Eloge auf die Leselust
Friedrich Schorlemmer (Hg.): Das soll Dir bleiben
Texte für morgens und abends
Friedrich Schorlemmer (Hg.): Dezembernacht
Gedichte und Geschichten zur Advents- und Weihnachtszeit
Rudolf Smend: Wohltuendes Durcheinander. Biblische Predigten
Fulbert Steffensky: Fragmente der Hoffnung
Fulbert Steffensky: Gewagter Glaube
Fulbert Steffensky: Heimathöhle Religion
Ein Gastrecht für widersprüchliche Gedanken
Fulbert Steffensky: Mut zur Endlichkeit
Sterben in einer Gesellschaft der Sieger
Fulbert Steffensky: Orte des Glaubens
Die sieben Werke der Barmherzigkeit
Fulbert Steffensky: Schwarzbrot-Spiritualität
Peter Stosiek: Rücksichten. Geschichte und Geschichten
Christa Wolf: Was nicht in den Tagebüchern steht. Verse

Radius-Verlag · Alexanderstraße 162 · 70180 Stuttgart
Fon 0711.607 66 66 Fax 0711.607 55 55
www.Radius-Verlag.de e-Mail: info@radius-verlag.de